mandelbaum *verlag*

Heinz Fronek

Unbegleitete minderjährige

Flüchtlinge

in Österreich

mandelbaum *verlag*

Gedruckt mit Unterstützung von
Bundesministerium für Wissenschaft und Forschung
Stadt Wien, MA 7, Wissenschafts- und Forschungsförderung

www.mandelbaum.at

ISBN 978-3-85476-352-9
© Mandelbaum Verlag 2010

1. Auflage 2010

Lektorat: Erhard Waldner
Titelfoto: rewalk
Satz & Umschlaggestaltung: Michael Baiculescu
Druck: Donauforum-Druck, Wien

INHALTSVERZEICHNIS

Dieses Buch entstand in Kooperation der »asylkoordination österreich« mit: Renner Institut, Grüne Bildungswerkstatt, Grüne Bildungswerkstatt-Minderheiten, National Coalition, ÖH, VIDC

Unterstützt wurde das Projekt von:
Land NÖ Landesrätin Scheele, MA 11, MA 7, KiJA Steiermark,Wien und Salzburg, GPA DPJ, KPÖ, GAJ – Plattform grünalternativer Jugendprojekte, GEWI – Fakultätsvertretung für Geistes- und Kulturwissenschaften

Dieses Buch wurde mit Unterstützung vieler Personen und Organisationen realisiert. An erster Stelle möchte ich den jungen Flüchtlingen danken. Erst durch die Offenheit, ihre Geschichten und Erfahrungen mit uns zu teilen, konnte dieses Buch geschrieben werden. Mein Dank gilt auch Daniela Albl, Susanne Rieper und Stefan Kluger, sie haben mich bei der Erhebung unterstützt und wertvolle Anregungen zur Konzeption der Arbeit beigetragen. Entscheidend für das Gelingen des Vorhabens war die Hilfe meiner Familie und meiner ArbeitskollegInnen. Marion Kremla, Klaus Hofstätter, Anny Knapp und Herbert Langthaler haben mir in den Sommermonaten 2010 nicht nur den Rücken von anderen Arbeiten freigehalten, sie haben vor allem auch die mühevolle Arbeit übernommen, die Texte durchzuarbeiten und zu kommentieren.

Allen KooperationspartnerInnen aus der Arbeitsgruppe *Menschenrechte für Kinderflüchtlinge* und der Arbeitsgruppe *UMF-Betreuungsstellen* möchte ich für ihre wertvollen Informationen wie auch überhaupt für die langjährige Zusammenarbeit danken. Ein herzliches Danke auch an Michael Baiculescu vom Mandelbaum Verlag – die Zusammenarbeit mit ihm ist immer wieder erfreulich.

VORWORT

Flüchtlingskinder zählen zu den wehrlosesten Opfern von Gewalt, Unterdrückung und Verfolgung und stellen weltweit etwa die Hälfte aller Flüchtlinge dar, bei einigen Herkunftsländern wie Afghanistan sogar über 60%. Mit der Entwicklung internationaler und regionaler Menschenrechtsstandards wuchs auch das Bewusstsein für die besondere Schutzbedürftigkeit und die Rechte von Flüchtlingskindern, etwa durch entsprechende Bestimmungen in der 1991 in Kraft getretenen UN-Kinderrechtskonvention.

In den 1990er Jahren erhielt auch die wachsende Gruppe der unbegleiteten minderjährigen Flüchtlinge zunehmend Beachtung. Als Impuls für einen umfassenden Ansatz zum Umgang mit dieser besonders verletzlichen Gruppe veröffentlichte das UN-Flüchtlingshochkommissariat UNHCR im Jahr 1997 »Richtlinien zur Behandlung asylsuchender unbegleiteter Minderjähriger«. Im selben Jahr rief UNHCR gemeinsam mit Mitgliedern der International Save the Children Alliance die Initiative »Separated Children in Europe« ins Leben, die seither »Standards für den Umgang mit unbegleiteten Minderjährigen« entwickelt und durch grenzüberschreitende Zusammenarbeit den Schutz von unbegleiteten Minderjährigen in Europa fördert.

Im Jahr 2009 erreichte die Anzahl der in 71 Staaten erfassten Asylanträge von unbegleiteten Minderjährigen mit 18.700 ein Vierjahreshoch. Eine Mehrzahl suchte dabei in der Europäische Union Zuflucht, wo EUROSTAT zufolge in 22 Mitgliedstaaten (ohne Dänemark, Frankreich, Polen, Rumänien und die Tschechische Republik) 2009 insgesamt 10.960 Asylanträge von unbegleiteten Minderjährigen gestellt wurden – um 13% mehr als im Jahr zuvor. Die unbegleiteten Minderjährigen, der Großteil von ihnen Burschen, kommen vielfach aus Afghanistan, dem Irak und einigen afrikanischen Staaten. Die Gründe, aus denen sie ihre Herkunftsländer verlassen haben, sind dabei sehr unterschiedlich: Die einen fliehen vor Kriegen und bewaffneten Konflikten, andere vor Diskriminierung oder Verfolgung, wieder andere vor Armut und in der Hoffnung auf Bildung und eine bessere Zukunft, und einige kommen zu bereits im Zielland lebenden Familienangehörigen. Vielfach liegen mehrere dieser Gründe gleichzeitig vor, wie auch jüngste UNHCR-Studien zu unbegleiteten afghanischen Minderjährigen in Europa zeigen.

Auch die Wege, auf denen die Minderjährigen nach Europa kommen, sind sehr vielfältig und meist mit großer Gefahr verbunden: Nur wenige können legal in die EU einreisen. Viele Kinder werden – oft durch Einsatz aller Ersparnisse ihrer Familien – einem Schlepper anvertraut. Andere werden Opfer von Ausbeutung durch Menschenhändler. Nach der schmerzhaften Trennung von Familie und Freunden im Herkunftsland sehen sich viele Minderjährige dazu gezwungen, lebensgefährliche Fluchtrouten auf sich zu nehmen, vom Passieren verminter Grenzgebiete bis zum Durchqueren reißender Flüsse oder stürmischer Meere.

Und selbst nach der Ankunft im Asylland sind unbegleitete Minderjährige mit vielen Herausforderungen konfrontiert: Der Rechtsbestand der Europäischen Union betreffend Asylsuchende und Flüchtlinge sieht zwar verschiedene Garantien für Minderjährige vor, doch noch bestehen zahlreiche Schutzlücken. Auch haben nicht alle Asyl suchenden unbegleiteten Kinder Anspruch auf Zuerkennung des Flüchtlingsstatus, sondern nur jene, die darlegen können, dass sie eine wohlbegründete Furcht vor Verfolgung wegen ihrer Rasse, Religion, Nationalität, Zugehörigkeit zu einer bestimmten sozialen Gruppe oder wegen ihrer politischen Überzeugung haben. Entwicklungen im Bereich der Kinderrechte haben dabei noch nicht vollständig Eingang in die Asylverfahren gefunden: Noch sind etwa die Asylverfahren in vielen Ländern, so auch in Österreich, nicht ausreichend kindgerecht, und kinderspezifische Verfolgung wird oft nicht als Asylgrund anerkannt. UNHCR hat deshalb vor Kurzem Richtlinien zu kinderspezifischer Verfolgung veröffentlicht, um unter den Akteuren im Asylsystem noch mehr Bewusstsein dafür zu schaffen, dass Kinder in besonderer Weise von Gewalt, Misshandlung und Diskriminierung betroffen sind.

Für unbegleitete Minderjährige, die – etwa weil ihre Asylanträge abgelehnt wurden – ohne legalen Aufenthalt in der EU leben oder Opfer von Menschenhandel sind, gelten unterschiedliche Standards für Aufnahme und Unterstützung. Am 6. Mai 2010 hat die Europäische Kommission deshalb einen Aktionsplan angenommen, mit dem Ziel, Lösungen für die bestehenden potenziellen Schutzlücken zu finden. Das EU-Konzept sieht dafür drei Hauptaktionsbereiche vor: Prävention von unsicherer Migration und Menschenhandel, kinderadäquate Aufnahme- und Verfahrensgarantien in der EU sowie Verstärkung der Bemühungen für nachhaltige Lösungen. Wie die Europäische Kommission in diesem Zusammenhang bekräftigt hat, ist es »von grundlegender Bedeutung, dass sichergestellt wird, dass jedes schutzbedürftige Kind Schutz erhält und dass alle Kinder, unabhängig von ihrem Einwanderungsstatus, ihrer Staatsangehörigkeit oder ihrem Hintergrund, an erster Stelle und vor allem als Kinder behandelt werden«. Das Wohl des Kindes sollte dabei bei allen Maßnahmen im Zusammenhang mit unbegleiteten Minderjährigen vorrangig berücksichtigt werden.

Dem vorliegenden Buch, das die Situation unbegleiteter Minderjähriger in Österreich aus Sicht des schon mehr als zehn Jahre zu diesem Thema arbeitenden Autors sowie mittels sehr prägnanter Zitate von Betroffenen selbst beschreibt, bleibt zu wünschen, dass es einen Beitrag zur Diskussion über die Situation von unbegleiteten Minderjährigen in Österreich leistet.

Birgit Einzenberger, UNHCR-Büro

EINLEITUNG

Ali:[1] *Es ist so ein Gefühl, als ob du in einem Haus ohne Dach wohnst. Du machst eine Ausbildung, aber vielleicht kommt die Zeit, wo sie sagen: »Sie müssen das Land verlassen!«*

Kinderflüchtlinge, vor allem dann, wenn sie ohne Eltern nach Österreich kommen, galten in der öffentlichen Wahrnehmung lange als besonders schutzbedürftige und unterstützenswürdige Gruppe. Dieses Bild wurde in den letzten Jahren brüchig, der politische Diskurs zunehmend kontroversieller. Immer mehr verkommt die Debatte zu einer Diskussion über Missbrauch und dessen Vermeidung.

Dieses Buch will dazu einen Kontrapunkt setzen. Es will die Lebensbedingungen der jungen Flüchtlinge aus verschiedenen Blickwinkeln betrachten und darstellen. Die jungen Menschen sollen dabei nicht als TäterInnen, BetrügerInnen und SchwindlerInnen, aber auch nicht ausschließlich als wehrlose Opfer der vorherrschenden politischen Gegebenheiten dargestellt werden. Beides trifft den Kern der Sache nicht. Vielmehr geht es darum, die Kompexität der Situation zu vermitteln, den jungen Menschen ein Gesicht, eine Persönlichkeit und eine Stimme zu geben. Wobei – und das sollte vorab betont werden – der vorliegende Beitrag nicht vorgibt, neutral oder mit wissenschaftlicher Distanz an die Themenstellung heranzugehen. Auch wenn es ein wesentliches Anliegen ist, zur Versachlichung der

---

1   Die Personendaten der interviewten Flüchtlinge wurden anonymisiert, die Statements im Sinn der Lesbarkeit bearbeitet.

Diskussion beizutragen, soll keineswegs verschwiegen werden, dass es in diesem Buch auch darum geht, eine Lanze für die Anliegen der jungen Flüchtlinge zu brechen.

Das Buch stellt auch einen Zwischenbericht meiner mittlerweile mehr als zwölfjährigen Tätigkeit im Arbeitsbereich unbegleitete minderjährige Flüchtlinge dar. Es will einen Teil des Wissens, der Materialien, Dokumente und Informationen, die sich im Verlauf der Jahre im Büro der »asylkoordination österreich« angesammelt haben, ans Licht der Öffentlichkeit bringen.

Um Orientierung und Lesbarkeit zu erleichtern, ist der Aufbau der einzelnen Kapitel – so gut es ging – einheitlich gestaltet. Zunächst erhalten die Jugendlichen das Wort. Der/dem LeserIn soll dadurch lebensnah und plastisch die Bedeutung des jeweiligen Bereichs aus der Sicht der/des Betroffenen nachvollziehbar gemacht werden. Daran anschließend werden die rechtsbestimmenden Normen umrissen, wobei die wesentlichsten Bestimmungen aus internationalen Verträgen, europäischen Richtlinien und nationalen Gesetzen behandelt werden. Dann folgt die Darstellung der österreichischen Realität, die Entwicklungen der letzten Jahre werden skizziert und die unterschiedliche Praxis in den Bundesländern wird aufgezeigt.

Da sich das Buch sowohl an ExpertInnen, PraktikerInnen und StudentInnen, aber auch an so genannte LaiInnen wendet, muss ein »Spagat« zwischen Einführung und Tiefe, zwischen rechtlicher Grundlage und menschlichen Schicksalen versucht werden.

EINFÜHRUNG

Das einleitende Kapitel steckt die für unbegleitete minderjährige Flüchtlinge (UMF) bedeutenden zentralen Problemfelder ab. Zunächst sollen einige grundlegende Begriffe erklärt werden; im Folgenden geht es darum, die bestimmenden internationale Verträge, europäischen Übereinkommen sowie nationalen Gesetze und Empfehlungen in ihrer Bedeutung für die Zielgruppe zu benennen. In einem weiteren Schritt werden jene Lebensbereiche kurz umrissen, auf die in dieser Arbeit näher eingegangen werden wird.

Wer ist ein unbegleiteter minderjähriger Flüchtling?

1. »Flüchtling«
Flüchtling ist gemäß Art. 1 Abschn. A Z 2 der Konvention über die Rechtsstellung der Flüchtlinge (Genfer Flüchtlingskonvention)[2], wer »*sich aus wohlbegründeter Furcht, aus Gründen der Rasse, Religion, Nationalität, Zugehörigkeit zu einer bestimmten sozialen Gruppe oder der politischen Gesinnung verfolgt zu werden, außerhalb seines Heimatlandes befindet und nicht in der Lage oder im Hinblick auf diese Furcht nicht gewillt ist, sich des Schutzes dieses Landes zu bedienen [...]*«.

Im Rahmen dieser Arbeit werden nicht nur jene Personen als Flüchtlinge bezeichnet, denen der Status des Konventionsflüchtlings zugesprochen wurde, sondern auch Personen, die sich im laufenden Asylverfahren befinden, solche mit subsidiärem Schutz, aber auch jene, deren Asylantrag bereits rechtskräftig abgelehnt wurde.

---

2   BGBl. 1955/55, in Österreich in Kraft getreten am 30. 1. 1955.

2. »minderjährig«

Die Konvention über die Rechte des Kindes definiert in Art. 1 ein Kind als eine Person, die »*das achtzehnte Lebensjahr noch nicht vollendet hat, soweit die Volljährigkeit nach dem auf das Kind anzuwendenden Recht nicht früher eintritt«*. An dieser Definition von Minderjährigkeit orientiert sich seit dem Inkrafttreten des Kindschaftsrechtsänderungsgesetzes 2001 auch das österreichische Recht. Die Minderjährigkeit endet mit der Vollendung des 18. Lebensjahres (ABGB § 21 Abs. 2).

Diese Arbeit spricht dann von Minderjährigen, wenn die/der AsylantragstellerIn angibt, minderjährig zu sein. Auch Personen, bei welchen sich erst im Lauf des Verfahrens herausstellt, dass sie minderjährig sind, fallen unter diese Definition.[3]

3. »unbegleitet«

Das UN-Flüchtlingshochkommissariat (UNHCR) bezeichnet jene minderjährigen Flüchtlinge als unbegleitet, die von beiden Elternteilen getrennt sind und nicht von einer/einem Erwachsenen betreut werden, der/dem die Betreuung des Kindes durch Gesetz oder Gewohnheit obliegt (UNHCR 1997). Ähnliche Definitionen finden sich auch in den Richtlinien der Europäischen Union, etwa in der Richtlinie 2003/9/EG des Rates (Aufnahmerichtlinie):

> »*unbegleitete Minderjährige*«
>
> *Personen unter 18 Jahren, die ohne Begleitung eines für sie nach dem Gesetz oder dem Gewohnheitsrecht verantwortlichen Erwachsenen in das Hoheitsgebiet eines Mitgliedstaats einreisen, solange sie sich nicht tatsächlich in der Obhut eines solchen Erwachsenen*

---

3 AsylwerberInnen, die nach einer Altersbegutachtung für volljährig erklärt wurden, werden vom Verfasser auf Grund grundsätzlicher Bedenken gegenüber den verwendeten Methoden weiter als Minderjährige bezeichnet. Auch wenn damit keinesfalls bestritten werden soll, dass es auch Erwachsene gibt, die sich als Minderjährige ausgeben (siehe Kapitel: Altersfeststellung).

befinden; hierzu gehören auch Minderjährige, die nach der Einreise in das Hoheitsgebiet eines Mitgliedstaats dort ohne Begleitung zurückgelassen wurden (Aufnahmerichtlinie Art. 2).

Rechtlicher Rahmen

Internationale Schutzbestimmungen regeln die Rechte von Kindern, aber auch die Rechte von Flüchtlingen. Im Besonderen sind hier die Kinderrechtskonvention (KRK) und die Genfer Flüchtlingskonvention (GFK) zu nennen. Erstere trat am 5. September 1992 in Österreich in Kraft. Die österreichischen Rechtsnormen müssen so ausgelegt werden, dass sie mit dem Übereinkommen nicht in Widerspruch stehen, zudem müssen bei neuen Gesetzen die Verpflichtungen aus der Kinderrechtskonvention Beachtung finden. Allerdings erfolgte die Umsetzung der Konvention in der österreichischen Rechtsordnung in sehr unzureichender Form, sie wurde vom Nationalrat nur auf Ebene eines einfachen Gesetzes und unter Erfüllungsvorbehalt (B-VG Art. 50 Abs. 2) beschlossen (vgl. Sax/Hainzl 1999).

Der Ausschuss der Vereinten Nationen für die Rechte des Kindes kontrolliert die Umsetzung der KRK in den Vertragsstaaten. Da er gerade im Bereich der Behandlung von »unbegleiteten und von ihren Eltern getrennten Kindern außerhalb ihres Herkunftslandes« immer wieder massive Mängel erkannte, wurde 2005 ein auf diese Zielgruppe fokussierter Kommentar »General Comment Nr. 6« veröffentlicht. Kommentare dieser Art betreffen zentrale Probleme und Anliegen, die der Ausschuss wahrnimmt, wenn er die Einhaltung der Kinderrechte kontrolliert. Sie sind als Folie bei der Interpretation der Bestimmungen der Kinderrechtskonvention zu verstehen, begründen aber kein eigenständiges Recht.

Den zweiten Pfeiler der internationalen Verpflichtungen gegenüber Kinderflüchtlingen bildet die GFK. Diese dient dem allgemeinen Schutz von Flüchtlingen und schließt somit Kinder und Jugendliche ein. Während in der Kinderrechtskonvention im Art. 22 die Rechte der Flüchtlingskinder explizit thematisiert werden, erwähnt die Genfer Flüchtlingskonvention weder unbegleitete noch sonstige Minderjährige. Dies liegt wohl daran, dass die Flüchtlingskonvention bereits 1951 verabschiedet wurde und sich erst im Lauf der folgenden Jahrzehnte ein tieferes Verständnis für die speziellen Schutzbedürfnisse und Rechte von Kindern entwickelte. Dies spiegelt sich beispielsweise darin, dass UNHCR im Jahr 1997 Richtlinien über allgemeine Grundsätze und Verfahren zur Behandlung asylsuchender unbegleiteter Minderjähriger veröffentlichte. Ergänzend dazu entwickelte UNHCR im Jahr 2009 Richtlinien zum internationalen Schutz für asylsuchende Kinder. Diese Dokumente bieten inhaltliche und verfahrensbezogene Anleitungen zu einer kindgerechten Durchführung des Asylverfahrens und gehen insbesondere auf die Rechte und Schutzbedürfnisse von Kindern im Asylverfahren ein. Sie entfalten zwar, ebenso wie die Kommentare des Ausschusses der Vereinten Nationen für die Rechte des Kindes, keine unmittelbare Rechtsbindung, können aber als wichtige Hilfsmittel zur Rechtsauslegung für EntscheidungsträgerInnen und AnwältInnen, die mit der Feststellung der Flüchtlingseigenschaft befasst sind, angesehen werden.

Die Europäische Menschenrechtskonvention (EMRK) wurde von allen Mitgliedstaaten des Europarates unterzeichnet und trat am 3. September 1953 allgemein in Kraft. Über ihre Umsetzung wacht der Europäische Gerichtshof für Menschenrechte in Straßburg. Für AsylwerberInnen hat die EMRK – vor allem, was die Prüfung des subsidiären Schutzes, aber auch, was die Ausweisungsentscheidung betrifft – einen wichtigen Stellenwert.

Laut § 8 des österreichischen Asylgesetzes wird der Status des subsidiär Schutzberechtigten einer/einem Fremden dann zuerkannt, wenn der Antrag auf Asyl abgewiesen oder aberkannt wird und eine Zurückweisung, Zurückschiebung oder Abschiebung der/des Fremden in ihren/seinen Herkunftsstaat eine reale

Gefahr einer Verletzung von Art. 2 EMRK, Art. 3 EMRK oder der Protokolle Nr. 6 oder Nr. 13 zur Konvention bedeuten würde.

Wird der Antrag auf internationalen Schutz sowohl bezüglich der Zuerkennung des Status der/des Asylberechtigten als auch der Zuerkennung des Status der/des subsidiär Schutzberechtigten abgewiesen, hat eine Ausweisung zu unterbleiben, wenn dies eine Verletzung von Art. 8 EMRK darstellte (vgl. AsylG § 10).

Die Charta der Grundrechte der Europäischen Union (2000) hebt, im Gegensatz zur EMRK, die Schutzbedürfnisse von Kindern in Art. 24 explizit hervor. Kinder haben Anspruch auf Schutz und Fürsorge. Sie können ihre Meinung frei äußern und diese wird in einer ihrem Alter und ihrem Reifegrad entsprechenden Weise berücksichtigt. Bei Maßnahmen von öffentlichen oder privaten Einrichtungen muss das Wohl des Kindes eine vorrangige Erwägung darstellen. Zudem hat jedes Kind Anspruch auf regelmäßige persönliche Beziehungen und direkten Kontakt zu beiden Elternteilen, es sei denn, dies steht seinem Wohl entgegen.

Mit dem Amsterdamer Vertrag wurde auf Ebene der EU die rechtliche Voraussetzung zur Vergemeinschaftung des Asylrechts geschaffen. Beim Sondergipfel zur Innen- und Justizpolitik im Oktober 1999 in Tampere einigten sich die Mitgliedstaaten auf einen gemeinsamen Fahrplan für die Umsetzung. In der ersten Phase wurde eine Reihe von Richtlinien zur Harmonisierung des Asylrechts beschlossen. Das im November 2004 von den Staats- und Regierungschefs verabschiedete Haager Programm legte die politischen Zielsetzungen für die folgenden fünf Jahre fest. Alle in der Folge entwickelten wesentlichen Rechtsinstrumente im Bereich Asyl – die Richtlinie über Aufnahmebedingungen, die Verfahrensrichtlinie, die Statusrichtlinie, die Rückführungsrichtlinie und die Dublin-II-Verordnung – beinhalten Sonderbestimmungen, die den Umgang mit unbegleiteten minderjährigen Flüchtlingen betreffen.

Das den EU-Richtlinien zugrunde liegende Konzept des Schutzes für besonders gefährdete AsylwerberInnen – »vulnerable groups« – führt aber auch dazu, dass Rechte, die jeder/jedem AsylwerberIn zustehen sollten, nur noch für Teilgruppen gelten. Es ist dann von entscheidender Bedeutung, ob man in einen vorgegebenen Raster passt oder nicht. So besteht etwa der Vorteil für alleinreisende Minderjährige darin, dass jenes Land, in welchem sie den Asylantrag eingebracht haben, für die Prüfung ihres Asylantrags zuständig ist. Bei Erwachsenen ist dies nicht der Fall; hier ist in der Regel jenes EU-Land zuständig, welches die/der AsylwerberIn zunächst betreten hat. Diese Regelung führt dazu, dass immer wieder Erwachsene angeben, minderjährig zu sein, um so in Österreich Zugang zum inhaltlichen Asylverfahren zu bekommen. Der Gesetzgeber und die Behörden reagieren mit Altersfeststellungen (siehe Kapitel: Altersfeststellung) und Schubhaft (siehe Kapitel: Fremdenpolizeiliches Verfahren, Anhaltung, Schubhaft). Die Ursache – die Verweigerung der freien Wahl des Asyllandes – wird hingegen nicht thematisiert.

Viele gemeinsame Maßnahmen der EU-Mitgliedstaaten zielen auf die Abwehr von Flüchtlingen ab. Der im Oktober 2004 beschlossene Aufbau der europäischen Grenzschutzagentur FRONTEX soll illegale Einwanderung verhindern sowie die Zusammenarbeit der Mitgliedstaaten bei der gemeinsamen Rückführung von Drittstaatsangehörigen fördern. Bis heute fehlen in diesem Bereich wirksame Instrumente, um Kinderflüchtlinge zu identifizieren und zu schützen. Mittlerweile wird zumindest die besondere Gefährdung von unbegleiteten Kindern im Kontext von Migration und Flucht in dem im Dezember 2009 beschlossenen Stockholmer Programm als Problemstellung benannt:

Unbegleitete Minderjährige, die aus Drittstaaten in die Mitgliedstaaten einreisen, stellen eine besonders schutzbedürftige Gruppe dar, die besonderer Aufmerksamkeit und spezieller Maßnahmen bedarf, insbesondere im Falle von gefährdeten Minderjährigen (Stockholmer Programm Art. 6.1.7.).

Im April 2010 veröffentlichte die Europäische Grundrechtsagentur (European Union Agency for Fundamental Rights) einen Bericht mit dem Titel »Separated, asylum-seeking children in European Union Member States«. Darin wird angemerkt, dass die Rechte von Kinderflüchtlingen von den EU-Mitgliedstaaten häufig nicht hinreichend beachtet werden. So leben unbegleitete minderjährige Flüchtlinge oft in Einrichtungen, die ihren Bedürfnissen nicht gerecht werden, teilweise werden sie auch eingesperrt, selbst dann, wenn sie keine strafbare Handlung begangen haben. Weiters wird im Bericht der Grundrechtsagentur kritisiert, dass ihre medizinische Versorgung, aber auch ihre Möglichkeiten der Schul- und Berufsausbildung teilweise mangelhaft sind und dass sie immer wieder Opfer von Diskriminierung und Misshandlung werden. Auch die rechtliche Unterstützung in asyl- und fremdenrechtlichen Angelegenheiten ist mangelhaft:

Often, they are insufficiently informed about legal procedures and opportunities available to them, which are crucial for their future. Their views are frequently not taken into account, while their future depends on decisions, which are too often taken after very long and arduous processes that make the children feel insecure and unprotected (FRA 2010, S. 4).

Auch auf Grund des Berichts der Grundrechtsagentur beschloss die Europäische Kommission am 6. Mai 2010 einen Aktionsplan zum verstärkten Schutz von unbegleiteten Minderjährigen in der EU. In der Presseerklärung fordert Cecilia Malmström, die EU-Kommissarin für Inneres, von den Mitgliedstaaten:

Es ist äußerst wichtig, dass sich alle Mitgliedstaaten verpflichten, für Aufnahme, Schutz und Integration unbegleiteter Minderjähriger hohe Standards zu garantieren. Grundlage für alle getroffenen Maßnahmen sollte immer der Grundsatz des Kindeswohls sein. Im Mittelpunkt unserer Arbeit muss die Suche nach den Familien der allein in das Hoheitsgebiet der EU gelangten Minderjähri-

gen stehen und wir müssen Rückkehrbedingungen gewährleisten, die den Minderjährigen die Familienzusammenführung ermöglichen (Presseaussendung Europäische Kommission zum Aktionsplan 2010).

Auf europäischer Ebene stellt das vom Separated Children in Europe Programme (SCEP)[4] ausgearbeitete »Statement of Good Practice« (SGP) ein hilfreiches Instrument dar. Das SGP wurde 2010 in einer vierten – überarbeiteten – Auflage aufgelegt und beschreibt wesentliche Standards für den Umgang mit unbegleiteten Minderjährigen.

In der Neugestaltung des österreichischen Asyl- und Fremdenrechts ging es in den letzten Jahren vor allem darum, die aus der Umsetzung der EU-Richtlinien notwendigen Adaptierungsarbeiten vorzunehmen. Dadurch kam es im Asylgesetz, im Fremdenpolizeigesetz und im Grundversorgungsgesetz zu einer Reihe neuer Bestimmungen, die speziell die Behandlung unbegleiteter minderjähriger Flüchtlinge betreffen. Diese Bestimmungen regeln Themen wie: Handlungsfähigkeit, rechtliche Vertretung, Unterbringung und Altersfeststellung.

Im Herbst 2009 brachte erstmals eine österreichische Bundesregierung einen Vorschlag für die Verankerung der Kinderrechtskonvention in der österreichischen Bundesverfassung zuwege. Auf Grund eines Blockadebeschlusses der Oppositionsparteien fand der Vorschlag der Regierung, der am 10. Dezember 2009 im Nationalrat eingebracht wurde, nicht die notwendige Verfassungsmehrheit.

Im Herbst 2010 soll ein neuer Versuch der österreichischen Bundesregierung unternommen werden, eine Mehrheit für die Änderung der Bundesverfassung zu finden. Mit guter Aussicht auf Erfolg. Was sich zunächst wie ein später Sieg der

---

4   Das Separated Children in Europe Programme versucht sich durch Forschung, politische Analyse und Lobbying für die Rechte der unbegleiteten Minderjährigen einzusetzen. SCEP ist eine gemeinsame Initiative von UNHCR, Save the Children und NGOs.

Kinderrechte anhört, ist allerdings inhaltlich höchst umstritten. Die Kinderrechtskonvention, so sieht es der aktuelle Gesetzesentwurf der Regierungsparteien vor, soll nicht, wie etwa von der National Coalition[5] gefordert, in ihrer Gesamtheit Teil der Verfassung werden. Es sollen vielmehr nur ausgesuchte Bestimmungen übernommen und verfassungsrechtlich abgesichert werden. Wichtige Themen wie Gesundheit, Freizeit, Bildung, Kinderarmut und angemessener Lebensstandard blieben unberücksichtigt. Selbst diese handverlesenen Rechte würden auf Grund eines in Art. 7 vorgesehenen Gesetzesvorbehalts in völlig unzulässiger Weise beschnitten. Unter bestimmten Voraussetzungen wäre demnach eine Beschränkung dieser Rechte möglich. Aus den Erläuterungen zur Gesetzesvorlage kann man unschwer erkennen, welches Ziel der Gesetzgeber mit dem Vorbehalt verfolgt:

Art. 7 enthält einen Gesetzesvorbehalt nach dem Vorbild des Art. 8 Abs. 2 EMRK. Er stellt klar, dass Beschränkungen der Rechte und Ansprüche aus Art. 1, 2, 4 und 6 dieses Bundesverfassungsgesetzes nur aus bestimmten, dem Art. 8 Abs. 2 EMRK entsprechenden Gründen gestattet sind. Beispielsweise können straf- oder fremdenrechtliche Maßnahmen einzelne Rechte eines Kindes beschränken.

Durch die Änderungen des Bundesverfassungsgesetzes (BVG) sollen weder Korrekturen an bestehenden Gesetzen notwendig werden noch soll dem Gesetzgeber die Möglichkeit genommen werden, kinderrechtswidrige Bestimmungen durchzusetzen. Es könnte zu der paradoxen Situation kommen, dass es durch die Verankerung von Kinderrechten in der österreichischen Bundsverfassung zu einer weiteren rechtlichen Diskriminierung von Kinderflüchtlingen kommt. Dieses Ansinnen steht im eklatanten Widerspruch zu einem der vier grundlegenden Prinzipien der Kinderrechtskonvention – dem der Gleichbe-

---

5   Die National Coalition ist ein Zusammenschluss von mehr als 30 Kinderrechtsorgansationen, die sich für die Umsetzung der Kinderrechte einsetzen: http://www.kinderhabenrechte.at/

handlung. Das Recht auf Gleichbehandlung bedeutet, dass kein Kind wegen seines Geschlechts, seiner Herkunft und Abstammung, seiner Staatsbürgerschaft, seiner Sprache oder Religion, seiner Hautfarbe, auf Grund einer Behinderung, wegen seiner politischen Ansichten oder seines Vermögens benachteiligt werden darf (vgl. KRK Art. 2).

Entwicklungen der österreichischen Praxis

1991 wurde auf Anregung von UNHCR und der Kinder- und Jugendanwaltschaft Wien von Helga Matuschek erstmals eine Studie veröffentlicht, die sich mit den Lebensbedingungen von unbegleiteten minderjährigen Flüchtlingen in Österreich auseinandersetzt. Die Arbeit behandelt rechtliche, psychologische und soziologische Aspekte und skizziert Vorschläge, die zu einer Verbesserung der Lebensbedingungen der Betroffenen führen sollten. Matuschek kommt in ihrer Studie zu folgenden Schlussfolgerungen:

– *Die asyl- und fremdenpolizeilichen Interessen, nicht die der UMF, gehen im Asylverfahren vor,*
– *der Staat stellt kaum Ressourcen für die Unterbringung und Betreuung zur Verfügung,*
– *die psycho-soziale Situation und Entwicklung der Minderjährigen wird ignoriert,*
– *der Großteil der UMF verfügt über keinen Zugang zu Bildung und Arbeit,*
– *die Versorgung der UMF ist nicht gegeben (auch in der Bundesbetreuung nur begrenzt),*
– *es fehlen allgemein klare Konzepte und Betreuungsstrukturen* (Matuschek 1991, S. 114 f.).

Nach einer kurzen Diskussion der Verantwortlichen über die Mängel kehrte man rasch wieder zur Routine zurück. Die Situation der jungen Flüchtlinge blieb über viele Jahre unverändert problematisch. Zu diesem Schluss kam auch die 1998 von der »asylkoordination österreich« gemeinsam mit UNICEF Österreich anlässlich des UNO-Menschenrechtsjahres herausgegebene Studie zur Situation von unbegleiteten minderjährigen Flüchtlingen in Österreich (Fronek 1998). Brigitte Pezzei beschreibt diese Entwicklung folgendermaßen:

Die Kritik an der bestehenden Praxis in Bezug auf Unterbringung, Betreuung und Asylverfahren von UMF, die in vielen Punkten bereits 1991 in der Studie von Matuschek geübt wurde, bleibt aufrecht. […] Mit der Präsentation der Studie im September 1998 war der erste Teil eines zweistufigen Projektes abgeschlossen – es war gleichzeitig auch der Start für den zweiten Teil: die Kampagne »Menschenrechte für Kinderflüchtlinge« (Pezzei 2002, S. 14).

Durch die Studie über die Situation von unbegleiteten minderjährigen Flüchtlingen in Österreich, vor allem aber auf Grund der im Anschluss durchgeführten Kampagne »Menschenrechte für Kinderflüchtlinge« gelang es, eine breite Öffentlichkeit für die Problematik zu sensibilisieren. Die zentralen Forderungen der Kampagne waren:

– Keine Schubhaftverhängung bei minderjährigen Flüchtlingen
– Altersgerechte Unterbringung und Betreuung durch die Jugendwohlfahrtsträger
– Einrichten von Clearingstellen
– Faire Asylverfahren unter Berücksichtigung kinderspezifischer Fluchtgründe
– Zugang zu Deutschkursen, Ausbildung und Arbeit

Mehr als 10.500 Menschen unterstützten die Forderungen der Kampagne durch ihre Unterschrift. Durch die öffentliche Präsenz in den Medien geriet der damalige Innenminister Karl Schlögl (SPÖ) unter Druck und musste schließlich eingestehen, dass allein im Jahr 1998 gegen 773 Minderjährige Schubhaft verhängt worden war.

Entwicklung der Zahl der Asylanträge bei unbegleiteten minderjährigen Flüchtlingen

Von Jänner 1990 bis September 1991 hielten sich etwa 1.230 unbegleitete minderjährige Flüchtlinge in Österreich auf (vgl. Matuschek 1991, S. 121). Offizielle Statistiken wurden zu Beginn der 1990er Jahre nicht geführt und auch in der gemeinsamen Studie von »asylkoordination österreich« und UNICEF Österreich im Jahr 1998 konnte nur auf Grund von mehreren Teilerhebungen auf eine Gesamtzahl geschlossen werden. Demnach kamen im Jahr 1997 etwa 400 UMF neu in Österreich an (vgl. Fronek 1998, S. 21).

Zu Beginn des 21. Jahrhunderts stieg die Zahl der unbegleiteten minderjährigen – wie auch jene der erwachsenen – Asylsuchenden rasant an. 2001 veröffentlichte das Bundesministerium für Inneres erstmals offizielle Antragszahlen von unbegleiteten minderjährigen Flüchtlingen. Demnach stellten 1.741 UMF im zweiten Halbjahr 2001 einen Asylantrag. Im Jahr 2002 wurde ein absoluter Höchststand an Asylanträgen erreicht, von insgesamt mehr als 39.000 eingebrachten Asylanträgen entfielen 3.163 auf unbegleitete Minderjährige.

Jahr	alle Asylanträge	Asylanträge UMF	volljährig erklärt
2002		3.163	nicht erhoben
2003		2.049	nicht erhoben
2004		1.212	298
2005		881	91
2006		488	74
2007		582	66
2008		874	104
2009		1.185	123

Während sich die Situation von unbegleiteten minderjährigen Flüchtlingen infolge der Kampagne, vor allem aber durch die Notwendigkeit der Umsetzung der EU-Richtlinien in mehreren

Lebensbereichen deutlich verbesserte, wurde die Missbrauchs-diskussion in den letzten Jahren zunehmend kontroversieller ge-führt.

Die Forderung nach immer neuen restriktiven Maßnah-men wurde mit der steigenden Zahl von Asylsuchenden begründet. Waren es im Jahr 2006 laut BMI-Statistik nur 488 unbegleitete minderjährige Flüchtlinge, die hierzulande Asyl beantragten, so stieg ihre Zahl in den folgenden Jahren auf 582 (2007), 874 (2008) bzw. 1.185 im Jahr 2009 kontinuierlich an. Diese Entwicklungen ließen beim Innenministerium die Alarmglocken schrillen, wird doch der Erfolg der österreichischen Flüchtlingspolitik von den Ressortverantwortlichen mehr und mehr daran gemessen, wie viele Menschen in Österreich um Asyl ansuchen. Weniger Anträge bedeuten in dieser Diktion eine erfolgreiche Asylpolitik. Aber selbst unter diesem Blickwinkel sollte die langfristige Entwicklung beachtet werden. Im Jahr 2002 suchten 3.161 UMF in Österreich um Asyl an, mehr also als in den Jahren 2006 bis 2009 zusammengenommen.

Der Begriff Kinderflüchtlinge beinhaltet zwei gesellschaftlich recht unterschiedlich bewertete Personengruppen. Kindern wird – zumindest in Sonntagsreden von PolitikerInnen – ein positiver gesellschaftlicher Wert zugebilligt. Wobei dieser positive Stellenwert, wenn es um die rechtliche Verankerung von Kinderrechten geht, nicht mehr nachweisbar ist. Im Gegensatz dazu sind Flüchtlinge im politischen Diskurs mehr und mehr zu Feindbildern gemacht worden. In Medienberichten werden sie meist im Zusammenhang mit Kriminalität und Missbrauch genannt. Politische Parteien greifen die Asylthematik regelmäßig als billiges Wahlkampfthema auf und nutzen in der Bevölkerung vorhandene Ressentiments, um auf Stimmenfang zu gehen. Zuletzt unterstellte die Innenministerin im Oktober 2009 beim Treffen der EU-Innen- und EinwanderungsministerInnen Kinderflüchtlingen ein »enormes Missbrauchspotenzial«, da ein großer Teil von ihnen als »Ankerkinder« geschickt würden, um dann nach einer Asylanerkennung ihre Familien nachzuholen. Dass es für Familien meist keinen anderen Weg gibt, als ihre Kinder vorzuschicken, um in Europa Zuflucht zu finden, blieb unerwähnt. Das Menschenrecht auf Familienleben, welches im Art. 8 der Europäischen Menschenrechtskonvention (EMRK) geregelt ist, wird vom Innenministerium bestenfalls noch als unliebsame Verpflichtung verstanden.

Unterbringung

Bis zum Jahr 2004 hatte der überwiegende Teil der unbegleiteten minderjährigen Flüchtlinge bestenfalls einen Platz zum Schlafen. Krankheitsversorgung, Sprachkurse oder pädagogische Betreuung waren die Ausnahme. Mit Einführung der Grundversorgung gab es erstmals ein klares Bekenntnis der Verantwortungsträger auf Bundes- und Landesebene, für UMF speziell betreute Unterbringungsplätze bereitzustellen. Im Jahr 2005 gelang es erstmals, allen neu ankommenden UMF solche Betreuungsplätze anzubieten. Ab 2007 kam es, auf Grund der damals nicht gegebenen Auslastung, zum Abbau von UMF-Betreuungsplätzen. In Wien wurden zwei Einrichtungen geschlossen, in einigen anderen Bundesländern wurde das Platzangebot von Unterbringungsstellen reduziert. Den schon kurze Zeit später einsetzenden steigenden Bedarf betrachteten die Verantwortlichen allerdings lange Zeit als temporäres Phänomen. Eine adäquate Reaktion blieb aus. Ab 2007 stieg auf Grund der fehlenden Nachbetreuungsplätze die Verweildauer der UMF in der Erstaufnahmestelle in Traiskirchen (EAST-Ost) an, was ab 2008 dazu führte, dass die in der EAST verfügbaren UMF-Unterbringungsplätze nicht mehr ausreichten.

Altersfeststellung

Um den steigenden Bedarf an UMF-Betreuungsplätzen in den Griff zu bekommen, setzte das Bundesasylamt verstärkt auf Altersfeststellungen. Wobei der Zweck die Mittel zu heiligen schien. Im Jahr 2008 war es Dr. Klabuschnigg, der durch die Vermessung von Niere und Schilddrüse das Alter festlegte. Obwohl bereits im Juli 2008 der Asylgerichtshof (S12 400630-1/2008) seine Altersgutachten als »ausgesprochen kursorisch« bezeichnete, beauftragte ihn das Bundesasylamt weiterhin als Gutachter. Erst im Frühjahr 2009, nachdem bereits die Volksanwaltschaft in der Sache ermittelte, wurden Alternativen dazu gefunden.

Seit 1. Jänner 2010 sind Asylbehörden und Fremdenpolizei im Rahmen der multifaktoriellen Begutachtung ermächtigt, radiologische Untersuchungen zur »Alterseingrenzung« anzuordnen. Neben rechtlichen und ethischen Bedenken bestehen auch massive Zweifel an der Brauchbarkeit der Handwurzelröntgenuntersuchung für die Fragestellung der Volljährigkeit. So gibt der Menschenrechtsbeirat in seinem Bericht »Minderjährige in Schubhaft« aus dem Jahr 2000 an, dass das Verfahren des Handwurzelröntgens nur Aussagekraft bis zum 17. Lebensjahr bei männlichen und bis zum 15. Lebensjahr bei weiblichen Jugendlichen hat.

Die Auswirkungen von Volljährigkeitserklärungen sind gravierend. Erfolgt die Volljährigkeitserklärung im Zulassungsverfahren, so verlieren die Betroffenen die Rechtsvertretung im Asylverfahren. Oft ermöglicht die Volljährigkeitserklärung auf Grund der Dublin-Zuständigkeit eine Rückführung in ein anderes EU-Land. Diejenigen, für die Österreich zuständig bleibt, verlieren den Anspruch auf adäquate Betreuung in einer UMF-Betreuungseinrichtung. Zudem untergräbt die Korrektur des Alters die Glaubwürdigkeit der Antragstellerin/des Antragstellers im Asylverfahren.

Schubhaft

Auch bei der Verhängung von Schubhaft wirken sich Volljährigkeitserklärungen für die Betroffenen negativ aus. Immer wieder werden aber auch Minderjährige in Schubhaft genommen, deren Altersangaben von den Behörden nicht angezweifelt werden. In den letzten Jahren waren davon durchschnittlich 180 Minderjährige betroffen.

Oft stellen sich Schubhaftverhängungen als rechtswidrig heraus. Ein großes Problem im fremdenpolizeilichen Verfahren ist, dass Minderjährige meist keine Unterstützung bei der Wahrung ihrer Rechte haben. Anders als im Asylverfahren sind die Jugendlichen bereits ab der Vollendung des 16. Lebensjahres handlungsfähig. Da sie aber noch nicht geschäftsfähig sind, können sie keinen Rechtsanwalt mit ihrer rechtlichen Vertretung beauftragen. Dies bedeutet eine Schlechterstellung gegenüber erwachsenen Fremden.

Der Menschenrechtsbeirat gelangte bereits in seinem Bericht im Jahr 2000 zu der Auffassung, dass der Vollzug der Schubhaft bei Minderjährigen internationalen Mindeststandards der Behandlung von Kindern und Jugendlichen in Haft widerspricht. Bis heute wurden die daran geknüpften Empfehlungen jedoch nicht umgesetzt. Es ist zu befürchten, dass die seit 2010 gültigen neuen Schubhaftgründe, gepaart mit dem geplanten Schubhaftzentrum in Vordernberg in der Steiermark, dazu führen werden, dass künftig noch mehr Minderjährige eingesperrt statt betreut werden.

Zusammenschau

Die in diesem Buch thematisierten Problemfelder sind in der Praxis eng miteinander verwoben. So hat etwa die Unterbringungs- und Betreuungssituation unmittelbare Auswirkungen auf realisierbare Bildungschancen, das Asylverfahren bestimmt weitgehend die zukünftigen beruflichen Möglichkeiten, das Engagement des Obsorgeberechtigten – so einer bestimmt wurde – hat

Einfluss auf die Qualität der Unterkunft und Betreuung. Die unterschiedlichen Lebensbereiche stehen in komplexer Weise miteinander in Beziehung, sind miteinander verknüpft.

In vielen Bereichen bleibt es schwierig, ein kohärentes und aktuelles Bild der komplexen Situation zu vermitteln. Oft ist auf Grund der föderalen Struktur in Österreich die Praxis von Bundesland zu Bundesland, manchmal sogar von Bezirk zu Bezirk höchst unterschiedlich. Eine weitere Schwierigkeit bei der korrekten Beschreibung der Situation ist, dass bestehende rechtliche Spielräume sowohl zum Wohl der Minderjährigen als auch zu deren Nachteil genutzt werden können. So ist es zum Beispiel nicht nachvollziehbar, warum, bei nahezu identen Ausgangslagen, ein subsidiär Schutzberechtigter von der Fremdenpolizei einen Fremdenpass ausgestellt bekommt, einem anderen dies hingegen verwehrt wird. Oft hängt es vom Engagement, vom Nachdruck und von der Hartnäckigkeit einer Schlüsselperson ab, ob ein/e AsylwerberIn eine Schule besuchen kann oder ob ein Flüchtling einen Lehrplatz findet.

Auch die Tagesverfassung der BeamtInnen des Bundesasylamts, der Fremdenpolizei oder der RichterInnen des Asylgerichtshofes kann eine wesentliche Rolle dabei spielen, ob sich ein Schicksal in die eine oder andere Richtung wendet. Ein anschauliches Beispiel für die Unwägbarkeit liefert die gemeinsame Geschichte von Naim und Mehmed.

Naim und Mehmed, zwei unbegleitete Minderjährige aus Afghanistan, kamen im Sommer 2003 gemeinsam in Österreich an und stellten Asylanträge. Da Deutschland das von ihnen angestrebte Fluchtziel war, fuhren sie gemeinsam dorthin. Auf Grund der Zuständigkeit nach der Dublin-II-Verordnung kam es bald zur Rücküberstellung nach Österreich. Während das Bundesasylamt in Innsbruck bereits im April 2004 Mehmed Asyl gewährte, erhielt Naim am selben Tag einen negativen Bescheid. Die eingebrachte Berufung liegt nun bereits seit mehr als sechs Jahren – ohne weitere Einvernahme – unentschieden bei der Berufungsbehörde. Der zuständige Richter des Asylgerichtshofes erteilte im September 2009 auf Anfrage – des nun nicht mehr Jugendlichen – die Auskunft, dass noch kein Termin für die Einvernahme anberaumt sei. Bis zum August 2010 hat sich am Verfahrensstand nichts geändert.

Während Mehmed innerhalb eines Jahres Asyl erhielt, zu arbeiten beginnen konnte und heute sein Leben selbstständig gestalten kann, weiß Naim bis heute nicht einmal, ob er in Österreich bleiben darf. Es ist ihm verboten zu arbeiten, er ist auf staatliche Unterstützung angewiesen und darf Österreich nicht verlassen.

Immer wieder geschehen in der täglichen Praxis auch Dinge, die aus rechtlicher Sicht nicht vorgesehen sind. Oft sind diese zum Nachteil der Jugendlichen (z.B. Schubhaftverhängung, weil der Fremdenpolizist den Eindruck hat, dass er belogen wird); es kommt aber auch vor, dass die Jugendlichen von rechtlich nicht gedeckten Entscheidungen profitieren (z.B. für einen Asylwerber wird eine Maßnahme des Arbeitsmarktservice genehmigt).

Auch die sich ständig ändernden rechtlichen Grundlagen erschweren es, allgemein gültige Aussagen zu treffen. In den letzten zwölf Jahren wurde das Asylgesetz acht Mal – teilweise umfassend – geändert. Was heute noch gilt, kann schon morgen anders sein. So wird, zum Zeitpunkt der Entstehung dieses Textes, im Innenministerium die Residenzpflicht für AsylwerberInnen diskutiert. Damit könnte der Freiheitsentzug auch bei minderjährigen AsylwerberInnen künftig zur Regel, das Kapitel Schubhaft schon bald überarbeitungsbedürftig werden.

FLUCHTGRÜNDE

H.: Der Grund für meine Flucht war die Politik. Mein Vater hat für die Regierung gearbeitet … Er war ein hoher Offizier. Er hat an der Grenze von Usbekistan und Afghanistan gearbeitet, schon 20 Jahre hat er dort gearbeitet. Er war Chef von dieser Stadt. Als das Regime gewechselt hat und die Russen weg waren, da ist es langsam gefährlich geworden. … Gefährlich für mich und meine ganze Familie. In Afghanistan ist es so: Wenn einer von deiner Familie zum Beispiel irgendwo beteiligt ist, in der Regierung gearbeitet hat, dann ist die ganze Familie in Gefahr, auch der Bruder, der Onkel, auch die Tante.

Das European Migration Network (EMN) erhob in einer EU-weiten Studie die Situation unbegleiteter Minderjähriger. In Österreich nahmen ExpertInnen an einer Fragebogenerhebung teil; unter anderem wurden sie dazu befragt, welche Fluchtgründe unbegleitete minderjährige Flüchtlinge vorbringen. Es überwiegen deutlich politische Fluchtgründe entsprechend der Situation in den Herkunftsländern Die meisten jugendlichen Flüchtlinge in Österreich kommen aus Afghanistan, Nigeria, Somalia und Tschetschenien. Bei jenen Jugendlichen, die ökonomische Gründe angegeben, so die ExpertInnen, findet sich häufig das Motiv, die Familie finanziell zu unterstützen zu wollen. Darüber hinaus spielen auch soziale Gründe wie der Verlust der Familie oder Kindesmissbrauch eine Rolle, aber auch das Bild eines leichteren Lebens in der EU sowie das positive politische Image Österreichs als Asylland werden genannt. Interessant ist, dass dennoch Österreich oft nicht das eigentliche Zielland war, sondern die jugendlichen Flüchtlinge sich ursprünglich auf dem Weg nach England oder in skandinavische Länder befanden (vgl. European Migration Network 2010, S. 15 ff.).

Die Fluchtgründe hängen ganz wesentlich mit den Herkunftsregionen der unbegleiteten minderjährigen Flüchtlinge zusammen. Im Jahr 2009 stellten in Österreich 1.185 UMF aus 58 verschiedenen Staaten einen Asylantrag. Die bei Weitem stärkste Gruppe bildeten Afghanen, die 431 Asylanträge einbrachten. Gefolgt wurden sie von Nigeria mit 118, der Russischen Föderation mit 62 und Moldawien mit 60 AntragstellerInnen. Betrachtet man die Entwicklung der letzten Jahre bezüglich der Herkunftsländer von UMF, so ergibt sich folgendes Bild:

Jahr	Anträge UMF gesamt	UMF nach Altersfestst.	Anz. Nationen
2009	1.185	1.062	58
2008	874	770	50
2007	582	516	45
2006	488	414	41

Jahr	stärkstes HKL	2KL	3KL	4KL
2009	Afgh. 431	Nigeria 118	Russ. Föd. 62	Mold. 60
2008	Afgh. 242	Mold. 72	Nigeria 65	Somalia 53
2007	Afgh. 100	Mold. 66	Somalia 49	Russ. Föd. 43
2006	Russ. Föd. 56	Afgh. 52	Nigeria 40	Algerien u. Mongolei jw. 25

Die Entwicklung zeigt, dass in den letzten Jahren die Zahl der asylsuchenden Jugendlichen aus Afghanistan überproportional angestiegen ist. 2006 stellten sie mit ca. 13% der eingebrachten Anträge noch nicht einmal die stärkste Nation. Im Jahr darauf entfielen bereits 19%, 2008 dann 31% und im Jahr 2009 schließlich 41% der eingebrachten Asylanträge auf unbegleitete minderjährige Flüchtlinge aus Afghanistan.[6] Im Jahr 2010 setzt

6   Grundlage für die Berechnung der Prozentwerte der Nationalitäten bildet die Zahl der UMF nach Altersfeststellung, da in der Statistik des BMI nur bei diesen die Herkunftsländer angeführt sind.

sich dieser Trend weiter fort. In den ersten fünf Monaten stellten 428 UMF einen Asylantrag, 108 von ihnen wurden für volljährig erklärt. Von den verbleibenden 320 UMF kamen 133 aus Afghanistan, was einem Anteil von 42% entspricht. Weitere wichtige Herkunftsländer sind die Russische Föderation und Nigeria. Diese beiden Länder schienen in den letzten vier Jahren jeweils dreimal unter den vier antragsstärksten Nationen auf.

Die 2010 vom UNHCR herausgegebene Studie »Trees only move in the wind« setzt sich mit der Situation von unbegleiteten minderjährigen Flüchtlingen aus Afghanistan auseinander. Demnach zeigt sich auch europaweit, dass UMF aus Afghanistan mit 45% der Anträge die bei Weitem größte Gruppe darstellen. Im Jahr 2009 brachten 5.900 UMF aus Afghanistan in europäischen Ländern einen Asylantrag ein, im Jahr davor waren es nur 3.380. Die zweitgrößte Gruppe bilden unbegleitete Jugendliche aus Somalia, wobei diese nur etwa ein Drittel der Zahl der Afghanen ausmachen (vgl. UNHCR 2010).

Eine weitere vom UNHCR 2010 publizierte Studie setzt sich mit den Fluchtgeschichten von Kinderflüchtlingen aus Afghanistan auseinander, die in Schweden um Asyl ansuchten. Die Studie berichtet über Fluchtgründe, die Situation in den Transitländern, die Organisation der Fluchthilfe und die Aufnahme in Schweden. Insgesamt wurden 42 unbegleitete minderjährige Flüchtlinge befragt, bezüglich der Gründe für die Flucht führen sie meist mehrere Auslöser an:

When asking the children for the reasons why they left Afghanistan, initial reference was commonly made to the lack of security and the dire economic situation in the country. The children would typically say that they »had no future in Afghanistan«, referring to the high unemployment rate, low wages, widespread poverty and few prospects for education as major factors to migrate to neighboring countries in search of a better future (UNHCR 2010a, S. 19).

Die Ergebnisse der Studie zeigen, dass es in den meisten Fällen zur Vermischung mehrerer Fluchtgründe kommt. Neben der oft vorgebrachten problematischen wirtschaftlichen und sozialen Situation in Afghanistan werden auch individuelle Fluchtgründe genannt.

Although all children raised economic and social hardship as one reason for flight, only a few children actually said that they had left Afghanistan for purely economic reasons. Most of the children, who participated in the study, seem to have left Afghanistan for reasons relating to conflict and insecurity and individual risks associated to their ethnicity, age and gender (UNHCR 2010a, S. 20).

Weitere von den Jugendlichen im Rahmen der Studie vorgebrachte Fluchtgründe sind: die generelle Gewaltsituation in Afghanistan, körperlicher Missbrauch und Bedrohung, drohende Zwangsrekrutierung durch die Taliban, Kinderarbeit und Angst vor Vergeltungsmaßnahmen (vgl. UNHCR 2010a, S. 20 ff.).

In der UNHCR-Studie »Trees only move in the wind« zeigt sich, dass es vor allem die ältesten Söhne sind, die sich auf den Weg nach Europa machen. In 43 von 59 Fällen, in welchen die Geschwisterfolge erhoben wurde, stellte sich heraus, dass es sich um den ältesten Sohn handelte. In den meisten Fällen war es für die interviewten Jugendlichen nicht schwer, Personen zu finden, die ihnen anboten, sie nach Europa zu bringen:

Given the countrywide access to the hawala system that facilitates the transfer of money, goods and people across countries and even continents, it is not surprising that making contact with an »agent« or people smuggler was generally quite easy for the Afghan children interviewed, whether leaving from Afghanistan, Iran or Pakistan (UNHCR 2010, S. 15).

Die meisten der im Rahmen der Studie befragten Jugendlichen waren darüber informiert, wie ihre Reise organisiert wurde. Oft wurden sie von Verwandten oder Nachbarn bei der Organisation der Flucht unterstützt. Ein Jugendlicher gab an, dass es überall Leute gäbe, die Jugendliche ansprechen und ihnen anbieten, sie ins Ausland zu bringen (UNHCR 2010, S. 15 f.).

DER WEG NACH UND
DIE ANKUNFT IN ÖSTERREICH

Sanagul: Meine Mutter hat gesagt: Du bist groß, alle Leute kennen dich … du musst nach Pakistan gehen, geh einfach irgendwo hin. Meine Mutter arbeitete als Teppichknüpferin. In Pakistan wollte ich nicht bleiben, ich war eine Woche im Iran, ein Mann hat gesagt: Viele Leute gehen nach Europa. Ich habe beschlossen, auch zu gehen. Der Mann hat gefragt, ob ich Geld habe, und ich habe gelogen und ja gesagt. So kam ich bis in die Türkei. 15 Tage waren wir unterwegs, zu Fuß, mit Pferd, mit Boot. Dann wollte der Mann das Geld. Ich habe ihm gesagt, dass ich kein Geld habe. Ich und noch fünf oder sechs andere Leute wurden in einen Keller gebracht. Zwei bis drei Tage haben wir nur ein bisschen Brot bekommen, so konnte es nicht weitergehen. Wir haben den Mann zusammengeschlagen und sind weggelaufen.

Dann haben wir ein Boot gesehen. Ich habe mir gedacht, ich fahre auch mit, egal was passiert. Auf dem Meer hat es sehr viel geregnet und da waren große Wellen. Wir haben drei Tage nichts gegessen. Es ist unglaublich, dass ich noch lebe! Wir sind viele Stunden gerudert, dann kamen wir nach Griechenland. Die Polizei hat uns festgenommen. Wir wurden wieder freigelassen und sollten nach Athen gehen. Es war schwierig, sehr schwierig, dann kamen wir hierher. Es war schwer, sehr schwer.

Rechtlicher Rahmen

Die Genfer Flüchtlingskonvention (GFK) legt fest, wer ein Flüchtling ist und welchen rechtlichen Schutz, welche Hilfe und welche sozialen Rechte Flüchtlinge in den Unterzeichnerstaaten erhalten sollen. Art. 31 der GFK regelt den Umgang der Vertragsstaaten mit Flüchtlingen, die ohne Erlaubnis in das Staatsgebiet einreisen beziehungsweise sich nicht rechtmäßig im Aufnahmeland aufhalten.

In Art. 33 wird das Verbot der Ausweisung oder Zurückweisung in ein Land, in welchem einer Person Verfolgung droht, festgeschrieben. Egal, ob die Einreise legal oder illegal erfolgte – niemand darf in Staaten zurückverwiesen werden, »*in denen sein Leben oder seine Freiheit wegen seiner Rasse, Religion, Staatsangehörigkeit, seiner Zugehörigkeit zu einer bestimmten sozialen Gruppe oder wegen seiner politischen Ansichten bedroht sein würde*« (GFK Art. 33 Abs. 1).

Nicht festgeschrieben wird im Rahmen der GFK allerdings, in welchem Land einem Flüchtling dieser Schutz gewährt werden muss. Diese Frage wird dann relevant, wenn ein Flüchtling bereits mehrere Staaten durchreist hat, bevor er oder sie aufgegriffen wird bzw. einen Asylantrag stellt. Es bleibt den Unterzeichnerstaaten unbenommen, Verträge und bilaterale Abkommen abzuschließen, die die Zuständigkeitsfrage regeln. In der Konsequenz bedeutet dies, dass sich Flüchtlinge ihr Asylland nicht selbst aussuchen können.

Innerhalb der EU-Staaten wird die Zuständigkeit durch die Dublin-II-Verordnung geregelt. Diese legt fest, welcher Staat für die Bearbeitung eines Asylantrags verantwortlich ist. Auf die wesentlichen Kriterien dieser Verordnung wird im Kapitel »Zugang zum Asylverfahren« näher eingegangen werden.

Die verstärkte Grenzüberwachung an der EU-Außengrenze stellt für Flüchtlinge eine oft unüberwindbare Hürde auf ihrem Weg ins Zielland dar. Die bekanntesten Bilder dazu sind wohl die hohen, teils elektrisch geladenen Zaunreihen in den spanischen Enklaven in Nordafrika. Der »Schutz« der Grenzen erschöpft sich jedoch nicht in abschreckenden Bauwerken. 2004 wurde die Europäische Agentur für die operative Zusammenarbeit an den Außengrenzen der Mitgliedstaaten der Europäischen Union (FRONTEX) geschaffen. Die Agentur koordiniert die Zusammenarbeit der Mitgliedstaaten im Bereich des Schutzes der Außengrenzen und unterstützt sie bei der Organisation gemeinsamer Rückführungen.

Das Stockholmer Programm, welches vom Europäischen Rat 2009 beschlossen wurde, ist ein weiterer Schritt, die europäische Sicherheitsarchitektur durch den Ausbau der polizeilichen, militärischen und geheimdienstlichen Zusammenarbeit zu verstärken. Zudem ermöglicht es neue Maßnahmen im Bereich des Datenaustauschs und der Überwachung des Internet. Immerhin benennt das Stockholmer Protokoll die besondere Schutzbedürftigkeit von unbegleiteten Minderjährigen und fordert, dass die verstärkten Grenzkontrollen darauf Rücksicht nehmen:

Die Verstärkung der Grenzkontrollen sollte nicht den Zugang zu Schutzsystemen von dazu berechtigten Personen, insbesondere Personen und Gruppen, die aufgrund ihrer Lage schutzbedürftig sind, verhindern. Dabei wird vorrangig auf die Erfordernisse des internationalen Schutzes und der Aufnahme unbegleiteter Minderjähriger geachtet werden (Stockholmer Programm 2009 Art. 5.1).

Eine Möglichkeit, jungen AsylwerberInnen die gefährliche Flucht nach Europa zu ersparen, wäre, sie im Rahmen von Resettlement-Programmen aufzunehmen. Klassische Resettlement-Staaten sind Australien, Dänemark, Finnland, Kanada, Neuseeland, die Niederlande, Norwegen, Schweden und die USA. In den letzten Jahren haben aber auch andere europäische Staaten wie Irland, Island, Deutschland und Großbritannien Resettlement-Programme eingerichtet. Österreich hat es bis jetzt immer strikt abgelehnt, sich an derartigen Programmen zu beteiligen.

Fluchtrouten

Ein Ergebnis der von UNHCR durchgeführten Untersuchung »Trees only move in the wind« betrifft die Kosten, die von den Flüchtlingen für den Transport nach Europa aufgebracht werden müssen. Die Aussagen der Jugendlichen ergeben, dass die Kosten für die Schleppung stark vom Zielland abhängig sind. So gaben Jugendliche an, dass sie für eine Schleppung bis nach Deutschland, Norwegen oder England bis zu 15.000 $ bezahlen mussten, nach Griechenland kostete der Transport 6.000-7.000 $ und in die Türkei 3.000-5.000 $ (vgl. UNHCR 2010, S. 16). Die Flucht nach Europa können sich eher jene Familien leisten, die einer privilegierten Schicht angehören.

Minderjährige Flüchtlinge benötigen, um legal nach Österreich einreisen zu dürfen, einen gültigen Reisepass und im Regelfall ein Visum. In den Herkunftsländern der Jugendlichen gibt es aber in fast allen Fällen keine funktionierende Bürokratie. Personen, die vom Staat verfolgt sind, haben zudem meist keine Möglichkeit, sich ein Reisedokument ausstellen zu lassen. Ganz abgesehen davon würden in nahezu allen Fällen die österreichischen Behörden kein Visum ausstellen, da die für die Erteilung notwendigen Voraussetzungen nicht erfüllt werden könnten.

Es ist daher nicht verwunderlich, dass in nur wenigen Fällen junge Flüchtlinge die Einreise nach Österreich auf einigermaßen sicherem Weg schaffen. Entsprechend niedrig sind die Zahlen derjenigen, die mit dem Flugzeug nach Österreich kommen. Im Jahr 2007 wurden gerade 25 von gesamt 808 Asylanträgen von unbegleiteten Minderjährigen am Flughafen Wien-Schwechat gestellt. Im Jahr darauf entfielen 16 von 374 Anträgen auf UMF und 2009 brachten – bei einer Gesamtzahl von 252 – gerade 14 UMF ihren Asylantrag am Flughafen ein.

Jahr	Asylanträge UMF	UMF Flughafen	Anteil in %
2009	1.185	14	1,2
2008	874	16	1,8
2007	582	25	4,3

Die Zahlen belegen, dass in den letzten Jahren nur zwischen 4,3% (2007) und 1,2% (2009) aller unbegleiteten minderjährigen Flüchtlinge über den Flughafen Wien-Schwechat nach Österreich eingereist sind. Noch seltener verfügen die jungen Flüchtlinge bei der Einreise über ein gültiges Visum und können somit österreichisches Staatsgebiet ohne Aufenthalt in der Tran-

Einreise und Herkunftsländer – UMF – über den Flughafen Wien-Schwechat

2007		2008		2009	
W	M	W	M	W	M
1 Afghanistan Somalia Syrien	7 Indien	1 Nigeria	8 Indien	1 Somalia	6 Afghanistan
	3 staatenlos		1 Afhanistan Ägypten Algerien China Nepal Sudan		3 Ägypten
	2 Sri Lanka Syrien Türkei Afghanistan				1 Indien Somalia Syrien
	1 Irak Libanon Nepal Somalia				

Zahlen: Caritas der Erzdiözese Wien (E-Mail 25. 6. 2010)

sitzone betreten. Einer von diesen ist Nadif aus Somalia; er berichtet von seiner Flucht:

Nadif: Ich bin mit einer Schlepperin im Juni 2009 mit dem Flugzeug in Wien angekommen. Wir sind gemeinsam in die Stadt gefahren und haben uns auf eine Bank gesetzt. Die Frau ist dann weggegangen, um etwas zum Essen zu holen, aber sie ist nicht mehr zurückgekommen. Ich hatte Angst. Ich habe sechs Stunden auf sie gewartet. Ich wusste nicht einmal, dass ich in Wien war. Ich habe einen somalischen Mann angesprochen. Er hat mir gesagt, dass ich hier vielleicht um Asyl ansuchen kann. In Traiskirchen habe ich die Lagerkarte bekommen und eine Matratze. Ich habe dort auch andere Leute aus Somalia getroffen.

Das Zitat zeigt, wie bereits in dieser vergleichsweise »harmlosen« Fluchtgeschichte Unsicherheit, Angst und enttäuschtes Vertrauen die Gefühlswelt dominieren. Nahezu alle unbegleiteten minderjährigen Flüchtlinge müssen jedoch den beschwerlichen Landweg nehmen und illegal in Österreich einreisen. Die Flucht ist in diesem Fall mit noch viel höheren persönlichen Risiken verbunden. Die europäische Asylpolitik trägt einen wesentlichen Teil dazu bei, die Flucht junger Flüchtlinge beschwerlich und gefährlich zu machen. Auch wenn es in der offiziellen Diktion der Justiz- und InnenministerInnen der Europäischen Union darum geht, die »Schlepperkriminalität« zu bekämpfen – die Restriktionen treffen vor allem die Schutzsuchenden selbst. Verstärkte Grenzüberwachung und höhere Strafen für Schlepper führen dazu, dass einerseits die Kosten für die Fluchthilfe steigen und andererseits die Flucht immer gefährlicher wird.

Seit dem Jahr 1993 dokumentiert das European Network against Nationalism, Racism, Fascism and in Support of Migrants and Refugees (UNITED) jene Personen, die auf ihrer Flucht nach Europa ums Leben kommen. Bis heute sind mehr als 13.800 Todesfälle dokumentiert.[7] Besonders gefährdet sind

---

7   http://www.unitedagainstracism.org (Zugriff: 23. 6. 2010).

Flüchtlinge aus afrikanischen Ländern auf ihrem Weg nach Europa. Wie viele Kinderflüchtlinge Jahr für Jahr im Mittelmeer oder im Atlantik ihr Leben lassen, lässt sich nicht abschätzen. Es sind aber immer menschliche Tragödien, die sich hinter den nackten Zahlen verstecken. Bashir berichtet über den Tod seines Bruders auf der Flucht nach Europa:

Bashir: Es war sehr schwer für mich, weil ich noch nie ohne meine Eltern gelebt habe. Wenn man so jung ist und die Familie verlassen muss und so einen gefährlichen Weg hinter sich bringen muss, das ist wahnsinnig schwer. Aber mein großer Bruder war dabei und der hat mich auch beschützt und hat viele Sachen alleine erledigt. Bis in die Türkei waren wir gemeinsam unterwegs. Dann sind wir durch den Schlepper getrennt worden. Wir waren in zwei Booten. Das erste Boot, in welchem ich drinnen war, ist in Griechenland angekommen, vom Verbleib des zweiten Bootes hatten wir keine Ahnung. Die sind nie in Griechenland angekommen. Seitdem weiß ich auch nicht, wo mein Bruder ist. Aber der Schlepper hat gesagt, dass das zweite Boot gesunken ist, dass mein Bruder ertrunken ist und nicht mehr lebt.

Für Trauer und Abschied bleibt den Jugendlichen aber keine Zeit. In Europa angekommen, geht es für die jungen Flüchtlinge zunächst primär darum, bis zum Erreichen des Ziellandes tunlichst jeden Behördenkontakt zu vermeiden. Werden sie bereits in Transitländern aufgegriffen, kann dies bedeuten, dass sie, um der Schubhaft und Rückschiebung zu entgehen, gezwungen sind, einen Asylantrag einzubringen. Damit verlieren sie aber die Chance, jenes Land zu erreichen, in das sie ursprünglich flüchten wollten. Ein anschauliches Beispiel für die Schwierigkeiten auf dem Weg nach Europa liefert der Film »Little Alien« von Nina Kusturica.[8] Der Film begleitet jugendliche AsylwerberInnen ein Stück ihres Fluchtweges und zeigt dabei anschaulich die

---

8   Website zum Film »Little Alien«: http://www.littlealien.at (Zugriff: 30. 6. 2010).

Hindernisse und Gefahren, mit denen Jugendliche auf ihrer Reise nach und in Europa konfrontiert sind.

Oft dauert die Flucht viele Monate, manchmal sogar Jahre. Häufig ist der Weg mit aufreibenden Wartezeiten und Rückschlägen gepflastert.

Sanagul: Ich habe meine Fingerabdrücke nur in Österreich abgegeben. Die Reise war sehr gefährlich. Dreimal mussten wir von Griechenland per Schiff nach Italien übersetzen, das bedeutete mehr als 40 Stunden unter Deck. Wir hatten nichts zum Trinken im Versteck und hatten Angst, entdeckt zu werden. Zweimal haben wir die Überfahrt umsonst durchgemacht! Im Hafen schnappte uns die italienische Polizei und verfrachtete uns als Gefangene retour nach Griechenland. Nach der dritten Überfahrt gelang uns schließlich die Flucht durch Italien und dann erreichten wir Österreich. Wir waren insgesamt 16 Monate unterwegs. Die Versuche, von Griechenland über das Meer nach Italien zu gelangen, nahmen viele Monate in Anspruch. Jetzt geht das nicht mehr, die Kontrollen sind zu scharf!

Österreich als Transitland

Österreich ist nicht immer das Zielland für hier aufgegriffene AsylwerberInnen. Oft heißen die eigentlichen Ziele Großbritannien, Frankreich oder Schweden, manchmal auch einfach nur Europa. Österreich spielt als bewusst gewähltes Aufnahmeland schon deshalb eine geringe Rolle, weil es in Afghanistan weitgehend unbekannt ist.

Ali: Klar, ich kam mit Schleppern von Afghanistan bis nach Österreich. Es gab damals nur einen Weg, ich flüchtete über Russland und über den Iran. Die genaue Route weiß ich nicht, oft wusste ich nicht, in welchem Land ich war. Man wird von Schlepper zu Schlepper weitergegeben, bis man ans Ziel kommt. Als ich damals nach Österreich gekommen bin, habe ich nicht gewusst, dass ich in Österreich bin. Es ist ein kleines Land, und bei uns in Afghanistan kennen viele Leute Österreich nicht. Meine Flucht hat etwa zwei Monate gedauert, und sie war schrecklich. Man weiß nicht – was passiert in einer Stunde, in zwei Stunden? Man muss über Flüsse schwimmen, mit einem kleinen Boot fahren. Das war sehr gefährlich. Ich war mit drei Familien mit kleinen Kindern unterwegs. Meine große Angst war, wenn irgendwas passiert, wenn das Boot kentert. Was ist mit der Familie? Vielleicht habe ich damals die Gefahren gar nicht so realisiert. Jetzt denke ich darüber nach, was ich alles erlebt habe.

Manchmal führt der Aufbruch ins Ungewisse zum Erfolg und Familienmitglieder finden einander in Österreich wieder wie bei Sajjad, der seinen Bruder in Europa vermutete:

Sajjad: Als ich hier ankam, hat die Polizei gefragt: Wie heißt du? Dann ist der Dolmetscher gekommen, er hat gefragt: Wo gehst du hin? Was willst du hier machen? Ich habe gesagt: Ich suche meinen Bruder, ich will wissen, ob er hier ist, ob er tot ist oder nicht, nur das will ich wissen! Er hat gesagt: Wenn dein Bruder in Europa ist, kann ich ihn finden. Ich habe gesagt: Okay, ich warte hier drei Tage; wenn du meinen Bruder finden kannst, dann bleibe ich hier oder gehe dorthin, wo er ist. Nach drei Tagen war plötzlich mein Bruder da, ich hätte nie gedacht, dass mein Bruder hier ist. Ich habe ihn zuvor acht Jahre nicht gesehen.

Sajjad hatte Glück, dass sein Bruder in Österreich war. Denn haben Kinderflüchtlinge Familienangehörige in anderen EU-Staaten und werden bei der Durchreise durch Österreich von der Polizei aufgegriffen, bedeutet dies oft monatelanges Warten auf die Familienzusammenführung. So wurde Anfang 2010 ein 16-jähriger Afghane, der auf dem Weg zu seinem älteren Bruder nach Deutschland war, in Österreich zunächst zu einer Altersfeststellung geschickt. Der Bruder lebt bereits seit mehr als zehn Jahren in Deutschland, hat die deutsche Staatsbürgerschaft und erklärte sich sofort bereit, die Vormundschaft für seinen jüngeren Bruder zu übernehmen. Da auch mehrere Wochen nach der Ankunft keine Entscheidung über die Familienzusammenführung getroffen worden war, machte sich der Jugendliche schließlich illegal auf den Weg nach Deutschland.

Noch schwieriger gestaltete sich die Familienzusammenführung bei zwei Mädchen im Alter von sieben und 14 Jahren. Sie kamen aus einem afrikanischen Land und waren zum Zeitpunkt der Ankunft in Österreich bereits mehrere Jahre von ihren Eltern getrennt. Die Mädchen kamen Anfang 2009 in Begleitung einer Verwandten in Österreich an. Obwohl alle Beteiligten beim ersten Behördenkontakt anführten, dass die Eltern der Kinder in England lebten und dass eine Zusammenführung gewünscht sei, kam es nach fünf Monaten zu einer Ablehnung des Aufnahmeersuchens durch England. Erst nach einem Einspruch folgte – mehr als ein Jahr nach der Ankunft in Österreich – die Zustimmung Englands zur Übernahme der beiden Mädchen; nicht aber der sie begleitenden Verwandten! Es dauerte dann noch einmal weitere zwei Monate, bis die Überstellung nach England abgewickelt werden konnte.

ZUGANG ZUM ASYLVERFAHREN[9]

Mokhtar: Am Anfang wollen die wissen, woher du kommst, und deinen Namen. Dann kontrollieren sie, ob du was mithast. … Am Nachmittag bin ich dort angekommen. Dann habe ich was zum Essen bekommen. Dann bin ich gleich schlafen gegangen, weil ich von der Flucht so müde war. Nach einer Woche bin ich zum Interview gegangen. Niemand hat mich auf das Interview vorbereitet. Das war nicht so, dass mir jemand geholfen hat. Beim Interview war ein Dolmetscher dabei, der kam aus dem Iran. Meine Muttersprache ist aber Dari, das ist die zweithäufigste Sprache in Afghanistan … die meisten Leute sprechen Dari. Und Persisch ist ähnlich wie Dari, aber nicht gleich. Für mich war es das erste Mal, dass ich so ein Interview gemacht habe. Ich habe nicht gewusst, was ich da eigentlich machen soll. In Traiskirchen habe ich dann die weiße Karte bekommen. Was bedeutete, dass ich in Österreich bleiben durfte.

Rechtlicher Rahmen

Ein wesentliches Instrument der Harmonisierung des europäischen Asylsystems stellt das im September 1997 in Kraft getretene Dubliner Übereinkommen dar. Im März 2003 wurde dieses durch die Dublin-II-Verordnung ersetzt. Für den zur Abklärung der Zuständigkeit notwendigen Informationsaustausch wurde EURODAC eingerichtet – ein automatisiertes System zum Abgleich der Fingerabdrücke von AsylwerberInnen.

9   In diesem Buch werden Stimmen jener Jugendlichen hörbar, die die Hürde des Zulassungsverfahrens überwinden konnten. Es war nicht möglich, mit Jugendlichen zu sprechen, die nach ihrer Einreise in Österreich auf Grund der Zuständigkeitsregeln der Dublin-II-Verordnung in andere Staaten zurückgebracht wurden oder, um einer Rückführung zu entgehen, den Weg in die Illegalität wählten.

Das Dubliner Übereinkommen ist ein völkerrechtlicher Vertrag über die Bestimmung des zuständigen Staates für die Prüfung eines in einem Mitgliedstaat der Europäischen Gemeinschaft gestellten Asylantrages. Das wesentlichste Kriterium für die Bestimmung der Zuständigkeit bildet dabei die Einreise. Demnach ist jener Staat, in welchem die/der Fremde nachweislich zuerst eingereist ist, für das Asylverfahren zuständig. Abweichend zu dieser Bestimmung gibt es Sonderregelungen für unbegleitete minderjährige Flüchtlinge. Art. 6 nimmt einerseits auf die Familieneinheit Rücksicht und legt andererseits jenen Staat als zuständigen fest, in welchem die/der unbegleitete Minderjährige den Asylantrag eingebracht hat:

Handelt es sich bei dem Asylbewerber um einen unbegleiteten Minderjährigen, so ist der Mitgliedstaat, in dem sich ein Angehöriger seiner Familie rechtmäßig aufhält, für die Prüfung seines Antrags zuständig, sofern dies im höheren Interesse des Minderjährigen liegt.

Ist kein Familienangehöriger anwesend, so ist der Mitgliedstaat, in dem der Minderjährige seinen Asylantrag gestellt hat, zuständig (Dublin-II-Verordnung Art. 6).

Weitere Schutzbestimmungen für Minderjährige finden sich in Art. 15 der Dublin-II-Verordnung. Die humanitäre Klausel soll sicherstellen, dass unbegleitete Minderjährige mit ihren Familienangehörigen zusammengeführt werden können:

Ist der Asylbewerber ein unbegleiteter Minderjähriger, der einen oder mehrere Familienangehörige hat, die sich in einem anderen Mitgliedstaat aufhalten und die ihn bei sich aufnehmen können, so nehmen die Mitgliedstaaten nach Möglichkeit eine räumliche Annäherung dieses Minderjährigen an seinen bzw. seine Angehörigen vor, es sei denn, dass dies nicht im Interesse des Minderjährigen liegt (Dublin-II-Verordnung Art. 15 Abs. 3).

Weiters sieht die Dublin-II-Verordnung vor, dass auch eine Zusammenführung mit Familienmitgliedern möglich ist, die nicht der engen Definition von »Familienangehörigen« entsprechen:

Jeder Mitgliedstaat kann aus humanitären Gründen, die sich insbesondere aus dem familiären oder kulturellen Kontext ergeben, Familienmitglieder und andere abhängige Familienangehörige zusammenführen, auch wenn er dafür nach den Kriterien dieser Verordnung nicht zuständig ist (Dublin-II-Verordnung Art. 15 Abs. 1).

Mit dem Grünbuch über das künftige gemeinsame europäische Asylsystem vom 6. 6. 2007 erkennt die Kommission der Europäischen Gemeinschaften, dass die zweite Phase der Umsetzung eines gemeinsamen europäischen Asylsystems darauf ausgerichtet sein sollte, unionsweit höhere einheitliche Schutzstandards sicherzustellen, und kritisiert, dass dieser Schutz von den Mitgliedstaaten in der ersten Phase nicht ausreichend umgesetzt wurde:

In allen Instrumenten der ersten Phase wird betont, dass die speziellen Erfordernisse besonders schutzbedürftiger Personen berücksichtigt werden müssen. Es hat jedoch den Anschein, dass die von den Mitgliedstaaten angewandten Definitionen und Verfahren zur Ermittlung besonders schutzbedürftiger Asylsuchender gravierende Mängel aufweisen und es den Mitgliedstaaten an den nötigen Ressourcen, Kapazitäten und Fachkenntnissen fehlt, um solchen Erfordernissen angemessen zu begegnen (Grünbuch EU 2007, Punkt 2.4.1.).

Die Kommission hält es daher für notwendig, dass es den Mitgliedstaaten eingehender und ausführlicher vorzuschreiben ist, wie die speziellen Bedürfnisse der besonders schutzbedürftigen Asylsuchenden in allen Phasen des Asylprozesses ermittelt und behandelt werden sollen.

Bevor in Österreich ein Asylantrag einer inhaltlichen Prüfung unterzogen wird, prüft die Behörde, ob sie dafür zuständig ist. Nach Art. 4 Abs. 1 der Dublin-II-Verordnung wird das Verfahren zur Bestimmung des zuständigen Mitgliedstaates eingeleitet, sobald ein Asylantrag in einem Mitgliedstaat gestellt wurde. Neben der Zuständigkeitsprüfung auf Grund der Regelungen der Dublin-II-Verordnung besteht laut österreichischem

Asylgesetz die Möglichkeit, ein Asylverfahren wegen »Drittstaat-sicherheit« als unzulässig zurückzuweisen:

Ein Antrag auf internationalen Schutz ist als unzulässig zu-rückzuweisen, wenn der Fremde in einem Staat, zu dem ein Vertrag über die Bestimmungen der Zuständigkeit zur Prüfung eines Asyl-antrages oder eines Antrages auf internationalen Schutz oder die Dublin-Verordnung nicht anwendbar ist, Schutz vor Verfolgung finden kann (Schutz im sicheren Drittstaat) (AsylG § 4 Abs. 1).

Die zunächst zu klärende Frage ist somit, ob ein Flüchtling auch in einem Staat außerhalb der Europäischen Union Schutz finden kann. Dem Konzept der Drittstaatsicherheit kommt in der gegenwärtigen Asylpraxis kaum Bedeutung zu, hingegen spielt die Zuständigkeit auf Grund der Dublin-II-Verordnung eine bedeutende Rolle. Im Asylgesetz wird dazu bestimmt:

Ein nicht gemäß § 4 erledigter Antrag auf internationalen Schutz ist als unzulässig zurückzuweisen, wenn ein anderer Staat vertraglich oder auf Grund der Dublin-Verordnung zur Prüfung des Asylantrages oder des Antrages auf internationalen Schutz zuständig ist. Mit der Zurückweisungsentscheidung ist auch festzustellen, wel-cher Staat zuständig ist (AsylG § 5).

An dieser Stelle gewinnt das Alter der AntragstellerInnen besondere Relevanz. Ist die/der AntragstellerIn noch nicht voll-jährig, so sind die speziellen Schutzbestimmungen für Minder-jährige zu berücksichtigen. Die Suche nach dem zuerst bereisten, »eigentlich« zuständigen EU-Staat erübrigt sich, wenn die/der unbegleitete Minderjährige in keinem anderen EU-Staat einen Asylantrag eingebracht hat.

Eine weitere wichtige Schutzbestimmung für unbegleitete Minderjährige im Zulassungsverfahren besteht in der Sicherstel-lung der rechtlichen Vertretung. Im österreichischen Asylgesetz richtet sich die Handlungsfähigkeit – ungeachtet der Staatsange-hörigkeit der/des Fremden – nach österreichischem Recht:

Ein mündiger Minderjähriger, dessen Interessen von seinem gesetzlichen Vertreter nicht wahrgenommen werden können, ist be-

rechtigt, Anträge zu stellen und einzubringen. Gesetzlicher Vertreter für Verfahren nach diesem Bundesgesetz ist mit Einbringung des Antrags auf internationalen Schutz (§ 17 Abs. 2) der Rechtsberater (§ 64) in der Erstaufnahmestelle, nach Zulassung des Verfahrens […] (AsylG. § 12 Abs. 3).

Während mündige Minderjährige – über 14-Jährige – den Asylantrag selbst stellen und einbringen können und dann eine/n gesetzliche/n VertreterIn zur Seite gestellt bekommen, benötigen unmündige Minderjährige bereits zum Einbringen des Asylantrags eine/n gesetzliche/n VertreterIn:

Bei einem unmündigen Minderjährigen, dessen Interessen von seinen gesetzlichen Vertretern nicht wahrgenommen werden können, ist der Rechtsberater (§ 64) ab Ankunft in der Erstaufnahmestelle gesetzlicher Vertreter. Solche Fremde dürfen nur im Beisein des Rechtsberaters (§ 64) befragt (§ 19 Abs. 1) werden. Im Übrigen gelten die Abs. 3 und 4 (AsylG § 12 Abs. 5).

Traumatische Erfahrungen

Ein wichtiges Kriterium betreffend die Zulassung zum Asylverfahren waren bis zur Fremdenrechtsnovelle 2005 die – vom österreichischen Gesetzgeber zunächst recht großzügig geregelten – Schutzbestimmungen für Folteropfer. Wenn AsylwerberInnen ihre Traumatisierung durch Gutachten belegen konnten, wurden sie zum Verfahren in Österreich zugelassen, auch dann, wenn auf Grund der Dublin-II-Verordnung ein anderer Staat dafür zuständig gewesen wäre. Die teilweise restriktive Auslegung der Gesetzesbestimmung durch die Asylbehörden wurde regelmäßig vom Verwaltungsgerichtshof aufgehoben (etwa VwGH 11. 11. 2008, 2006/19/0497). Vor allem Flüchtlinge aus Tschetschenien, die über Polen nach Österreich kamen, profitierten von dieser Regelung, da sie in hohem Ausmaß Opfer von Folter und extremen Gewalterfahrungen waren. Die Schutzbestimmung ermöglichte ihnen den Zugang zum inhaltlichen Asylverfahren in Österreich und führte in vielen Fällen zur Anerkennung als Flüchtling.

Im Asylgesetz 2005 wurde der Umgang mit traumatisierten AsylwerberInnen neu definiert. Die Diagnose einer posttraumatischen Belastungsstörung führt nun nicht mehr zur Zulassung zum inhaltlichen Asylverfahren, sondern schließt nur eine vollinhaltliche negative Entscheidung im Zulassungsverfahren aus. Gibt es Hinweise darauf, dass ein/e AsylwerberIn traumatisiert sein könnte, wird zur Abklärung eine gutachterliche Stellungnahme angeordnet. Wird eine belastungsabhängige krankheitswertige psychische Störung bejaht, hat sich die Ärztin/der Arzt mit der Frage zu beschäftigen, ob im Fall einer Überstellung in den jeweiligen Mitgliedstaat die reale Gefahr besteht, dass die/der AntragstellerIn auf Grund dieser psychischen Störung in einen lebensbedrohlichen Zustand gerät oder sich die Krankheit in lebensbedrohlichem Ausmaß verschlechtert. Es geht in der Stellungnahme somit nur noch um die Frage der Überstellungsfähigkeit und darum, ob die Abschiebung für die/den AsylwerberIn lebensbedrohlich sein könnte. Die mögliche gesundheitliche Gefährdung im dann zuständigen Staat ist im Rahmen dieses Gesetzes ausdrücklich nicht zu beurteilen, da der Gesetzgeber davon ausgeht, dass Staaten, die die EU-Aufnahmerichtlinie ratifiziert haben, geeignete Strukturen zur Unterstützung von traumatisierten AsylwerberInnen bereitstellen.

Die Aufnahmerichtlinie führt bezüglich Opfern von Folter und Gewalt aus:

Die Mitgliedstaaten tragen dafür Sorge, dass Personen, die Folter, Vergewaltigung oder andere schwere Gewalttaten erlitten haben, im Bedarfsfall die Behandlung erhalten, die für Schäden, welche ihnen durch die genannten Handlungen zugefügt wurden, erforderlich ist (Aufnahmerichtlinie Art. 20).

Die für Österreich bezüglich der Dublin-Zuständigkeit besonders relevanten Länder Polen und Griechenland verfügen bis heute über so gut wie keine Versorgungseinrichtungen, um traumatisierte AsylwerberInnen medizinisch und psychotherapeutisch behandeln zu können (vgl. Fronek et al. 2009).

Gebietsbeschränkung und Meldeverpflichtung

Im Asylgesetz 2005 wurde erstmals die so genannte Residenzpflicht eingeführt. In den ersten 20 Tagen nach der Antragstellung ist es seither AsylwerberInnen im Zulassungsverfahren nicht erlaubt, das Gebiet der Bezirksverwaltungsbehörde zu verlassen. Diese Beschränkung der Bewegungsfreiheit wurde mit der Novelle 2009 bis zum Ende des Zulassungsverfahrens zeitlich ausgedehnt:

Der Aufenthalt eines Fremden, der einen Antrag auf internationalen Schutz gestellt hat und dem kein Aufenthaltsrecht zukommt, ist für die Dauer des Zulassungsverfahrens vor dem Bundesasylamt lediglich im Gebiet der Bezirksverwaltungsbehörde, in dem sich sein Aufenthaltsort im Sinne des § 15 Abs. 1 Z 4 befindet, geduldet (AsylG § 12 Abs. 2).

Die Verletzung der Gebietsbeschränkung stellt einerseits einen Schubhafttatbestand (FPG § 76 Abs. 2a Z 2) dar, andererseits droht eine empfindliche Verwaltungsstrafe:

Wer sich als Fremder außerhalb des Gebietes, in dem er gemäß § 12 Abs. 2 AsylG 2005 geduldet ist, aufhält, oder eine Meldeverpflichtung gemäß §§ 15 Abs. 1 Z 4 vorletzter Satz oder 15a AsylG 2005 verletzt, begeht eine Verwaltungsübertretung und ist mit Geldstrafe von 1000 Euro bis zu 5000 Euro, im Fall ihrer Uneinbringlichkeit mit Freiheitsstrafe bis zu drei Wochen, zu bestrafen (FPG § 121 Abs. 2).

Österreichische Praxis

Seit einigen Jahren ist die Zulassung zum Asylverfahren vielleicht der heikelste Punkt für AsylwerberInnen in Österreich. Zunächst findet eine Erstbefragung durch die Polizei statt. Bei unbegleiteten Minderjährigen außerhalb der Erstaufnahmestelle wird dazu kein/e RechtsberaterIn beigezogen. Vor der ersten Einvernahme am Bundesasylamt wird in diesen Fällen den RechtsberaterInnen die Möglichkeit eingeräumt, zur Erstbefragung Stellung zu nehmen, was in der Regel aber nicht passiert.

Die erste Einvernahme sollte innerhalb von maximal 72 Stunden nach der Ankunft in der Erstaufnahmestelle stattfinden. Dies ist problematisch, da bisherige Erfahrungen gezeigt haben, dass unbegleiteten minderjährigen Flüchtlingen eine eingehende Befragung erst nach einer längeren Eingewöhnungsphase zugemutet werden sollte. Es ist von großer Bedeutung, dass ihnen ausreichend Zeit gegeben wird, nicht nur physisch, sondern auch psychisch anzukommen. Jugendliche AsylwerberInnen stehen kurz nach ihrer Ankunft häufig noch unter dem Eindruck der Fluchtereignisse, die Einvernahme knapp nach der Ankunft stellt eine zusätzliche psychische und physische Belastung dar. Ausreichend Zeit für die Vorbereitung auf die Einvernahme führt zur qualitativen Verbesserung des Verfahrens, vermindert die Gefahr von Missverständnissen und dient somit dem Schutz des Kindeswohls.

Im Zulassungsverfahren werden die Jugendlichen nicht genauer nach ihren Fluchtgründen befragt; die Asylbehörden befassen sich zunächst lediglich damit, welches Land nach den Bestimmungen der Dublin-II-Verordnung oder nach anderen zwischenstaatlichen Abkommen für die Behandlung des Asylverfahrens zuständig ist. In dieser Zeit sind die Jugendlichen oft sehr verängstigt, da sie nicht wissen, ob sie in Österreich bleiben dürfen:

Osman: In meinem Land gibt es viele politische und andere Probleme. Ich sah dort nur dem Tod entgegen. Ich bin 15 Jahre alt. In Österreich bin ich seit zwei Monaten. Ich bin sehr allein. Niemand hier spricht meine Muttersprache. Ich bin vor dem Sterben geflüchtet, aber vielleicht bin ich hier hergekommen, um hier zu sterben. Wenn sie mich zurückschicken, überlebe ich das nicht.

Die Abklärung der Zuständigkeit benötigt einige Wochen, kann aber auch bis zu mehreren Monaten dauern. Es gibt Fälle, die noch wesentlich länger dauern – so wurde ein junger Afghane nach mehr als zwei Jahren Aufenthalt in Traiskirchen in einen anderen Dublin-Staat überstellt. Mehrere medizinische Eingriffe hatten zuvor immer wieder die Überstellung verhindert.

Besonders problematisch sind Rückschiebungen nach Griechenland. Die Erfahrungen der Jugendlichen beim Aufenthalt in Griechenland reichen von Schlägen durch die Polizei, Haft unter unmenschlichen Bedingungen, dem Leben auf der Straße bis zu Hunger und Obdachlosigkeit (siehe Kapitel: Der Weg nach und die Ankunft in Österreich). Es besteht in Griechenland keine Chance, ein faires Asylverfahren zu erhalten. Die Angst vor einer Abschiebung nach Griechenland, Ungarn oder Polen prägt das Warten der jugendlichen AsylwerberInnen in der Erstaufnahmestelle.

Junge AsylwerberInnen können es oft nicht verstehen, dass sie in Österreich unerwünscht sind. Sie verzweifeln darüber. Regine Schäfer schildert in einem in der Zeitschrift »asyl aktuell« erschienenen Beitrag den Kontakt mit AsylwerberInnen aus der Erstaufnahmestelle in Traiskirchen:

Reza spricht ein klares Englisch … »Wir haben wirklich Probleme in unserem Land, wir sind nicht einfach davongelaufen.« Er fragt mich, ob ich Vater und Mutter verlassen würde. Ob ich mir vorstellen kann, was es für ihn bedeutet, seine noch lebenden Eltern zurückgelassen zu haben? Es ist sein größter Schmerz und belastet ihn mehr als die erlebten Gefahren und Entbehrungen auf der Flucht, die Schläge der Polizisten und die Wochen im Gefängnis in Griechenland. »Nun bin ich in der Mitte Europas angekommen« – Reza benennt auf der Landkarte die europäischen Länder –, »doch nun soll ich nicht hier bleiben dürfen? Warum? Europa ist der Kontinent der Menschenrechte! Europa steht für menschliche Würde … Wir brauchen jetzt die Unterstützung Europas für unsere Zukunft. Warum will uns Österreich nach Griechenland zurückschicken? Griechenland gehört zur EU, aber es ist ein armes, chaotisches Land, das Menschenrechte nicht verwirklichen kann« (Schäfer 2010, S. 34).

Die Asylbehörden haben es oft sehr eilig, erste Schritte einzuleiten, um potenziell minderjährige AsylwerberInnen in andere Staaten zu überstellen. So wird oft schon mit der Anordnung zur Altersfeststellung vom Bundesasylamt eine Anfrage gemäß Art. 21 der Verordnung (EG) Nr. 343/2003 des Rates an Griechenland gerichtet – auch dann, wenn die Jugendlichen in Griechenland zwar fremdenrechtlich behandelt wurden, aber nachweislich keinen Asylantrag eingebracht haben und somit die Zuständigkeit Österreichs anzunehmen ist.

Einmal nach Griechenland abgeschoben, sind weitere Abschiebungen bis über die Grenzen der »Festung Europa« hinaus nicht ausgeschlossen. Unter Umständen führen diese so genannten Kettenabschiebungen zurück bis in das Herkunftsland.

Unbegleitete Minderjährige sollten nicht nach Griechenland abgeschoben werden, auch dann nicht, wenn sie dort einen Asylantrag eingebracht haben. Nach einer Volljährigkeitserklärung steht einer Rückführung nach Griechenland hingegen nichts mehr im Weg. Da an der Zuverlässigkeit der Altersbegutachtung massive Zweifel bestehen (siehe Kapitel: Altersfeststellung), werden aber wohl immer wieder auch tatsächlich Minderjährige nach Griechenland abgeschoben.

Selbst dann, wenn Österreich nach einer Altersfeststellung von der Minderjährigkeit von AntragstellerInnen ausgeht, besteht immer noch die Gefahr einer Abschiebung nach Griechenland. So brachte ein minderjähriger Afghane im Mai 2010 in Österreich einen Asylantrag ein. Der Minderjährige gab bei der ersten Einvernahme an, dass er sich ab 2008 längere Zeit in Griechenland aufgehalten habe und dann über Mazedonien und Serbien nach Ungarn gelangt sei. In Ungarn wurde er von der Polizei aufgegriffen und erkennungsdienstlich behandelt. Vom Bundesasylamt wurde eine Altersbegutachtung angeordnet, die die Minderjährigkeit bestätigte. Allerdings wurde der Minderjährige in Ungarn nach einer dort durchgeführten Altersfeststellung als Erwachsener angesehen. Ungarn erklärte daher Griechenland als für die Durchführung des Asylantrages zuständiges Land. Die österreichischen Behörden bereiteten daraufhin die Überstellung des Jugendlichen nach Griechenland vor. Der

Asylgerichtshof hob schließlich den erstinstanzlichen Bescheid wegen Rechtswidrigkeit auf (AsylGH S16 413337-1/2010).

Wie an diesem Fall ersichtlich, werden Volljährigkeitserklärungen aus anderen EU-Mitgliedstaaten vom Bundesasylamt als bindend angesehen. Der Weg, wie diese Feststellungen zustande kommen, bleibt unhinterfragt. Eine bloße Berufung auf rechtliche Bestimmungen ist keinesfalls ausreichend. Oft klaffen gesetzliche Regelungen und gelebte Praxis weit auseinander. Theoretisch sollte in Ungarn ein ähnliches Verfahren der Altersschätzung implementiert sein wie in Österreich:

If any doubt emerges concerning the age of an asylum-seeker claiming to be a minor, a medical expert examination may be initiated for the determination of his/her age. Actually, the age assessment is carried out by two physicians of Bicske reception centre. A paediatric and an internist, one by one, makes an examination, including genitals, and X-rays of the applicant's teeth. Then together they repeat the physical measurements (SCEP newsletter Nr. 32).

Die tatsächliche Praxis der Altersfeststellung in Ungarn sieht hingegen anders aus:

The General Ombudsman's recent report on the situation of separated children at Bicske Unaccompanied Minors Home (KNKO) heavily criticized the current method of age assessment, which is based upon general impressions, inspection of the teeth and physical examination of the secondary sexual characteristics (inspection) by a medical adviser and a paediatrician. The Ombudsman's report found that neither the Asylum Act nor the Implementation Decree thereof prescribes the method of forming the experts opinion about the applicant concerned (SCEP-newsletter Nr. 33).

Ein jugendlicher Antragsteller berichtet, dass er in Ungarn allein auf Grund der Beurteilung seiner Brustbehaarung als volljährig eingestuft wurde. In solchen Fällen wäre es die Aufgabe der ermittelnden Behörde, zu prüfen, wieweit die angewandten Methoden zumindest den österreichischen Standards entsprechen.

Die unbegleiteten minderjährigen Flüchtlinge sind über den aktuellen Stand ihres Verfahrens oft schlecht oder falsch informiert. Es kommt vor, dass sie sich aus Angst vor einer Abschiebung nach Griechenland, Ungarn oder Polen dem Verfahren entziehen und dann zum Asylverfahren in Österreich zugelassen werden, davon aber nichts mehr erfahren.

Auch jene AsylwerberInnen, deren Minderjährigkeit in Österreich nach einer Altersfeststellung anerkannt wird, bekommen nicht immer Zugang zum inhaltlichen Asylverfahren. Grund dafür ist, dass manche Jugendlichen bereits in einem anderen Dublin-Staat einen Asylantrag eingebracht haben. So wie in Österreich werden auch in Ungarn Fremde ohne Aufenthaltstitel bei einem Aufgriff durch die Polizei in Schubhaft genommen. Um wieder entlassen zu werden, ist es notwendig, einen Asylantrag einzubringen. Wenn die Jugendlichen ihre Flucht fortsetzen, um in Österreich Schutz vor Verfolgung zu suchen, dann müssen sie hier erfahren, dass Ungarn für ihre Asylverfahren zuständig ist.

Das Ziel der Dublin-Regelungen, das Herumschicken von AsylwerberInnen, speziell von unbegleiteten Minderjährigen, zu reduzieren, geht in der Praxis nicht auf. Gerade alleinreisende Jugendliche gehen oft illegal in andere Länder weiter, um einer Rückführung in »ungeliebte« Transitländer zu entgehen.

Auch nach einer Zulassung zum Asylverfahren kann es, sollten neue Tatsachen bekannt werden, zur Einleitung eines Dublin-Verfahrens kommen. So wurde im März 2010 ein 17-jähriger Tschetschene noch nach der Zulassung zum Asylverfahren nach Polen abgeschoben. Seine zwei erwachsenen Brüder leben in Kärnten, einer der beiden als Konventionsflüchtling. Die Mutter des Minderjährigen lebt in Tschetschenien. Der Jugendliche wurde nach Polen überstellt, obwohl dort keine Familienangehörigen leben. Möglicherweise hätte die Übertragung der Obsorge an den volljährigen Bruder eine Rücküberstellung nach Polen verhindern können. Ist die Obsorge erst übertragen und besteht ein gemeinsamer Wohnsitz, müsste die Behörde wohl vom Selbsteintrittsrecht nach Art. 3 Abs. 2 Dublin-II-Verordnung Gebrauch machen.

Diese prekäre rechtliche Situation führt dazu, dass sich immer mehr unbegleitete minderjährige Flüchtlinge dem Verfahren in Österreich entziehen. Von der Clearingstelle für UMF in der Erstaufnahmestelle Ost mussten im ersten Halbjahr 2010 bereits 98 Minderjährige als abgängig gemeldet werden. In früheren Jahren waren es deutlich weniger gewesen (vgl. Halbjahresbericht 2010 Clearingstelle Traiskirchen, unveröffentlicht). Dabei sind bestimmte Muster zu beobachten: So tauchen Jugendliche aus Moldawien recht häufig unter; viele von ihnen versuchen ihr Glück in Italien. Ein neues Phänomen ist hingegen, dass sich mehr und mehr junge Afghanen dem Verfahren entziehen. Ein Grund für den Anstieg sind die seit Jahresbeginn 2010 nahezu flächendeckend durchgeführten Altersfeststellungen. Zielländer für junge Afghanen sind Frankreich, Spanien oder auch England.

Die AsylwerberInnen dürfen in den neuen Zielländern keinen Asylantrag einbringen, dies würde erst recht die Abschiebung nach Griechenland, Polen oder Ungarn bedeuten. Es lässt sich in diesen Ländern – so die Erfahrung der AsylwerberInnen – jedoch in der Illegalität leichter überleben.

Dass sich dieser bewusst, aber unfreiwillig gewählte Schritt in die Illegalität negativ auf die persönliche Sicherheit und die Entwicklungschancen auswirkt, ist evident (siehe Kapitel: Schule/Ausbildung/Beruf). Viele junge Flüchtlinge sehen ihre Chance nur noch darin, durch Schwarzarbeit in Europa möglichst viel Geld zu verdienen. Daran knüpfen sie die vage Hoffnung, sich damit, irgendwann in ferner Zukunft, in der Heimat ein besseres Leben leisten zu können – eine Vorstellung, die wohl nur in den seltensten Fällen tatsächlich aufgeht.

Die hohe Zahl der Abgänge aus der Erstaufnahmestelle heizt die Diskussion über die Notwendigkeit der Ausweitung der Schubhaftbestimmungen an. Innenministerin Maria Fekter hat weitere restriktive Maßnahmen gegen AsylwerberInnen angekündigt. So soll insbesondere eine Aufenthaltspflicht während des Zulassungsverfahrens künftig das Untertauchen von AsylwerberInnen verhindern. Im internen Arbeitsentwurf zur Aufenthaltsverpflichtung von AsylwerberInnen im Zulassungsverfahren vor dem Bundesasylamt heißt es:

Asylwerber, deren Verfahren in einer Erstaufnahmestelle des Bundesasylamtes geführt werden, sind, sofern nicht gemäß § 45 eine Vorführung unterblieben ist, bis zum Abschluss der Verfahrens- und Ermittlungsschritte zu Beginn des Zulassungsverfahrens (§ 29 Abs. 6) zum Aufenthalt in der Erstaufnahmestelle verpflichtet (§ 15b. Abs. 1).

Qualität des Zulassungsverfahrens

Wenn auch grundsätzlich eine zügige Durchführung des Zulassungsverfahrens im Interesse aller Beteiligten liegt, so darf diese keinesfalls zur Qualitätsminderung der Verfahren führen. Entscheidungen sollen erst nach einer sorgfältigen Ermittlung und Abwägung der Fakten getroffen werden. Oft arbeiten die BeamtInnen des Bundesasylamtes im Zulassungsverfahren aber sehr schlampig. Textbausteine werden einfach aneinander gereiht und falsche Sachverhalte und Tatsachen festgeschrieben. Die mangelnde Qualität mancher Bescheide illustrieren anschaulich folgende Auszüge aus einer Entscheidung des Asylgerichtshofes vom April 2010, in welcher dieser dem Bundesasylamt zahlreiche schwerwiegende Verfahrensfehler anlastet (AsylGH S22 411738-1/2010). Zunächst stellt der Asylgerichtshof fest, dass die vom Bundesasylamt behauptete Zuständigkeitserklärung Griechenlands gar nicht existiert:

In der rechtlichen Beurteilung wurde vom BAA angeführt: »Der im Spruch genannte Mitgliedstaat ist auf dieser Grundlage bereit Sie einreisen zu lassen und Ihren Antrag auf internationalen Schutz zu prüfen bzw. die sonstigen ihn aus der Dublin Verordnung treffenden Verpflichtungen Ihnen gegenüber zu erfüllen, dementsprechend ist auch die nachträglich eingelangte Zustimmung zu verstehen« (vgl. AS 151).

Eine (nachträglich eingelangte) Zustimmung Griechenlands ist dem Akteninhalt aber nicht zu entnehmen. Insofern ist die Auflistung der Beweismittel (vgl. AS 85 – Zuständigkeitserklärung des Mitgliedstaates Griechenland) falsch. Allenfalls besteht eine Zuständigkeit Griechenlands kraft Verfristung bzw. eine Zustimmungsfiktion (AsylGH S22 411738-1/2010).

Weiters dürfte sich ein falscher Textbaustein in den Bescheid verirrt haben, denn plötzlich ist von Ungarn – nicht mehr von Griechenland – als zuständigem Staat die Rede:

Das Bundesasylamt führte weiter aus: »Es ist festzustellen, dass in Ungarn, einem Mitgliedstaat der Europäischen Union als einer Rechts- und Wertegemeinschaft und des Europarates, mit hinreichender Wahrscheinlichkeit die Gefahr einer Verletzung der EMRK im gegebenen Zusammenhang nicht eintreten wird. Auch aus der Rechtsprechung des EGMR oder aus sonstigem Amtswissen lässt sich eine systematische, notorische Verletzung fundamentaler Menschenrechte in Griechenland keinesfalls ableiten« (AS 151/153).

Dem alleinstehenden minderjährigen Asylwerber aus Nigeria werden in einer weiteren Textstelle des Bescheides eine Frau und Kinder als Begleitung angedichtet. Einvernommen wurde er angeblich in Dari – seiner Muttersprache – und das Herkunftsland des jungen Nigerianers sei, so steht im Bescheid zu lesen, Afghanistan. Zu guter Letzt wird ihm noch vorgehalten, keine Personaldokumente zu besitzen, er folglich seine Identität nicht nachweisen kann. Ob der Identitätsnachweis gegen so viele Verdrehungen geholfen hätte, darf bezweifelt werden. Die Vielzahl an falsch zusammengestellten Textbausteinen, Fakten und Behauptungen in einem einzigen Bescheid führte in diesem Fall dazu, dass der Asylgerichtshof der Beschwerde stattgab und den Bescheid des Bundesasylamtes behob.

Der minderjährige Asylwerber hatte Glück im Unglück.

Der zuständige Rechtsberater informierte den Jugendlichen in einem Schreiben zwar darüber, dass er kein Rechtsmittel einlegen werde, da er darin keine Aussicht auf Erfolg sehe:

Gegen den Bescheid bestehen keine durchgreifenden Bedenken, eine Beschwerde wegen des Bescheids beim Asylgerichtshof wäre nach allen Erfahrungen aussichtslos, deswegen werde ich nicht eine Beschwerde wegen des Bescheids beim Asylgerichtshof erheben.

Immerhin wies der Rechtsberater den Jugendlichen im besagten Schreiben aber auf Folgendes hin:

Sollten Sie selbst eine Beschwerde einreichen oder einen Dritten mit der Einreichung einer Beschwerde beauftragen und bevollmächtigen, so genehmige ich dies hiermit, weil Ihnen durch die gesetzliche Vertretung nicht eine Beschwerde abgeschnitten werden soll.

Hätte es diesen »Dritten« nicht gegeben, der letztlich eine Beschwerde verfasste, wäre der junge Nigerianer nicht zum Verfahren in Östererich zugelassen worden. Das angeführte Beispiel ist nicht nur deutlicher Beleg für die völlig inakzeptable Vorgehensweise des Bundesasylamtes, sondern es macht auch die gravierenden Schwächen der rechtlichen Vertretung im Zulassungsverfahren deutlich. In vielen Fällen wird von der/dem RechtsberaterIn keine Beschwerde gegen negative Entscheidungen im Zulassungsverfahren eingebracht; anzumerken ist, dass manche RechtsberaterInnen in dieser Frage auch eine abweichende Position vertreten. Teilweise informieren RechtsberaterInnen die von ihnen vertretenen Jugendlichen nicht einmal darüber, dass sie keine Rechtsmittel einlegen werden. Damit wird den Jugendlichen die Chance genommen, gravierende Verfahrensmängel geltend zu machen, die schlussendlich – wie der oben beschriebene Fall zeigt – zu einer Zulassung des Asylverfahrens führen können.

Berücksichtigung traumatischer Erfahrungen im Zulassungsverfahren

Viele junge AsylwerberInnen leiden unter massiven psychischen Problemen. Traumatische Erfahrungen in der Heimat, die Trennung von der Familie, Erlebnisse auf der Flucht und die Aufnahme im Zielland (siehe Kapitel: Gesundheit) stellen eine große Belastung dar. Im Asylgesetz 2005 wurde der Umgang mit traumatisierten AsylwerberInnen neu definiert. Die Diagnose einer posttraumatischen Belastungsstörung führt seither nicht mehr generell zur Zulassung zum inhaltlichen Asylverfahren, sondern schließt nur eine vollinhaltliche negative Entscheidung im Zulassungsverfahren aus; der Antrag ist damit im Zulassungsverfahren nicht inhaltlich abzuweisen. Auch traumatisierte AsylwerberInnen werden aber nach der Dublin-II-Verordnung in den für das Asylverfahren zuständigen Mitgliedstaat zurückgeschoben.

Gebietsbeschränkung und Meldepflicht während des Zulassungsverfahrens

Die seit 2006 geltende Gebietsbeschränkung für die ersten 20 Tage und deren zeitliche Ausweitung 2010 auf das gesamte Zulassungsverfahren führen in der Praxis zu großen Problemen. In den ersten Monaten seit Inkrafttreten der neuen Regelungen kam es bereits zu ersten Verfahren gegen unbegleitete minderjährige Flüchtlinge. Ein 15-jähriger afghanischer Flüchtling kam Anfang Jänner 2010 in Österreich an. Er hatte auf der Flucht den Kontakt zu seinen Eltern in Afghanistan verloren. In der Erstaufnahmestelle erfuhr er von Landsleuten, dass es in Wien einen Mann gäbe, der ihm möglicherweise helfen könnte, den Kontakt zu seinen Eltern wieder herzustellen. Mitte Februar machte er sich auf den Weg von Traiskirchen nach Wien, um den besagten Mann persönlich zu treffen. Diesem gelang es tatsächlich, den aktuellen Aufenthaltsort der Eltern ausfindig zu machen. Der Jugendliche trat dann die Rückfahrt nach Traiskirchen an. In der Badner Bahn wurde er im Rahmen einer gemeinsamen Aktion von Kriminal- und Fremdenpolizei kontrolliert und wegen Verletzung der Residenzpflicht angezeigt. Im April übermittelte die Bezirkshauptmannschaft Baden dem mittlerweile in Wien lebenden Jugendlichen eine Strafverfügung über 1.000 €, zusätzlich wurden Verfahrenskosten in der Höhe von 100 € in Rechnung gestellt. Bei Uneinbringlichkeit wurde eine

Ersatzfreiheitsstrafe angedroht. Gegen den Bescheid wurde Berufung eingebracht, über die noch nicht abgesprochen wurde.

Zudem gilt für AsylwerberInnen im Zulassungsverfahren – wenn eine negative Entscheidung über den Antrag auf internationalen Schutz absehbar ist und wenn sie in einer Betreuungseinrichtung untergebracht sind – eine Meldeverpflichtung. Diese gilt dann als verletzt, wenn die/der AsylwerberIn über einen Zeitraum von 48 Stunden dort nicht anwesend ist.

Fardin und Omar, zwei Brüder aus Afghanistan, verloren ihre Eltern und mehrere Geschwister bei einem gezielten Bombenattentat auf ihr Haus. Der Vater, ein Geschäftsmann, hatte sich geweigert, Schutzgeld zu bezahlen, und die Erpressungsversuche der Polizei gemeldet. Das war sein Todesurteil. In der Nacht des Anschlags waren Fardin und Omar im Haus ihres Onkels und überlebten. Der Onkel organisierte ihre Flucht. Auf der Flucht verloren die beiden Brüder einander aus den Augen. Als Fardin in Österreich ankam, wurde er zunächst als Erwachsener registriert. Er erfuhr, dass sein Bruder in der Nähe in einer UMF-Einrichtung untergebracht sei, und machte sich auf den Weg, um ihn zu besuchen. Zwei Tage später kehrte er wieder in die Erstaufnahmestelle in Thalham zurück. Als er sich bei der Behörde meldete, hatte er die gesetzliche Meldepflicht von 48 Stunden um 7 Minuten überzogen. In der Folge wurde eine Geldstrafe in der Höhe von 1.000 € über ihn verhängt. Der schwer traumatisierte Jugendliche unternahm daraufhin mehrere Selbstmordversuche und war in psychiatrischer Behandlung. Schlussendlich wurde er zum Asylverfahren zugelassen. Sein Onkel übermittelte eine Geburtsurkunde, die belegte, dass Fardin erst 16 Jahre alt war.

In der Erstaufnahmestelle werden AsylwerberInnen zwar über Gebietsbeschränkung und Meldepflicht sowie über Konsequenzen bei Übertretungen informiert. Die Erläuterungen und Erklärungen dazu sind aber dürftig. Es wird nicht darauf geachtet, ob die AsylwerberInnen die Problematik tatsächlich erfasst haben. Es gibt keine Rückfragen vonseiten der Behörde, um zu prüfen, ob das Gesagte in seiner Tragweite tatsächlich verstanden wurde. Neben empfindlichen Geldstrafen bildet die Verletzung von Meldepflicht und Gebietsbeschränkung auch einen Schubhafttatbestand.

ALTERSFESTSTELLUNG

Peter: Ich wurde in Traiskirchen zur Altersfeststellung geschickt. Der Arzt hat meine Zähne kontrolliert. Die Altersfeststellung ist Blödsinn. Es gibt bis jetzt keine Maschine, die das Alter feststellen kann. Vielleicht wird so etwas in den nächsten Jahren erfunden, aber bis jetzt gibt es das nicht. Die erraten jetzt dein Alter nur. Wenn es so eine Maschine gäbe, dann könnte man auch mit einer Maschine Menschen machen. Wenn Gott nicht da ist, wenn deine Mutter nicht da ist, wenn dein Vater nicht da ist, dann gibt es niemanden, der dir sagen kann, wann du auf die Welt gekommen bist.

Rechtlicher Rahmen

Alter ist ein Teilaspekt der Identität eines Menschen. Die Kinderrechtskonvention nimmt in Art. 8 auf den Schutz der Identität Bezug:

1. Die Vertragsstaaten verpflichten sich, das Recht des Kindes zu achten, seine Identität, einschließlich seiner Staatsangehörigkeit, seines Namens und seiner gesetzlich anerkannten Familienbeziehungen, ohne rechtswidrige Eingriffe zu behalten.

2. Werden einem Kind widerrechtlich einige oder alle Bestandteile seiner Identität genommen, so gewähren die Vertragsstaaten ihm angemessenen Beistand und Schutz mit dem Ziel, seine Identität so schnell wie möglich wiederherzustellen.

Bei Altersbegutachtungen werden die von den Minderjährigen getätigten Angaben zu ihrer Identität von den Behörden in Frage gestellt. Dies stellt einen massiven Eingriff in das Recht auf Identität dar. Der UN-Kinderrechtsausschuss äußert sich im »General Comment Nr. 6« zum Vorgehen bei derartigen Altersuntersuchungen folgendermaßen:

Die Untersuchung ist in einer Art und Weise durchzuführen, die wissenschaftlich fundiert, sicher, kindergerecht, vorurteilslos und dem Geschlecht des Kindes angemessen ist, jedes Risiko für die körperliche und seelische Unversehrtheit des Kindes meidet, die Würde des Menschen gebührend achtet und, im Fall verbleibender Zweifel, zugunsten des Betreffenden entscheidet, dass, wann immer die Möglichkeit besteht, dass es sich um ein Kind handeln könnte, er oder sie als solches zu behandeln ist (General Comment Nr. 6, S. 10).

Die UNHCR-Richtlinien zu Asylanträgen von Kindern vom Dezember 2009 behandeln die Thematik der Alterseinschätzung. Die Richtlinien betonen in Abs. 75, dass eine Altersschätzung nur dann vorgenommen werden sollte, wenn Zweifel über das Alter des Kindes bestehen. Zudem wird darauf verwiesen, dass eine umfassende Beurteilung erfolgen müsse, bei der sowohl das äußere Erscheinungsbild als auch die psychische Reife des Kindes berücksichtigt werden müssen. Bezüglich der Durchführung der Begutachtung wird darauf verwiesen, dass diese »*sicher, kind- und gendergerecht mit gebührender Achtung der menschlichen Würde*« sein muss. Dazu gehört auch, dass den Kindern »*Zweck und der Prozess der Altersbestimmung in einer ihnen verständlichen Sprache genau erklärt werden. Vor Beginn eines Altersfeststellungsverfahrens muss ein qualifizierter unabhängiger Vormund bestellt werden, der das Kind berät*«.

Zudem betont UNHCR in den Richtlinien, dass auf Grund der Fehlerquote, die allen Altersfeststellungsmethoden anhaftet, »*die Person im Zweifelsfall als Kind angesehen wird*«.

Für die Mitgliedstaaten der Europäischen Union bildet die Richtlinie 205/85 des Rates (Verfahrensrichtlinie) den rechtlichen Rahmen bezüglich der Altersfeststellung im Asylverfahren. Art. 17, der die Verfahrensgarantien für unbegleitete Minderjährige behandelt, sieht in Abs. 5 ausdrücklich die Möglichkeit vor, im Rahmen der Prüfung eines Asylantrags eine ärztliche Untersuchung zur Bestimmung des Alters von unbegleiteten Minderjährigen anordnen zu können. Die Jugendlichen sind gemäß der

EU-Verfahrensrichtlinie über die Untersuchungsmethode, über mögliche Folgen des Untersuchungsergebnisses für die Prüfung des Asylantrags sowie über die Folgen der Weigerung, sich einer ärztlichen Untersuchung zu unterziehen, zu informieren. Die Untersuchung zur Altersbestimmung darf zudem nur mit der Einwilligung der/des unbegleiteten Minderjährigen und/oder ihrer/seiner VertreterInnen durchgeführt werden. Eine Weigerung an der Mitwirkung darf nicht automatisch zur Ablehnung des Asylantrages führen, hindert die Asylbehörde aber auch nicht daran, eine Entscheidung über den Asylantrag zu treffen.

Das österreichische Asylgesetz gibt in der aktuellen Fassung den Asylbehörden die Möglichkeit, bei zweifelhafter Minderjährigkeit Altersfeststellung anzuordnen:

[…] kann das Bundesasylamt oder der Asylgerichtshof im Rahmen einer multifaktoriellen Untersuchungsmethodik zur Altersdiagnose auch die Vornahme radiologischer Untersuchungen, insbesondere Röntgenuntersuchungen, anordnen (AsylG § 15 Abs. 1 Z 6).

Durch die Fremdenrechtsnovelle 2009 wurde die Möglichkeit radiologischer Untersuchungen zur Altersfeststellung im Asyl-, Niederlassungs- und Staatsbürgerschaftsgesetz rechtlich verankert und somit ein Anwendungsfall von Röntgenuntersuchungen ohne medizinische Indikation geschaffen. Bis zum 1. 1. 2010 war diese Methode auf Grund der Bestimmungen des Strahlenschutzgesetzes nicht erlaubt. Allerdings wurde mit der Novelle des Strahlenschutzgesetzes (BGBl. I Nr. 146/2002) die Voraussetzung für die nun vollzogene Änderung geschaffen, indem der potenzielle Anwendungsbereich ionisierender Strahlen erweitert wurde. Dem Satz *»Auf den menschlichen Körper dürfen ionisierende Strahlen nach Maßgabe des jeweiligen Standes der medizinisch-wissenschaftlichen Erkenntnisse ausschließlich für medizinische Zwecke angewendet werden«* wurde der Halbsatz *»sofern nicht durch Bundesgesetz andere gerechtfertigte Anwendungen für zulässig erklärt wurden (StSchG § 4 Abs. 3)«* angefügt.

Entsprechend den Mindeststandards der EU-Verfahrens-richtlinie werden Zwangsmittel zur Durchsetzung einer radiologischen Untersuchung ausgeschlossen und von der generellen Mitwirkungspflicht von AsylwerberInnen bei Untersuchungen wird abgesehen.

»Die Mitwirkung des Fremden an einer radiologischen Unter-suchung ist nicht mit Zwangsmittel durchsetzbar« (AsylG § 15 Abs. 1 Z 6). Ebenso im Einklang mit der Verfahrensrichtlinie steht der Grundsatz, dass im Zweifel von der Minderjährigkeit auszugehen ist: *»Bestehen nach der Altersdiagnose weiterhin be-gründete Zweifel, so ist zugunsten des Fremden von seiner Minder-jährigkeit auszugehen«* (AsylG § 15 Abs. 1 Z 6).

Die seit 2010 gültige rechtliche Bestimmung, dass zur Al-tersfeststellung radiologische Untersuchungen als Teil einer mul-tifaktoriellen medizinischen Begutachtung angewendet werden können, ist problematisch und verletzt internationale Vorgaben, da eine körperliche Schädigung durch die radiologische Unter-suchung nicht zweifelsfrei ausgeschlossen werden kann. In Fach-kreisen ist die schädigende Strahlenwirkung im Niedrigdosisbe-reich umstritten. Wenn auch die Strahlendosis bei Röntgenun-tersuchungen zur Alterseingrenzung gering ist, stellt sie doch ei-ne »Exposition« dar. Das Strahlenschutzgesetz definiert diese:

»Exposition« ist jede Einwirkung ionisierender Strahlen auf den menschlichen Körper, soweit sie für das Leben oder die Gesund-heit von Menschen einschließlich ihrer Nachkommenschaft von Be-deutung ist (StrSchG § 2 Abs. 11).

Es gilt uneingeschränkt das so genannte Minimierungsge-bot (vgl. StrSchG § 4 Abs. 1), welches fordert, dass jede unnöti-ge Einwirkung zu vermeiden ist. Somit wäre in jedem Fall zu-nächst die Verhältnismäßigkeit der angeordneten Untersuchung zu prüfen.

Die Vorteile der radiologischen Untersuchung zur Alters-eingrenzung gegenüber anderen Methoden (z.B. einer Magnet-resonanzuntersuchung) sind ausschließlich im administrativen und finanziellen Kontext angesiedelt. Zu bedenken ist überdies, dass es im Rahmen des Zulassungsverfahrens zu einer verpflichtenden TBC-Kontrolluntersuchung kommt und AsylwerberInnen im Dublin-Verfahren dieser oft mehrmals ausgesetzt werden, da diese Untersuchung auch in anderen Dublin-Staaten obligatorisch durchgeführt wird. Dadurch kommt es zum Aufsummieren der Strahlenexposition.

Die Gesundheit eines Menschen ist bei einer Güterabwägung zweifelsfrei über die Erleichterung bei der Informationsermittlung in einem administrativen Verfahren zu stellen. Da gesundheitliche Schädigungen nach dem derzeitigen Stand der Wissenschaft nicht zu 100% ausgeschlossen werden können, ist die Strahlenexposition im Rahmen der Altersfeststellung als »unnötige Einwirkung« zu qualifizieren und somit rechtswidrig.

Ungeklärt ist, ob die Mitwirkung von ÄrztInnen an der Altersfeststellung zudem einen Verstoß gegen das österreichische Ärztegesetz darstellt. Dafür spricht, dass im Frühjahr 2007 der Deutsche Ärztetag in seinem Beschlussprotokoll[10] darlegte, dass die Mitwirkung von ÄrztInnen an Altersfeststellungen gegen das Ärztegesetz verstößt. Die Österreichische Ärztekammer hat sich zu dieser Frage bisher nicht öffentlich geäußert.

Weitere verfahrensrechtliche Aspekte im Zusammenhang mit Altersfeststellungen betreffen die rechtswirksame Zustellung von Bescheiden. Bei für volljährig erklärten unbegleiteten minderjährigen Flüchtlingen ist die Zustellung auch an die/den auf Grund der Alterskorrektur nicht mehr zuständige/n rechtliche/n VertreterIn möglich:

Ergeht eine Zustellung aufgrund der Angaben des Asylwerbers zu seinem Alter an einen Rechtsberater (§ 64) oder Jugendwohlfahrtsträger (§ 16) als gesetzlicher Vertreter, so ist diese auch wirk-

---

10 Beschlussprotokoll des 110. Deutschen Ärztetages vom 15. bis 18. Mai 2007 in Münster; http://www.bundesaerztekammer.de/ downloads/DAETBeschlussprotokoll20070822a.pdf (Zugriff: 3. 8. 2010).

sam bewirkt, wenn der Asylwerber zum Zeitpunkt der Zustellung volljährig ist (AsylG § 23 Abs. 6).

RechtsberaterInnen bzw. JugendwohlfahrtsträgerInnen können in diesem Fall Rechtsmittel nur noch nach einer Bevollmächtigung durch die/den AsylwerberIn einbringen. Fehlt eine solche, ist die Beschwerde gemäß AVG § 63 Abs. 5 als unzulässig zurückzuweisen.

In Täuschungsabsicht gemachte falsche Angaben zur Identität gegenüber dem Bundesasylamt oder dem Asylgericht ziehen eine Verwaltungsstrafe nach sich (FPG § 120 Abs. 2 Z 2). Der Strafrahmen erstreckt sich von 1.000 bis 5.000 € oder eine Ersatzfreiheitsstrafe bis zu drei Wochen. Eine weitere Konsequenz, die sich aus einer Volljährigkeitserklärung ergeben kann, ist der Vorwurf, durch die Behauptung der Minderjährigkeit soziale Leistungen unrechtmäßig bezogen zu haben. § 119 des FPG, der unrechtmäßige Inanspruchnahme von sozialen Leistungen regelt, nennt hier explizit auch Grundversorgungsleistungen. Das im Fremdenrechtspaket 2010 neu eingeführte Delikt sieht empfindliche gerichtliche Strafen vor. Bei Schadenssummen bis 3.000 € droht bereits eine Freiheitsstrafe bis zu einem Jahr oder eine Geldstrafe bis zu 360 Tagessätzen. Wer soziale Leistungen in Anspruch genommen hat, deren Wert 3.000 € übersteigt, ist vom Gericht mit Freiheitsstrafe bis zu drei Jahren zu bestrafen.

Österreichische Praxis

Bis zur Einführung der Grundversorgung im Mai 2004 waren viele mittellose erwachsene AsylwerberInnen gezwungen, sich als Minderjährige auszugeben, um so vom Staat zumindest die notwendigste Versorgung zu erhalten. In Wien wurden AsylwerberInnen, um Missbrauch zu verhindern, ab 1998 vom Jugendamt zur Altersschätzung per Röntgenuntersuchung der Handwurzel ins Allgemeine Krankenhaus (AKH) geschickt. Sowohl die Behörden als auch die ÄrztInnen verstießen dabei gegen das damals geltende Strahlenschutzgesetz, welches den Einsatz ionisierender Strahlen ausschließlich für medizinische Zwecke zuließ. Erst die mediale Berichterstattung über diese Praxis bewirkte, dass das Bundeskanzleramt das AKH Wien eindringlich auf die Rechtswidrigkeit des Handelns hinwies und damit dem illegalen Vorgehen ein Ende setzte. Trotzdem wurden in anderen Bundesländern auch in den Folgejahren immer wieder Handwurzelröntgenuntersuchungen angeordnet und durchgeführt.

Nach Einführung der Grundversorgung im Mai 2004 nahm die Bedeutung von Altersschätzungen zunächst ab. Wurden 2004 noch 298 AsylantragstellerInnen für volljährig erklärt, so waren es im darauf folgenden Jahr nur 81. Bis zum Jahr 2005 sorgte vor allem das Vorgehen einiger ReferentInnen der Erstaufnahmestelle Traiskirchen für Unmut, weil sie willkürliche Altersschätzungen per Augenschein vornahmen. Im Sommer 2005 reagierte das Innenministerium mit einer internen Richtline auf die Problematik, die einen Rückgang der strittigen Altesfeststellungen durch die ReferentInnen bewirkte.

Fremdenpolizei und Asylbehörden griffen daraufhin verstärkt auf die Dienste von GutachterInnen zurück. AmtsärztInnen beurteilten innerhalb weniger Minuten mittels Augenscheinnahme das Alter von Fremden. Lapidar hieß es in den Gutachten: »Weisheitszähne durchgebrochen, Schambehaarung vorhanden, mit hoher Wahrscheinlichkeit volljährig«. Der Verwaltungsgerichtshof hob Bescheide, die sich auf derartige Gutachten bezogen, regelmäßig auf: »*Das vorliegende polizeichefärztliche Gutachten sei nicht geeignet gewesen, das Vorbringen der mitbeteiligten Partei zu entkräften, weil der Gutachtensersteller auf spezifische Besonderheiten, welche in der Herkunft der mitbeteiligten Partei gelegen seien, nicht eingegangen sei und es den allgemeinen Erfahrungen entspreche, dass Personen aus südlicheren Ländern schon in jüngeren Jahren erwachsener wirkten. Sohin habe die belangte Behörde der für die mitbeteiligte Partei günstigeren Variante den Vorzug zu geben und von der Minderjährigkeit der mitbeteiligten Partei auszugehen*« (VwGH GZ 99/02/0294).

Neben AmtsärztInnen wurden PsychologInnen, PsychiaterInnen und KinderärztInnen mit Altersfeststellungen beauftragt. Ein vor allem im Jahr 2005 viel beschäftigter Altersbegutachter war der Klinische Psychologe Dr. Istok. Dieser wurde häufig vom Bundesasylamt Linz angefordert. Der beeidete gerichtliche Sachverständige stellte einige biographische Fragen an die AsylwerberInnen und diese Informationen genügten ihm für die Erstellung seiner Altersgutachten. In sechs Zeilen umfassenden Gutachten stellte er regelmäßig fest, dass auf Grund physiologischer und physischer Parameter sowie aus der aus den Fragen ableitbaren Erlebnisverarbeitung des Asylwerbers davon ausgegangen werden könne, dass dieser das 18. Lebensjahr überschritten habe. Sowohl der Berufsverband für PsychologInnen als auch das Bundesministerium für Gesundheit und Frauen kritisierten zwar die Qualität der Gutachten, sahen aber in ihrem Bereich keine Möglichkeit einzuschreiten:

Zu dem von Ihnen übermittelten Gutachten des Herrn Dr. Istok zum Thema Altersfeststellung darf festgehalten werden, dass entwicklungspsychologische Phänomene, die im Zusammenhang mit Feststellung einer Altersstufe relevant wären, in diesem Gutachten nicht nachvollziehbar sind.

Das Gutachten entspricht jedenfalls nicht den Anforderungen der vom Bundesministerium für Gesundheit und Frauen (vormals soziale Sicherheit und Generationen) erlassenen Gutachterrichtlinie.[11]

Auch Altersgutachten anderer Sachverständiger entsprachen in den meisten Fällen nicht den Qualitätskriterien der ständigen Rechtsprechung des Verwaltungsgerichtshofes, wonach ein Sachverständigengutachten einen Befund und das eigentliche Gutachten enthalten muss:

Der Befund besteht in der Angabe der tatsächlichen Grundlagen, auf denen das Gutachten aufbaut, und der Art, wie sie be-

---

11   E-Mail des Bundesministeriums für Gesundheit und Frauen (Abteilung I/B/7) an die »asylkoordination österreich« (23. 11. 2005).

*schafft wurden. Mit anderen Worten: Befund ist die vom Sachver-
ständigen – wenn auch unter Zuhilfenahme wissenschaftlicher Fest-
stellungsmethoden – vorgenommene Tatsachenfeststellung. Die
Schlussfolgerungen des Sachverständigen aus dem Befund, zu deren
Gewinnung er seine besonderen Fachkenntnisse und Erfahrungen
benötigt, bilden das Gutachten im engeren Sinn. Eine sachverständige Äußerung, die sich in der Abgabe eines Urteils (eines Gutachtens im engeren Sinn) erschöpft, aber weder die Tatsachen, auf die
sich dieses Urteil gründet, noch die Art, wie diese Tatsachen beschafft
wurden, erkennen lässt, ist mit einem wesentlichen Mangel behaftet
und als Beweismittel unbrauchbar; die Behörde, die eine so geartete
Äußerung ihrer Entscheidung zugrunde legt, wird ihrer Pflicht zur
Erhebung und Feststellung des maßgeblichen Sachverhaltes (§ 37
AVG) nicht gerecht* (VwGH GZ 99/02/0294).

Trotz dieser erheblichen Schwächen beharren das Bundesasylamt und andere Behörden immer wieder auf den Ergebnis-
sen der Altersgutachten – selbst in Fällen, in welchen vom Betroffenen stichhaltige Beweise für die Minderjährigkeit beige-
bracht wurden. So wurde ein 16-Jähriger aus der Türkei von der
Bezirkshauptmannschaft Vöcklabruck in Schubhaft genommen
und im Polizeianhaltezentrum Salzburg festgehalten. Vom Amts-
arzt wurde er für volljährig erklärt; wie der Arzt zu dieser Entscheidung kam, ist nicht nachvollziehbar. Der Schubhaftbeschwerde wurde als Beweismittel für die Minderjährigkeit die
Kopie des Personalausweises beigelegt. Die Beschwerde wurde
vom Unabhängigen Verwaltungssenat (UVS) Oberösterreich abgewiesen, da der in Kopie vorgelegte Ausweis nicht akzeptiert
wurde und zudem ein beigezogener Psychologe die Volljährigkeit bestätigte. Nach Vorlage des Ausweisoriginals und der Aus-
sage des in Tirol lebenden Bruders wies der UVS die erneut eingebrachte Beschwerde »wegen entschiedener Sache« zurück. Erst
als es dem Bruder gelang, eine Bestätigung der türkischen Behörden vorzulegen, die die Echtheit des Ausweises bestätigte, wurde
der Jugendliche kommentarlos aus der Schubhaft entlassen.

Parallel zu den Sachverständigengutachten gab es weiterhin die Praxis, dass ReferentInnen des Bundesasylamtes Altersfestlegungen mittels Augenscheinnahme vornahmen. Sie beriefen sich dabei auf ihre jahrelangen Erfahrungen im Umgang mit AsylwerberInnen aus bestimmten Herkunftsregionen. 2007 erkannte der VwGH schließlich diese Vorgehensweise als rechtswidrig. Ein junger afrikanischer Asylwerber hatte bei der Einvernahme angegeben, minderjährig zu sein. Von der Referentin des Bundesasylamtes wurde er aber für volljährig erklärt und auf »etwa 30 Jahre« geschätzt. Der Verwaltungsgerichtshof entschied zugunsten des Afrikaners. Gleichzeitig forderte er die Behörden auf, künftig Sachverständige für Altersfragen heranzuziehen. In der Begründung der Höchstrichter heißt es:

Um daher eine Alterseinschätzung in derartigen Fällen überprüfbar zu machen, bedarf es im Regelfall einer Untersuchung und Beurteilung durch geeignete (wohl meist medizinische) Sachverständige (VwGH 16. 4. 2007, 2005/01/0463).

Da ab dem Jahr 2007 die Zahl der unbegleiteten minderjährigen Flüchtlinge, die nach Österreich kamen, zunahm und nicht genügend UMF-Unterbringungsplätze vorhanden waren, wurden vermehrt Altersfeststellungen im Asylverfahren angeordnet. Ab dem Jahr 2008 wurde vor allem der Kinderarzt Dr. Klabuschnigg, der das Alter auf Grund der Vermessung von Niere und Schilddrüse ermittelte, vom Bundesasylamt mit Altersfeststellungen beauftragt. In einem Erkenntnis des Asylgerichtshofes vom Juli 2008 wurden die Altersgutachten von Dr. Klabuschnigg erstmals als »ausgesprochen kursorisch« und unschlüssig angesehen:

Das Gutachten ist ausgesprochen kursorisch gehalten, Angaben über die spezifische Qualifikation des Gutachters und die Verlässlichkeit der von ihm verwendeten Methoden sowie die Gewichtung der verschiedenen Methoden untereinander fehlen. Vor diesem Hintergrund erscheint es nicht möglich, schlüssig nachzuvollziehen, wie der Gutachter zu der von ihm festgelegten Altersbestimmung gelangen konnte (AsylGH S12 400630-1/2008).

Die von Dr. Klabuschnigg in diesem Verfahren beigebrachte Stellungnahme zur Erläuterung der Methode vermochte den Asylgerichtshof nicht von der Zulässigkeit der Methode zu überzeugen. Auch die Expertise des Gutachters wird vom AsylGH in Frage gestellt:

An dieser Einschätzung vermag auch die Stellungnahme von Dr. A.K. nichts zu ändern, in der er die von ihm angewandte Methode zur Altersfeststellung mittels Ultraschalluntersuchung von Niere und Schilddrüse zu untermauern versucht. In dieser Stellungnahme wird nämlich einerseits keinerlei spezifische ausgewiesene Expertise Dris. A.K. zur Altersfeststellung dargelegt und andererseits bestätigt, dass für die Feststellung des Alters einer Person die Methode der Vermessung von Niere und Schilddrüse lediglich als Unterstützung des subjektiven Eindrucks der körperlichen Stigmata und der persönlichen Einschätzung dienen könne (AsylGH S12 400630-1/2008).

Der sich auf das Gutachten stützende Bescheid des Bundesasylamtes wurde behoben und das BAA vom Asylgerichtshof dahingehend belehrt, dass es nötig sei, vor der Befassung eines Gutachters Erhebungen zu dessen Untersuchungsmethodik und Reputation zu machen. Trotz der vom Asylgerichtshof geäußerten schweren Bedenken zog das BAA Dr. Klabuschnigg weiter zur Altersbegutachtung heran. Auch nachdem zahlreiche gleichlautende Entscheidungen des Asylgerichtshofes (AsylGH vgl. S1 400.131-1/2008/2E; S2 401572-1/2008; S3 401264-1/2008; S3 402099-1/2008 u.v.m.) ergingen, wurde von dieser Praxis nicht abgegangen. Anfang September 2008 fand auf Einladung des Innenministeriums und unter Teilnahme des Bundesasylamts eine ExpertInnenbeprechung zur Altersfeststellung statt. Dabei wurden von allen anwesenden medizinischen ExpertInnen Dr. Klabuschniggs Methoden ausdrücklich als ungeeignet bezeichnet. Im Ergebnisprotokoll zu diesem Treffen ist Folgendes zu lesen: »*Des Weiteren wird übereinstimmend die Auffassung vertreten, dass Augenscheinverfahren, Ultraschallmessungen etc. kei-*

ne verlässlichen Methoden darstellen und nicht praktiziert werden sollen.« Etwas später werden die ExpertInnen noch deutlicher, indem sie vor der Vermessung innerer Organe bzw. vor Ultraschalluntersuchung eindringlich warnen.

Spätestens nach dieser Besprechung, so sollte man annehmen, würde das Bundesasylamt von der weiteren Beauftragung Dr. Klabuschniggs Abstand nehmen. Das Gegenteil war aber der Fall. Allein in der Zeit von 13. 10. 2008 bis 11. 11. 2008 wurden ihm 36 unbegleitete minderjährige Flüchtlinge aus Traiskirchen zur Altersschätzung zugewiesen. Etwa 600 € stellte er pro Gutachten in Rechnung. Nach Berichten von Betroffenen benötigte Dr. Klabuschnigg für eine Altersbegutachtung etwa zehn Minuten. Erst im Frühjahr 2009, nachdem bereits die Volksanwaltschaft in der Sache ermittelte, wurden vom Bundesasylamt Alternativen gefunden. Die in der Folge angeordnete Magnetresonanzuntersuchung der Schulter war aus fachlicher Sicht jedoch ebenfalls umstritten, vor allem deswegen, weil für diese Methode kaum Referenzwerte verfügbar sind. Aber auch aus ethischer Sicht wurden immer wieder Bedenken geäußert. So berichtete im Juli 2009 eine Rechtsvertreterin, die einen Klienten zur Magnetresonanzuntersuchung begleitete:

Der Jugendliche hat schon bei der Erklärung des Ablaufs der Untersuchung erklärt, dass er Angst hat, und vor allem Platzangst. Er musste nur die Jeans und das T-Shirt ausziehen und wurde in die Röhre verfrachtet. Bald darauf hat er auf den Knopf gedrückt, dass er das nicht aushält. Es wurde nochmals probiert und bald klingelte es wieder. Das Personal war ungehalten und meinte, das sei wichtig für das Asylamt. Als er aus der Röhre geschoben wurde, starrte er mit weit aufgerissenen Augen an die Decke und atmete ganz eigenartig. Er redete einige Zeit gar nichts, nach ein paar Minuten gab er über den Dolmetscher bekannt, dass er das alles nicht verstehe.

Seit 1. Jänner 2010 wird die so genannte multifaktorielle Altersbegutachtung angewendet – bestehend aus einer körperlichen Untersuchung, einer Beurteilung des Zahnstatus (Panoramaröntgen) und einer Handwurzelröntgenuntersuchung. Schon in der Phase der Gesetzeswerdung wurden massive Bedenken gegenüber dem Vorhaben des Innenministeriums geäußert, Röntgenuntersuchungen zur Feststellung des Alters einzusetzen. Mit unterschiedlichen Argumenten lehnten die Arbeitsgruppe Menschenrechte für Kinderflüchtlinge, die Bundesjugendvertretung, aber auch die Ärztekammer, das Gesundheitsministerium und der Verband für medizinischen Strahlenschutz in Österreich dieses Ansinnen ab. Die vorgebrachten Bedenken fanden jedoch keine Berücksichtigung.

Seit Jänner 2010 werden nahezu alle unbegleiteten AsylwerberInnen, die angeben, minderjährig zu sein, und keine unbedenklichen Identitätsdokumente vorlegen können, zur Altersbegutachtung geschickt. Dies hatte zur Folge, dass, obwohl im Dezember 2009 noch mehr als 100 unbegleitete minderjährige Flüchtlinge auf die Zuweisung an einen geeigneten Betreuungsplatz in den Bundesländern warteten, frei werdende Unterbringungsplätze nicht mehr nachbesetzt wurden (siehe Kapitel: Unterkunft und Betreuung). Erst nach einem Altersgutachten soll entweder die Zuweisung an eine UMF-Betreuungsstelle oder eine Einrichtung für Erwachsene oder aber die Zurückweisung in einen – auf Grund der Dublin-II-Bestimmungen zuständigen – anderen EU-Staat erfolgen.

Seit Jahresbeginn 2010 werden junge AsylwerberInnen bis zu zweimal pro Woche mit einem Kleinbus nach Graz befördert. In der Radiologiepraxis Dr. Uranitsch wird ein Zahnpanoramaröntgen und ein Röntgenbild der linken Hand angefertigt. Am selben Tag finden am Ludwig Boltzmann Institut für klinisch-forensische Bildgebung eine Befragung und eine körperliche Untersuchung statt. Die Sinnhaftigkeit dieser Teiluntersuchung ist fragwürdig, führt sie doch in nahezu allen Fällen zu dem Ergebnis, dass von einem Mindestalter von 15,3 Jahren auszugehen sei. Zudem wird im Gesamtgutachten regelmäßig angegeben, dass diesem Untersuchungsteil mit Abstand das geringste

Gewicht beigemessen wird. Ein messbarer Einfluss auf das Ergebnis des Gesamtgutachtens ist nicht nachweisbar. Für die AsylwerberInnen beinhaltet die Untersuchung aber eine – wohl als peinlich empfundene – Beschau des Genitalbereichs. Im Befund wird die Untersuchung beispielsweise folgendermaßen festgehalten: *»Die Schambehaarung umfasst das gesamte Genitale. Sie ist rasiert und schwarz, geht auf die Innenseite der Oberschenkel über und wächst zipfelig in Richtung Bauchnabel. Das männliche Genitale entspricht gemäß morphologischen Kriterien dem eines erwachsenen Mannes.«* Bei der Untersuchung selbst wird auf die Schamgefühle der AsylwerberInnen wenig Rücksicht genommen. Es ist nicht einmal sichergestellt, dass die Beschau von einer Person des gleichen Geschlechts durchgeführt wird.

Den zweiten Teil des multifaktoriellen Gutachtens bildet die fachradiologische Begutachtung des Handwurzelröntgens. Diese Beurteilung wird von Dr. Ranner, dem Vorstand des CT/MR-Zentrums in Graz, durchgeführt. Dabei wird ein Röntgenbild der linken Hand analysiert und unter Heranziehung des Röntgenatlas von Greulich und Pyle das Knochenalter ermittelt. In nahezu allen Fällen kommt der Gutachter zu dem Schluss, dass der Untersuchte dem männlichen Standard Nr. 31 entspricht und somit zum Untersuchungszeitpunkt ein Mindestalter von 19 Jahren erreicht hat. Diese Untersuchung wird von Dr. Ranner mittlerweile so »routinemäßig« durchgeführt, dass es schon vorkommen kann, dass auch bei einem Mädchen der männliche Status Nr. 31 als Ergebnis aufscheint, obwohl bei weiblichen Personen nur 29 Stadien benannt sind. Das Beispiel wirft auch ein Licht darauf, welche Sorgfalt das für die Erstellung des Gesamtgutachtens verantwortliche Ludwig Boltzmann Institut für klinisch-forensische Bildgebung walten lässt. Dieses übernahm im Gesamtgutachten unkommentiert die Ergebnisse des Teilgutachtens, ohne den gravierenden Fehler zu erkennen.

Neben rechtlichen und ethischen Bedenken bestehen massive Zweifel an der Brauchbarkeit des Handwurzelröntgens zur

Bestimmung der Voll- bzw. Minderjährigkeit. Schon bei der von der »Kinderstimme Österreich« am 8. März 2000 organisierten Konsensuskonferenz zur Altersfeststellung wurden gegenüber der Methode des Handwurzelröntgens Kritikpunkte laut:

- *Das Verfahren des Handwurzelröntgens hat nur eine Aussagekraft bis zum 17. Lebensjahr bei männlichen und bis zum 15. Lebensjahr bei weiblichen Jugendlichen (im Asylverfahren geht es um die Frage der Vollendung des 18. Lebensjahres).*
- *Beim Verfahren des Handwurzelröntgens ist eine Standardabweichung von 14,5 Monaten für männliche und von 11,2 Monaten für weibliche Jugendliche zu berücksichtigen.*
- *Der Reifungsprozess des Knochenalters kann durch verschiedene Faktoren, insbesondere die Ernährung, psychosoziale Einflüsse, ethnische oder soziale Herkunft, beeinflusst werden.*

Dass diese Kritik bis heute nichts an Aktualität verloren hat, bestätigen auch aktuelle Forschungsergebnisse. Zunächst gehen viele ExpertInnen davon aus, dass sich diese Methode überhaupt nicht für eine Klärung der Frage der Volljährigkeit eignet. In einem vom Verein Demokratischer Ärztinnen und Ärzte im Auftrag des Fördervereins PRO ASYL e.V. erstellten Gutachten[12] findet sich folgende Einschätzung:

In der kindlichen Entwicklung kommt es sehr häufig zu einer verfrühten Pubertätsentwicklung, die dann auch ein acceleriertes Knochenalter zur Folge hat. Das durch die Rö.-li. Hand bestimmte Knochenalter kann somit mehrere Jahre gegenüber dem Lebensalter vorauseilen und repräsentiert somit nicht das Lebensalter. Es ist somit durchaus möglich, daß eine ausgereifte Skelettentwicklung bei

---

12   Altersfeststellung bei unbegleiteten minderjährigen Flüchtlingen, 1995, Gutachten im Auftrag des Fördervereins PRO ASYL e.V. und des Vereins Demokratischer Ärztinnen und Ärzte. http:// webcache.googleusercontent.com/search?q=cache:BeYw0TUQoigJ: www. proasyl.de/texte/1995/roentgen.doc+Aus+der+Hand+gelesen +Pro+Asyl&cd=1&hl=de&ct=clnk&gl=at&client=firefox-a (Zugriff: 30. 6. 2010).

einem Jungen oder Mädchen bereits schon vor dem 16. Lebensjahr erfolgt.

Selbst der von Dr. Ranner als Referenz herangezogene Dr. Schmeling, ein deutscher Experte für Altersbegutachtung, schreibt in seiner Habilitationsschrift: »*Der Abschluss der Handskelettreifung wird mit etwa 18 Jahren erreicht. Bei abgeschlossener Handskelettentwicklung ist nur noch die Angabe eines Mindestalters möglich*« (Schmeling 2004, S. 9). Der von Dr. Ranner herangezogene Atlas nach Greulich und Pyle beruht, wie Schmeling zudem erwähnt, auf der Untersuchung von 1.000 in Cleveland/Ohio lebenden US-Amerikanern nordeuropäischer Abstammung im Alter von 0 bis 18 Jahren. Wenn aber in der Referenzgruppe ausschließlich Minderjährige untersucht wurden, ist es unmöglich, ein Mindestalter von 19 Jahren zu bestimmen.

Selbst wenn die Methode geeignet wäre, müssten im Gutachten die statistischen Werte (Mittelwert, Standardabweichung bzw. Median und Perzentilwert) angeführt und berücksichtigt werden. Greulich und Pyle geben die einfache Standardabweichung des Skelettalters in der forensisch bedeutsamen Altersgruppe mit sieben bis 13 Monaten an (vgl. Schmeling 2004, S. 9). Auch diesem Erfordernis kommt Dr. Ranner in seinen Gutachten nicht nach. Dort heißt es bloß: »*Der Asylwerber X zeigt anhand der Röntgenuntersuchung seiner linken Hand ein Skelettalter entsprechend dem männlichen Standard Nr. 31 nach Greulich und Pyle, der einem Alter ab 19 Jahren zugeordnet wird.*«

Aktuelle wissenschaftliche Studien, die belegen, dass die Zugehörigkeit zu einer Ethnie Einfluss auf den Prozess der Knochenreifung hat, werden ebenso ignoriert. In einer groß angelegten amerikanischen Langzeituntersuchung (Alifeng et al. 2009) wird festgestellt, dass es bei AsiatInnen und LateinamerikanerInnen zu einer signifikanten Überschätzung des Knochenalters kommt. Ebenso wird darauf verwiesen, dass in nahezu 10% der Fälle die Abweichung der Altersschätzung der GutachterInnen auf Grund des Knochenalters vom chronologischen Alter mehr als drei Jahre beträgt. Die Unterschiede auf Grund der Ethnie werden auch in einer Studie aus Taiwan bestätigt:

Our results show a retardation of bone age before puberty followed by an increase at puberty, resulting in advancement by the end of puberty. Also, there is a discrepancy of more than one year between the chronological age and the measured bone age in some age groups. We believe that some modification of the Greulich-Pyle Atlas is necessary to enhance our ability to determine skeletal maturation with accuracy, reliability and consistency (Chiang et al. 2005).

In anderen aktuellen wissenschaftlichen Arbeiten wird darauf verwiesen, dass es in den letzten Jahrzehnten zu einer Akzeleration – also einer Beschleunigung – der Knochenreifung gekommen ist, was bei Heranziehung der alten Referenzwerte zu einer systematischen Überschätzung des chronologischen Alters führt. Heute läuft die Knochenreifung, schreibt etwa Beate Koch in ihrer Dissertation aus dem Jahr 2006, rascher ab, als dies bei den für die Erstellung des Atlas nach Greulich und Pyle herangezogenen (um 1920 geborenen) Jugendlichen der Fall war:

Es ergab sich für die untersuchte Stichprobe bei beiden Methoden eine Tendenz zur Altersüberschätzung […] Für die Greulich-Pyle-Methode (1959) ergaben sich als durchschnittliche Standardabweichungen bei den Mädchen 1,0 und bei den Knaben 0,7 Jahre (Koch 2006, S. 68).

Auch diese Ergebnisse finden in den Gutachten von Dr. Ranner keinen Eingang.

Den dritten Teilbereich der multifaktoriellen Altersfeststellung bildet das zahnärztliche Gutachten, das von Dr. Merkens aus Aachen erstellt wird. Dabei handelt es sich um das einzige Teilgutachten, das in der Praxis tatsächlich variable Ergebnisse liefert. Aber auch an dieser Methode gibt es Zweifel, was Genauigkeit und Zuverlässigkeit der Ergebnisse betrifft. Schmeling führt dazu an:

Für den Abschluss des Wurzelwachstums der dritten Molaren werden in verschiedenen Studien Mittelwerte von 21 bis 23 Jahren

*mitgeteilt [54, 70, 76]. Als einfache Standardabweichung geben
Olze et al. für die Stadien E bis H zwischen 1,8 und 2,6 Jahre an*
(Schmeling 2004, S. 10).

Das Ergebnis des Gesamtgutachtens beruht schließlich auf
der Berechnung des arithmetischen Mittels der erhobenen Min-
destaltersangaben der zwei letztgenannten Teilgutachten. Durch
dieses Vorgehen vermeidet es das Ludwig Boltzmann Institut für
klinisch-forensische Bildgebung, sich mit statistischen Messgrö-
ßen wie Streubreiten, Konfidenzintervallen, Signifikanzen und
der Frage der Reliabilität und Validität der Methoden befassen
zu müssen. Ob diese Vereinfachung methodisch zulässig ist, wäre noch zu klären. Die Schwächen der verwendeten Methoden
sollten aber auch so Zweifel an der Zulässigkeit und Seriosität
der Begutachtung aufkommen lassen.

Allein – das Inneministerium teilt diese Zweifel nicht. Für
die verantwortliche Innenministerin ist die Sachlage klar: Die
Altersgutachten bestätigen nur das hohe Missbrauchspotenzial:
*»Bei hundert entsprechenden Überprüfungen habe sich bei 72 ge-
zeigt, dass die Betroffenen älter seien als angegeben«* (Die Presse,
17. März 2010). Einige Wochen später konnte sie bereits ver-
lautbaren, dass sich bei 192 Altersgutachten, die bis Ende April
vorlagen, in 121 Fällen herausstellte, dass die/der AntragstellerIn
bereits volljährig sei (vgl. Kronen Zeitung, 11. Mai 2010).

Dass im Zweifel von der Minderjährigkeit auszugehen ist,
wie der Verwaltungsgerichtshof 2007 in einer Entscheidung fest-
stellte – *»Im Zweifelsfall wäre dann von dem vom Antragsteller
(Asylwerber) angegebenen Geburtsdatum (Alter) auszugehen«*
(VwGH 16. 4. 2007, 2005/01/0463) –, findet in der Praxis keine Anwendung. So wurde im Juni 2010 ein junger Afghane in
Schubhaft genommen, dessen Alter zum Untersuchungszeitpunkt im Rahmen der Begutachtung auf 18,1 Jahre geschätzt
wurde. Der Asylwerber hatte seinen Asylantrag ungefähr einen
Monat vor der Begutachtung eingebracht, somit wäre er laut
Gutachten zum Zeitpunkt der Asylantragstellung – und dieser

Zeitpunkt ist bezüglich der Zuständigkeit entscheidend – mindestens 18 Jahre und einige Tage alt gewesen. Diese wenigen Tage wirkten sich für den Jugendlichen gravierend aus. Anstatt eines Asylverfahrens in Österreich befand sich der Jugendliche am 15. Juli bereits seit Wochen in Schubhaft und erwartete die Abschiebung nach Griechenland.

MitarbeiterInnen des Bundesasylamtes sehen den Missbrauch als leitendes Motiv an und scheuen nicht einmal davor zurück, diese pauschale und vorurteilsbehaftete Unterstellung gegenüber unbegleiteten minderjährigen Flüchtlingen im Bescheid vorzubringen:

Da sich in der Vergangenheit eine Vielzahl afghanischer Asylwerber vor österreichischen Asylbehörden fälschlicherweise als minderjährig ausgaben, in der Hoffnung dadurch eine bessere Ausgangsposition zu erlangen, wurde Ihnen die Glaubhaftigkeit zu Ihren angegebenen Geburtsdaten versagt. Ihre diesbezüglichen Angaben sind als Schutzbehauptung zu qualifizieren, zumal Sie keine Bescheinigungsmittel vorlegen konnten, welche Ihr angegebenes Alter bestätigen würden (AsylGH S1 5405336).

Die grundsätzliche Verdächtigung und Vorverurteilung von AsylwerberInnen, die angeben, minderjährig zu sein, findet sich mittlerweile selbst in wissenschaftlichen Arbeiten. So schreibt Herbek in einem Artikel zur Rechtsprechung des AsylGH bezüglich der Altersfeststellung: »*Der vorwiegende Grund zur Geltendmachung der Minderjährigkeit dient im Zulassungsverfahren der Verhinderung der Überstellung in einen anderen Mitgliedstaat*« (Herbek 2009, S. 88). Nicht die tatsächliche Minderjährigkeit ist demzufolge Hauptgrund dafür, dass jemand angibt, minderjährig zu sein, sondern das primäre Ziel sei es, sich einen ungerechtfertigten Verfahrensvorteil zu verschaffen. Der Missbrauch wird zum Regelfall hochstilisiert; AsylwerberInnen, die angeben, minderjährig zu sein, werden als potenzielle BetrügerInnen diffamiert.

Auch aus verfahrensrechtlicher Sicht gibt es fundamentale Kritik am derzeitigen Vorgehen der Behörden beim Ermitteln des

Mindestalters. So werden die in der Erstaufnahmestelle unterge-brachten AsylwerberInnen von den RechtsberaterInnen nicht zur Altersbegutachtung nach Graz begleitet, obwohl es sich dabei um einen substanziellen Teil des Asylverfahrens handelt.

In einigen Fällen wurde den RechtsvertreterInnen nicht einmal die Möglichkeit eingeräumt, eine Stellungnahme zum Ergebnis des Altersgutachtens einzubringen. Für volljährig er-klärte AntragstellerInnen wurden in Grundversorgungsquartiere für Erwachsene verlegt, ohne dass sie zuvor über das Ergebnis der Altersbegutachtung informiert wurden. Den Rechtsberate-rInnen in der Erstaufnahmestelle wurde auf Anfrage mitgeteilt, dass der zuständige Jugendwohlfahrtsträger über die Verlegung informiert werde und somit die Möglichkeit habe, eine Stellung-nahme zum Altersgutachten abzugeben. Es ist aber fraglich, wie dieser die rechtliche Vertretung wahrnehmen soll, handelt es sich bei der/dem Betroffenen doch laut Grundversorgungssystem und Asylinformationssystem nunmehr um eine/n Erwachsene/n, für die/den die Jugendwohlfahrtsträger nicht zuständig sind.

Auch die Weitergabe des Gesamtgutachtens und der Teil-gutachten an die RechtsberaterInnen geht nicht immer rei-bungslos vonstatten. In diesen Fällen kann die/der für volljährig erklärte AsylwerberIn die Aushändigung der Altersgutachten einfordern. Oft wird von den ReferentInnen jedoch nur das Ge-samtgutachten übergeben, in manchen Fällen erhalten die Ju-gendlichen auch die Teilgutachten ausgehändigt. Die dem Er-gebnis zugrunde liegenden Röntgenbilder werden den Betroffe-nen hingegen nicht übergeben. Dies erschwert zusätzlich eine unabhängige Kontrolle der Altersgutachten – vor allem, wenn man bedenkt, dass im Zulassungsverfahren zudem eine verkürz-te Beschwerdefrist von nur einer Woche gilt.

Die konkreten Auswirkungen von Volljährigkeitserklärun-gen durch das Bundesasylamt sind recht unterschiedlich. In je-dem Fall untergraben sie die Glaubwürdigkeit der Antragstelle-rInnen im Asylverfahren. Erfolgt die Volljährigkeitserklärung bereits in der Erstaufnahmestelle, so verliert die betroffene Person zudem die Rechtsvertretung im Asylverfahren und den Anspruch auf Unterbringung in einer UMF-Betreuungseinrichtung. Selbst wenn der Asylgerichtshof die Volljährigkeitserklärung später für nichtig erklärt, gelingt es oft nicht mehr, die Betroffenen an adäquate Betreuungsplätze zu transferieren. Im Rechtsinformationssystem, in dem auch die Judikatur des Asylgerichtshofes veröffentlicht wird, finden sich zahlreiche aufgehobene Bescheide, die sich auf Gutachten von Dr. Klabuschnigg stützen. Der dadurch für die Betroffenen entstandene Schaden – wie ein verlängertes Asylverfahren oder verpasste Bildungs- und Entwicklungschancen – bleibt bestehen. Schlimmer noch – in den meisten Fällen werden nicht einmal Maßnahmen ergriffen, um die Benachteiligungen zu beenden.

Jawad kam im Sommer 2008 nach Österreich und brachte einen Asylantrag ein. Nach der ersten Einvernahme wurde er zur Altersbegutachtung zu Dr. Klabuschnigg geschickt. Bei der zweiten Einvernahme – die etwa zwei Wochen später stattfand – wurde er damit konfrontiert, dass er für das Bundesasylamt als volljährig gelte. Gegen das Altersgutachten wurde eine Stellungnahme abgegeben und eine Beschwerde gegen den negativen erstinstanzlichen Bescheid eingebracht. Der Asylwerber wurde einer Flüchtlingspension für Erwachsene zugewiesen. Der Asylgerichtshof hob noch im Herbst 2008 den Bescheid des Bundesasylamtes auf Grund der mangelnden Qualität des Altersgutachtens auf. Aber auch eineinhalb Jahre später, im April 2010, lebte der Minderjährige ohne pädagogische Unterstützung in einer angemieteten Wohnung. Für ihn wurde weder die Obsorgefrage geklärt noch konnte er – wie andere unbegleitete minderjährige Flüchtlinge – an Deutschkursen und sonstigen Bildungsmaßnahmen teilnehmen.

Weniger gravierend sind in der Regel die Konsequenzen einer Alterskorrektur, wenn bereits vor der Volljährigkeitserklärung die Obsorge an den Jugendwohlfahrtsträger übertragen wurde. In diesen Fällen verbleiben die Betroffenen häufig in der UMF-Einrichtung und auch die Rechtsvertretung im Asylverfahren bleibt auf Grund der Obsorgeverpflichtung beim Jugendwohlfahrtsträger. Die Kosten für die Unterbringung werden allerdings ab dann nur noch zum geringeren Teil von der Grundversorgung getragen (Tagsatz für Erwachsene), den Rest muss der mit der Obsorge betraute Jugendwohlfahrtsträger beisteuern.

ASYLVERFAHREN

Sajjad: Ich hatte zwei Interviews. Eines in Traiskirchen, da ging es darum, wie ich hier hergekommen bin und so. Dann bekam ich einen Ausweis, die »weiße Karte«, dann kam ich nach Wien. Dann hatte ich noch ein Interview beim Bundesasylamt, dort wurde ich gefragt: Woher kommst du, was hast du gemacht? Ich habe alles gesagt. Ich bin nicht schuld daran, was andere machen oder was mein Vater gemacht hat oder meine Mutter. Die Leute in Afghanistan sind ein bisschen verrückt – wenn jemand deinen Vater tötet, dann gehst du zu seiner Familie, um die ganze Familie zu töten. Aber ich will das nicht. Beim Interview habe ich gesagt: Egal, was mein Vater gemacht hat – fragen Sie, was ich gemacht habe. Dann hat der Beamte gesagt: Wenn du 18 Jahre bist, dann bekommst du eine Antwort.

Rechtlicher Rahmen

Die Genfer Flüchtlingskonvention (GFK) definiert, wer ein Flüchtling ist und welchen rechtlichen Schutz, welche Unterstützung und welche sozialen Rechte sie oder er von den Unterzeichnerstaaten erhalten soll. Unbegleitete minderjährige Flüchtlinge werden in der GFK nicht thematisiert. UNHCR hat sich jedoch in den Richtlinien über allgemeine Grundsätze und Verfahren zur Behandlung asylsuchender unbegleiteter Minderjähriger (1997) explizit und eingehend mit wesentlichen Verfahrensvorschriften bei unbegleiteten Minderjährigen auseinandergesetzt. Demnach sollen Asylanträge von Kindern Vorrang haben, Berufungen sollten fair und zügig behandelt werden. Weiters erachtet UNHCR es für notwendig, dass UMF von einer/einem Erwachsenen vertreten werden, die/der mit dem Hintergrund des Kindes vertraut ist und für dessen Interessen eintritt.

Die Befragungen im Asylverfahren sollten von kompetenten und speziell geschulten VertreterInnen der zuständigen Behörde durchgeführt werden, die bei ihrer Beurteilung die besondere Situation unbegleiteter Kinder berücksichtigen.

Die UNHCR-Richtlinien behandeln weiters die Kriterien, die bei der Beurteilung der Schutzbedürftigkeit von Minderjährigen herangezogen werden müssen. Die Definition des Flüchtlingsbegriffs gilt zwar, so stellen die Richtlinien fest, unabhängig vom Alter, trotzdem sollten bei der Prüfung des Sachverhalts im Fall unbegleiteter Kinder die Umstände – wie etwa der Entwicklungsstand oder möglicherweise begrenzte Kenntnis der Verhältnisse im Herkunftsland – besondere Berücksichtigung finden. Es wird auch darauf verwiesen, dass sich bei Kindern Angst nicht immer in derselben Weise äußert wie bei Erwachsenen; daher ist es bei der Prüfung und Entscheidung der Asylanträge notwendig, objektiven Faktoren mehr Gewicht beizumessen. Speziell verwiesen wird auch darauf, dass bestimmte Situationen – zum Beispiel die Rekrutierung von Kindern in reguläre oder irreguläre Armeen, Kinderzwangsarbeit, der illegale Handel mit Kindern zum Zweck der Prostitution und sexuellen Ausbeutung sowie die Praxis der Verstümmelung weiblicher Geschlechtsorgane – Asylrelevanz haben können.

Im Dezember 2009 erschienen die UNHCR-Richtlinien zum internationalen Schutz: Asylanträge von Kindern im Zusammenhang mit Art. 1 (A) 2 und 1 (F) des Abkommens von 1951 bzw. des Protokolls von 1967 über die Rechtsstellung der Flüchtlinge. Diese Richtlinien sind als Hilfsmittel zur Rechtsauslegung für Regierungen, VertreterInnen der Rechtsberufe, EntscheidungsträgerInnen und die Richterschaft sowie für UNHCR-MitarbeiterInnen gedacht, die mit der Feststellung der Flüchtlingseigenschaft befasst sind.

Das Dokument weist darauf hin, dass der Grundsatz des Kindeswohls beachtet werden muss. Misshandlungen, die im Fall von Erwachsenen nicht das Ausmaß von Verfolgung erreichen, können im Fall eines Kindes durchaus Verfolgung bedeuten. Auch bezüglich der Beweisführung sind bei Kindern besondere Maßstäbe anzuwenden:

Während bei Anträgen Erwachsener die Beweislast gewöhnlich zu gleichen Teilen beim Prüfer und beim Antragsteller liegt, kann es bei Anträgen von Kindern notwendig sein, dass ein Entscheider einen größeren Teil der Beweisführung übernimmt, insbesondere im Fall eines unbegleiteten Kindes (UNHCR 2009, S. 31).

Auf EU-Ebene werden im Art. 17 der Richtlinie 2008/115/EG des Europäischen Parlaments und des Rates (Verfahrensrichtlinie) die Verfahrensgarantien für unbegleitete minderjährige Flüchtlinge festgehalten. Es wird darauf verwiesen, dass die Mitgliedstaaten so bald wie möglich Maßnahmen ergreifen müssen, »*um zu gewährleisten, dass ein Vertreter bestellt wird, der den unbegleiteten Minderjährigen bei der Prüfung des Antrags vertritt und/oder unterstützt*«. Die/der VertreterIn muss die Gelegenheit erhalten, die/den unbegleitete/n Minderjährige/n über die Bedeutung und die möglichen Konsequenzen ihrer/seiner persönlichen Anhörung aufzuklären. Zudem muss es der/dem VertreterIn erlaubt sein, bei der Anhörung anwesend zu sein, auch Fragen zu stellen und Bemerkungen vorzubringen. Unter bestimmten Voraussetzungen bleibt es den Mitgliedstaaten unbenommen, von der Bereitstellung eines rechtlichen Vertreters abzusehen. Dies ist dann der Fall, wenn minderjährige AsylwerberInnen nach aller Wahrscheinlichkeit bereits vor der erstinstanzlichen Entscheidung die Volljährigkeit erreichen werden, die/der minderjährige AsylwerberIn kostenlos die Dienste eines Rechtsanwalts oder Rechtsberaters in Anspruch nehmen kann oder verheiratet ist oder bereits verheiratet war. Daneben findet sich in Art. 17 noch die Garantie, dass unbegleitete Minderjährige nur von entsprechend geschulten Personen einvernommen werden dürfen. Die Richtlinie 2004/83/EG des Rates (Statusrichtlinie) legt den Staaten in Erwägung 12 nahe, bei Durchführung dieser Richtlinie in erster Linie das »Wohl des Kindes« zu berücksichtigen, und spricht in Erwägung 20 die Berücksichtigung kinder-spezifischer Formen von Verfolgung an. Art. 9 Abs. 2 der Status-richtlinie weist darauf hin, dass auch Handlungen, die gegen Kinder gerichtet sind, als Verfolgung im Sinn von Art. 1 lit. A der Genfer Flüchtlingskonvention gelten.

Im österreichischen Asylgesetz finden sich einige Sonder-bestimmungen bezüglich der gesetzlichen Vertretung unbeglei-teter minderjähriger AsylwerberInnen. Unbegleitete mündige Minderjährige – also Jugendliche, die das 14. Lebensjahr vollen-det haben, aber noch nicht volljährig sind – haben das Recht, Anträge zu stellen und einzubringen. Mit der Einbringung wird die/der RechtsberaterIn gemäß § 64 AsylG in der Erstaufnah-mestelle zur/zum gesetzlichen VertreterIn. Nach der Zulassung des Verfahrens und nach Zuweisung an eine Betreuungsstelle ist der örtlich zuständige Jugendwohlfahrtsträger jenes Bundeslan-des, in das die/der Minderjährige zugewiesen wurde, für die Ver-tretung zuständig (vgl. AsylG § 16 Abs. 3). Bei einer/einem un-begleiteten unmündigen Minderjährigen ist die/der Rechtsbera-terIn ab Ankunft in der Erstaufnahmestelle gesetzliche/r Vertre-terIn. Unmündige Minderjährige dürfen nur im Beisein des Rechtsberaters befragt werden (vgl. AsylG § 16 Abs. 5).

Bei der Einvernahme von Minderjährigen muss nach dem österreichischen Asylgesetz immer die/der gesetzliche VertreterIn anwesend sein (vgl. AsylG § 19 Abs. 6). Allerdings kann die po-lizeiliche Befragung, die insbesondere der Ermittlung der Iden-tität und der Fluchtroute dient, auch ohne eine/n rechtliche/n VertreterIn durchgeführt werden, diese/r kann die Wiederho-lung der Befragung beantragen. Das Gesetz gibt keinen Hinweis darauf, dass die RechtsberaterInnen – ebenso wenig wie die Mit-arbeiterInnen der Polizei – speziell im Umgang mit unbegleite-teten Minderjährigen geschult sein müssen. Im österreichischen Asylgesetz findet sich zudem kein Vermerk darüber, dass Asyl-anträge von unbegleiteten Minderjährigen bevorzugt behandelt werden sollen.

Österreichische Praxis

Im Asylverfahren sind unbegleitete minderjährige Flüchtlinge mit unterschiedlichen Problemstellungen konfrontiert. In den letzten Jahren hat sich vor allem die Situation im Zulassungsverfahren zugespitzt. Dieser wesentliche Teil des Asylverfahrens endet oft damit, dass die Jugendlichen, um eine Überstellung in einen Dublin-Staat zu vermeiden, illegal in andere Länder weitergehen (siehe Kapitel: Zugang zum Asylverfahren). Mit der Zulassung zum Asylverfahren ist aber erst ein erster Schritt getan. Der Ausgang des Verfahrens bleibt oft jahrelang ungewiss und die Einvernahmen und Befragungen werden von den Jugendlichen häufig als sehr belastend erlebt.

Grundsätzlich hat die Behörde den Auftrag, im Sinn der Verfahrensökonomie rasch zu einer Entscheidung zu kommen. Ein durch Antrag eingeleitetes Verwaltungsverfahren muss innerhalb von sechs Monaten nach Antragstellung abgeschlossen werden. Somit sollte das Asylverfahren innerhalb eines Jahres in der zweiten Instanz entschieden sein. Die österreichische Realität ist eine andere. So kam Ali im Alter von 16 Jahren nach Österreich; als er endlich Asyl erhielt, war er bereits 22 Jahre alt.

Während ein Teil der Asylverfahren rasch abgeschlossen werden, warten viele junge AsylwerberInnen immer noch viele Jahre auf eine rechtskräftige Erledigung ihres Begehrens. Daran haben auch die Aufstockung des Personals der Asylbehörden und die rückläufige Zahl von Asylanträgen nicht viel geändert.

Im März 2009 warteten 22.121 AsylwerberInnen beim Asylgerichtshof auf die Entscheidung ihres Verfahrens. Von diesen Verfahren waren 9.679 bereits im Jahr 2005 anhängig. 3.851 Personen warteten bereits länger als fünf Jahre und 642 länger als sieben Jahre auf eine rechtskräftige Entscheidung.[13]

Die offiziellen Statistiken weisen die Verfahrensdauer von minderjährigen AsylwerberInnen zwar nicht gesondert aus; es

---

13   Parlamentarische Anfragebeantwortung 594/AB XXIV. GP 10.3.09.

kann jedoch auch bei ihnen von ähnlich langen Verfahren ausgegangen werden, da die Asylverfahren von Minderjährigen nicht anders behandelt werden als die von Erwachsenen. Diese Einschätzung wird auch durch die Erfahrungen aus dem Patenschaftsprojekt »Connecting people« bestätigt. Von 112 im Projekt betreuten unbegleiteten minderjährigen Flüchtlingen warteten 35 bereits länger als drei Jahre, davon 15 länger als fünf Jahre und einer länger als sieben Jahre auf eine endgültige Entscheidung des Asylansuchens.[14]

Ali: Es ist so ein Gefühl, als ob du in einem Haus ohne Dach wohnst. Du machst eine Ausbildung, aber vielleicht kommt die Zeit, wo sie sagen: »Sie müssen das Land verlassen!« Ich habe keine Schwierigkeiten oder Probleme gehabt. Nichts. Es war alles super, aber trotzdem war da immer dieser Gedanke im Kopf. Es war damals auch so: Wenn ein anderer Jugendlicher Asyl bekommen hat – er kommt und freut sich, und du fühlst dann: Wie geht es mit mir weiter? Es sind schon zwei Jahre vorbei, drei Jahre, vier, fünf Jahre, sechs Jahre. Man hofft, aber je länger es dauert, umso mehr verliert man die Hoffnung. Du siehst auch, dass sich mit der Zeit alles ändert. Die ganzen Gesetze, es wird immer schwieriger, da wird es schwierig, da wird es schwierig. Du glaubst: Na, das geht nicht mehr. Ich habe keine Chance mehr.

Ali ist mit einer Verfahrensdauer von sechs Jahren kein Einzelfall. Noch länger wartet etwa Alice auf eine Entscheidung:

Alice: Ich warte immer noch auf die Asylentscheidung. Im Dezember werden es acht Jahre.

Neben der langen Verfahrensdauer wird von den Jugendlichen immer wieder beklagt, dass die Einvernahmen am Bundesasylamt und beim Asylgerichtshof sehr belastend sind.

Peter: In Traiskirchen haben sie mich nach meinem Problem gefragt, wieso ich mein Land verlassen habe und ob ich Eltern habe.

---

14 Auskunft Klaus Hofstätter (»asylkoordination österreich«) vom 30. 9. 2008.

Ich habe ihnen alles erzählt. Ich hatte das Gefühl, als könnten diese Leute mir nicht helfen. Ich hatte das Gefühl, als würden mich diese Menschen wieder zurück in meine Heimat schicken.

Trotz der rechtlichen Vertretung fühlen sie sich oft uninformiert und sind mit der Einvernahmesituation überfordert:

Alice: Ich hatte Angst. Ich wusste am Anfang gar nicht, dass man hier um Asyl ansuchen muss. Die Polizei wollte dann meine Fingerabdrücke. Weißt du, bei uns müssen nur Kriminelle Fingerabdrücke abgeben. Das war mein erster Schock. Meinen zweiten Schock hatte ich, als sie mich nach meinen Gründen fragten, warum ich denn in Österreich bin. Ich habe mir das nicht erwartet! Es ging mir nicht gut, als ich über meine Vergangenheit erzählen musste, als ich über die Dinge reden musste, die ich erlebte hatte, bevor ich nach Österreich kam. Ich hatte das Gefühl, dass mich die Beamten nicht ernst nehmen würden. Ich bin dann abgelehnt worden. Ich hatte wieder Angst und war nervös.

Für MitarbeiterInnen des Bundesasylamtes gab es in der jüngeren Vergangenheit Schulungsmaßnahmen zum Umgang mit minderjährigen Flüchtlingen im Asylverfahren. Diese Fortbildungen wurden in Zusammenarbeit mit UNHCR durchgeführt. Im Rahmen der Schulungen wurden kindspezifische Arten der Verfolgung, Einvernahme von Minderjährigen und Begutachtung von Kindern bearbeitet. Ein positiver Einfluss auf die Qualität des Asylverfahren kann allerdings nicht belegt werden. Immer noch fehlt es den ReferentInnen an der nötigen Sensibilität für die Anliegen und Bedürfnisse der Jugendlichen, immer noch berichten junge AsylwerberInnen, dass man ihnen ablehnend und feindselig entgegentritt. Für die RichterInnen des Asylgerichtshofes werden Schulungen für den Umgang mit Jugendlichen gar nicht erst angeboten.

Ein besseres Verständnis der Situation von unbegleiteten minderjährigen Flüchtlingen würde die Qualität des Asylverfahrens erhöhen. Minderjährige sind auf Grund der Erfordernisse im Asylverfahren, die auf Erwachsene zugeschnitten sind, struk-

turell benachteiligt. Ihr Vorbringen wird tendenziell als unglaub-
würdig erachtet. Die Jugendlichen verfügen über geringere
Kenntnisse zum Verfahrensablauf, sie können weniger gut abschätzen, was von ihnen erwartet wird, sind der hierarchischen
Verfahrensstruktur in höherem Maß ausgeliefert, nehmen zeitliche Zusammenhänge anders wahr und verfügen über ein gerin-
geres Weltwissen. Weiters werden Aussagen von Kindern und
Jugendlichen im Asylverfahren oft als weniger glaubwürdig erachtet. Einschüchterungen und Traumatisierungen durch Be-
hördenvertreterInnen im Heimatland führen gerade bei unbegleiteten Jugendlichen zu Misstrauen gegenüber Erwachsenen.
Das daraus resultierende Verhalten kann aber den Eindruck der
Unglaubwürdigkeit verstärken. Sensible Berücksichtigung der
möglichen Hintergründe und Besonderheiten der Minderjährigen im Asylverfahren könnte die persönliche Glaubwürdigkeit
erhöhen und so zu qualitativ besseren Entscheidungen führen
(vgl. Schuster 2002, S. 58).

Ohne diese Sensibilität und Offenheit wird von den Asylbehörden vor allem versucht, die Angaben der AsylwerberInnen
zu hinterfragen, sie in Widersprüche zu verwickeln und sie der
Lüge zu überführen. Dazu werden häufig auch Gutachten angefordert, teilweise werden vorgebrachte Fakten externen Expert-
Innen zur Überprüfung vorgelegt. Zur Überprüfung der im
Asylverfahren angegebenen Sachverhalte greifen die Asylbehörden immer wieder auf die Unterstützung der österreichischen
Botschaften zurück. Die von dort gelieferten Ergebnisse sind
aber nicht in jedem Fall zutreffend. So erteilte die österreichische
Botschaft in Islamabad im Mai 2010 in einer Anfragebeantwortung auf die Frage, ob es Informationen über die Ghafur-Na-
dim-Schule in Khair Khane in Kabul gebe, die der Antragsteller
angeblich zwei Jahre lang besucht habe, folgende Antwort:

*Es ist in Kabul keine solche Schule auffindbar, noch kennen
die Einheimischen sie. [...] Aufgrund der Tatsache, dass die Ghafur-
Nadim-Schule nicht existiert, konnte nicht beantwortet werden, ob*

die Schule in Kabul ist, wo sich die Schule befindet, um welchen Schultyp es sich handelt, wie viele Schulstufen es gibt, ob es Klassenlisten gibt, welche Fächer unterrichtet wurden. Welche Lehrer dort arbeiten und wie der Direktor der Schule heißt.

Eine einfache Google-Abfrage hätte ein völlig gegenteiliges Ergebnis gebracht. Auf der Website von UNICEF findet sich folgender Hinweis, der die Existenz der Schule eindeutig belegt: *»In Abdul Ghafoor Nadim School, there are many students taking part in extra lessons [...]«*[15] Selbst den Namen des Schulleiters kann man dem Bericht entnehmen: *»Head teacher Sayed Jaladudein is proud of his pupils – both the fee paying students and the girls enrolled in the catch-up lessons funded by UNICEF.«* Ein weiterer, noch klarerer Beleg für die Existenz der Schule findet sich in einer von »medica mondiale« 2004 durchgeführten Studie über Kinderheirat in Afghanistan.[16] Darin wird die SchülerInnenzahl von Schulen in Kabul aufgelistet. Demnach besuchten 3.866 SchülerInnen die Ghafoor Nadim School, die damit die neuntgrößte Schule des gesamten Distrikts darstellte.

Rechtliche Vertretung von unbegleiteten minderjährigen Flüchtlingen im Asylverfahren

Unbegleiteten minderjährigen Flüchtlingen wird im Asylverfahren eine rechtliche Vertretung bereitgestellt. Abgesehen vom Asylantrag können sie selbst keine Verfahrenshandlungen setzen, sind aber wie volljährige AsylwerberInnen zur Mitwirkung am Verfahren verpflichtet. Auf Grund des Asylgesetzes bzw. einer Obsorgeentscheidung ergibt sich die Verpflichtung

---

15 http://www.unicef.org.uk/press/news_detail_full_story.asp?news_id=66 (Zugriff: 28. 6. 2010).

16 Studie über Kinderheirat in Afghanistan, medica mondiale e.V. 2004. http://www.medicamondiale.org/fileadmin/content/07_Infothek/Afghanistan/Afghanistan_Kinderheirat_medica_mondiale_Studie_2004_d.pdf (Zugriff: 28. 6. 2010).

des Jugendwohlfahrtsträgers, die rechtliche Vertretung der Minderjährigen im inhaltlichen Asylverfahren sicherzustellen.

Als Rechtsvertreter muss der Jugendwohlfahrtsträger bei den Einvernahmen anwesend sein, bekommt den Bescheid zugestellt und zeichnet für die Einbringung von Rechtsmitteln verantwortlich. Die Qualität der Vertretungsarbeit im inhaltlichen Asylverfahren ist sehr unterschiedlich. Regional haben sich über die Jahre unterschiedliche Modelle der Vertretung herausgebildet. In einigen Bundesländern – etwa der Steiermark, Salzburg und Vorarlberg, teilweise auch in Niederösterreich und Tirol – wird die Vertretung vom Jugendwohlfahrtsträger an NGOs ausgelagert. In Wien und Oberösterreich wird diese Aufgabe hingegen immer von MitarbeiterInnen der Jugendwohlfahrt selbst wahrgenommen. Die Qualität der Vertretung hängt vor allem von den bereitgestellten Ressourcen, aber auch vom persönlichen Engagement und vom für Asylverfahren erforderlichen Spezialwissen der zuständigen VertreterInnen ab. Seit 2005 organisiert die »asylkoordination österreich« jährliche Treffen der RechtsberaterInnen und RechtsvertreterInnen von unbegleiteten minderjährigen AsylwerberInnen, um so die Qualität der Vertretung im Asylverfahren gemeinsam weiterzuentwickeln.

Im Großen und Ganzen hat sich in den letzten zehn Jahren die rechtliche Vertretung von unbegleiteten minderjährigen Flüchtlingen deutlich verbessert, regional gibt es aber immer noch inakzeptable Unzulänglichkeiten. So erhielt ein 16-jähriger UMF aus Afghanistan im Juni 2010 vom Bundesasylamt einen negativen Asylbescheid zugestellt. Sowohl sein Antrag auf Asyl (AsylG § 3) als auch jener auf subsidiären Schutz (AsylG § 8) wurde negativ beschieden. Der örtlich zuständige Jugendwohlfahrtsträger in seiner Funktion als Obsorgeberechtigter und somit rechtlicher Vertreter war sich der Tragweite dieser Entscheidung offensichtlich nicht bewusst und unterließ es, eine Beschwerde gegen die Entscheidung einzubringen. Einen Tag vor Ablauf der Beschwerdefrist brachte ein Betreuer den Jugendlichen zu einer NGO-

Rechtsberatungsstelle. Von der Beraterin wurde eine Beschwerde eingebracht. Dieser Beschwerde schloss sich die zuständige Jugendwohlfahrt an. Dadurch konnte im letzten Moment gravierender Schaden von dem Jugendlichen abgewendet werden. In einem anderen Fall hatte der Jugendwohlfahrtsträger zwar fristgerecht Beschwerde eingebracht, in der Beschwerde wurde der Begründung des Bundesasylamtes aber nicht substanziell entgegengetreten. Damit wäre auch in der zweiten Instanz ein negativer Bescheid zu erwarten gewesen. In diesem Fall konnte der Mangel durch eine von einer NGO nachgereichte Beschwerdeergänzung behoben werden. Die beiden Beispiele zeigen, dass selbst wohlwollende MitarbeiterInnen der Jugendwohlfahrt ohne entsprechende Schulung und Unterstützung mit der Rechtsvertretung im asyl- und fremdenpolizeilichen Verfahren oft überfordert sind. Besonders in jenen Regionen, in welchen nur selten UMF untergebracht sind, fehlt es oft am Verständnis für die zentrale Bedeutung des Asylverfahrens und am erforderlichen Know-how.

Leider gibt es bis heute vereinzelt auch Jugendwohlfahrtsträger, die es aus Überzeugung ablehnen, Rechtsmittel gegen negative erstinstanzliche Asylentscheidungen einzubringen. Sie handeln dabei gegen den ausdrücklichen Wunsch der Betroffenen und weigern sich im Extremfall sogar, die von einer NGO verfasste Beschwerde zu unterzeichnen und einzubringen. In diesen Fällen sind Jugendliche, die im besonderen Ausmaß geschützt werden sollen, schlechter gestellt als Erwachsene, denen es zumindest unbenommen ist, selbst oder durch eine/n VertreterIn ein Rechtsmittel einzulegen.

Bei der Beweiswürdigung sind bei Jugendlichen andere Maßstäbe heranzuziehen als bei Erwachsenen. So stellte der VwGH 2006/01/0362, 14. 12. 2006, bei einem Jugendlichen aus Gambia fest, dass das Vorbringen in Bezug auf Umfang und Dichte nicht mit »normalen Maßstäben« gemessen werden dürfe, da der Beschwerdeführer noch sehr jung war und sich schon mehrere Jahre auf der Flucht befand.

Auch bei der Beurteilung der Glaubwürdigkeit ist es erforderlich, auf das Alter der AntragstellerInnen Bedacht zu nehmen (VwGH 2001/20/0457, 26. 11. 2003). Zudem wird in einem VwGH-Erkenntnis bei einem 16-jährigen Algerier darauf verwiesen, dass das »Nachschieben« von Fluchtgründen keine offensichtliche Wahrheitswidrigkeit begründet. Das »Erinnerungsvermögen« angesichts des Alters, die mangelhafte Schulbildung und die Flucht als unbegleiteter Minderjähriger sind bei einer solchen Entscheidung zu berücksichtigen (VwGH 2001/01/0122, 12. 3. 2002).

Neben der speziellen Beweiswürdigung müssen bei Kindern und Jugendlichen auch andere Maßstäbe an die Asylrelevanz von Verfolgungshandlungen angelegt werden. Bei einem 15-jährigen Mädchen aus dem Iran stellte der Unabhängige Bundesasylsenat (UBAS) 203.332-0-VIII/22/98, 9. 7. 1998, fest, dass in Anbetracht des jugendlichen Alters und des Geschlechts schon geringere repressive Maßnahmen des Staates ausreichen, um den Anspruch auf Asyl zu begründen.

Auch häusliche Gewalt kann bei unbegleiteten minderjährigen Flüchtlingen die Zuerkennnung der Flüchtlingseigenschaft begründen. So wurde einem Jugendlichen aus Bosnien-Herzegowina vom UBAS Asyl gewährt, da er von seinem Vater schwer misshandelt worden war und eine Rückführung zum gewalttätigen Vater auf Grund des Fehlens einer staatlichen Betreuungseinrichtung dem Minderjährigen nicht zugemutet werden konnte (UBAS 305.465-C1/12E-XIII/ 66/06, 24. 5. 2007).

ASYL UND SUBSIDIÄRER SCHUTZ

Rechtlicher Rahmen

Art. 1 der Genfer Flüchtlingskonvention bezeichnet einen Flüchtling als Person, die sich außerhalb des Heimatlandes befindet und wegen ihrer Rasse, Religion, Nationalität, Zugehörigkeit zu einer bestimmten sozialen Gruppe oder wegen ihrer politischen Überzeugung eine wohlbegründete Furcht vor Verfolgung hat und den Schutz dieses Landes nicht in Anspruch nehmen oder wegen dieser Furcht vor Verfolgung nicht dorthin zurückkehren kann.

Subsidiärer Schutz wird geflüchteten Menschen zugesprochen, die auf Basis der Europäischen Menschenrechtskonvention (EMRK) Schutz benötigen. Dies gilt für Menschen, die befürchten müssen, im Herkunftsland gefoltert zu werden, grausamer Behandlung ausgesetzt zu sein, denen die Todesstrafe oder eine ernsthafte individuelle Bedrohung des Lebens oder der Unversehrtheit infolge willkürlicher Gewalt im Rahmen eines bewaffneten Konfliktes droht.

Für die Mitgliedstaaten der Europäischen Union gibt bezüglich der Rechte von anerkannten Flüchtlingen und Personen, die anderwärtig internationalen Schutz benötigen, die im April 2004 beschlossene Richtlinie 2004/83/EG des Rates (Qualifikationsrichtlinie) den rechtlich verbindlichen Rahmen vor.

In der Qualifikationsrichtlinie wird in den Erwägungen in Abs. 12 erwähnt, dass bei der Durchführung der Richtlinie die Mitgliedstaaten in erster Linie das »Wohl des Kindes« berücksichtigen sollten. Die Richtlinie legt die Mindestnormen fest; es bleibt den Mitgliedstaaten überlassen, für die Betroffenen günstigere Bedingungen anzubieten.

Laut österreichischem Asylgesetz ist einer/einem Asylwerber-rIn Asyl zu gewähren, wenn glaubhaft ist, dass ihr/ihm im Herkunftsstaat Verfolgung im Sinn des Art. 1 Abschnitt A Z 2 Genfer Flüchtlingskonvention droht (AsylG § 3). Subsidiärer Schutz wird zugesprochen, wenn kein Anspruch auf Asyl besteht, eine Abschiebung der/des Fremden in ihr/sein Herkunftsland aber eine reale Gefahr einer Verletzung von Art. 2 EMRK, Art. 3 EMRK oder der Protokolle Nr. 6 oder Nr. 13 zur Konvention bedeutet. Ebenso führt die ernsthafte Bedrohung des Lebens oder der Unversehrtheit für Zivilpersonen infolge willkürlicher Gewalt im Rahmen eines internationalen oder innerstaatlichen Konfliktes zur Zuerkennung des subsidiären Schutzes (vgl. AsylG § 8 Abs. 1 Z 2).

Asylberechtigte sind zum unbefristeten Aufenthalt berechtigt. Fremde, denen der Status von subsidiär Schutzberechtigten zuerkannt wird, erhalten eine auf ein Jahr befristete Aufenthaltsberechtigung. Wenn nach einem Jahr die Voraussetzungen für die Erteilung weiterhin vorliegen, wird auf Antrag das Aufenthaltsrecht für ein weiteres Jahr verlängert (vgl. AsylG § 8 Abs. 4).

Seit der mit 1. 1. 2010 in Kraft getretenen Änderung des Niederlassungs- und Aufenthaltsgesetzes gibt es die Möglichkeit, nach fünf Jahren subsidiären Schutzes unter bestimmten Voraussetzungen in das Niederlassungssystem zu wechseln. Dies erhöht die Aufenthaltssicherheit der Betroffenen, da die Verlängerung des Aufenthalts in diesem Fall nicht mehr von der Situation im Herkunftsland abhängig ist.

Asyl und subsidiärer Schutz können auch aberkannt werden, wenn die Gefährdungssituation nicht mehr vorliegt. Seit 1. 1. 2010 ist die Asylbehörde verpflichtet, bei straffällig gewordenen Schutzberechtigten ein Aberkennungsverfahren einzuleiten, wenn »die Aberkennung des Status wahrscheinlich ist«.

In den ersten vier Monaten nach der Asylgewährung werden Unterbringung und Betreuung unbegleiteter minderjähriger Asylberechtigter weiterhin im Rahmen der Grundversorgung gewährleistet (GVV Art. 2 Abs. 1 Z 6), im Anschluss daran ist die Jugendwohlfahrt für Versorgung und Betreuung zuständig. Subsidiär Schutzberechtigte werden im Gegensatz dazu auch weiter aus Mitteln der Grundversorgung unterstützt, haben dann jedoch unter bestimmten Voraussetzungen Anspruch auf Sozialhilfe.

Während Asylberechtigte mit der Zuerkennung des Status immer schon uneingeschränkten Zugang zum österreichischen Arbeitsmarkt hatten, gilt diese Gleichstellung subsidiär Schutzberechtigter mit österreichischen StaatsbürgerInnen erst seit 1. Jänner 2008. Die Bestimmungen des Ausländerbeschäftigungsgesetzes (AuslBG) sind nicht anzuwenden auf AusländerInnen, denen der Status von Asylberechtigten (AsylG § 3) oder der Status von subsidiär Schutzberechtigten (AsylG § 8) zuerkannt wurde (vgl. AuslBG § 1 Abs. 2).

Die Lehrausbildung (eine Kombination aus schulischer und betrieblicher Ausbildung) steht somit anerkannten Flüchtlingen und subsidiär Schutzberechtigten – im Gegensatz zu AsylwerberInnen – offen. Auch an vom Arbeitsmarktservice finanzierten berufsbildenden Maßnahmen und Schulungen können nen sie teilnehmen.

Innerhalb der Grenzen Österreichs gibt es weder für subsidiär Schutzberechtigte noch für anerkannte Flüchtlinge Einschränkungen der Mobilität. Asylberechtigte erhalten ein Reisedokument, den Konventionspass (FPG § 94). Subsidiär Schutzberechtigten wird hingegen nur eine Identitätskarte (AsylG § 52) ausgestellt, die nicht als Reisedokument geeignet ist. Für Reisen ins Ausland ist ein Fremdenpass notwendig, der aber nur dann erteilt wird, wenn humanitäre Gründe dies erforderlich machen (FPG § 88). Minderjährige Fremde, die das 14. Lebensjahr vollendet haben, können die Ausstellung eines Fremdenpasses selbst beantragen. Die Ausstellung bedarf in solchen Fällen der Zustimmung des gesetzlichen Vertreters (FPG § 89).

Bei der Erlangung der Staatsbürgerschaft gibt es keine Sonderbestimmungen für Minderjährige. Für alle Asylberechtigten gelten verkürzte Aufenthaltsfristen, ihnen ist es erlaubt, nach sechs Jahren rechtmäßigen Aufenthalts die Staatsbürgerschaft zu beantragen (vgl. StbG § 11a Abs. 4 Z 1). Sie müssen allerdings die allgemeinen Erteilungsvoraussetzungen erfüllen. Diese sind u.a.: Selbsterhaltungsfähigkeit in den letzten drei Jahren, Unbescholtenheit, Nachweis von Deutschkenntnissen, Einbürgerungstest … (StbG § 10 Abs. 1 Z 2 bis 8 sowie § 10a). AsylwerberInnen haben, da sie nicht niedergelassen sind, keine Möglichkeit, die österreichische Staatsbürgerschaft zu erlangen, da einer/einem Fremden die österreichische Staatsbürgerschaft nur dann verliehen werden darf, wenn sie/er *»sich seit mindestens zehn Jahren rechtmäßig und ununterbrochen im Bundesgebiet aufgehalten hat und davon zumindest fünf Jahre niedergelassen war«* (StbG § 10 Abs. 1 Z 1). Subsidiär Schutzberechtigte sind durch die Möglichkeit, eine Niederlassungsbewilligung zu erhalten, nicht gänzlich von der Einbürgerung nach zehn Jahren Aufenthalt ausgeschlossen.

Werden die Jugendlichen volljährig, ändert sich am Schutzstatus unmittelbar nichts. Da der subsidiäre Schutz jährlich verlängert werden muss, ist eine negative Beurteilung des Schutzbedürfnisses nach Erreichen der Volljährigkeit nicht auszuschließen.

Österreichische Praxis

Das BMI gibt die Antragszahlen von unbegleiteten minderjährigen Flüchtlingen für das Jahr 2009 mit 1.185 an. In 123 Fällen wurde das Alter der AsylwerberInnen korrigiert und diese wurden für volljährig erklärt. Folglich beträgt die offizielle Anzahl der UMF 1.062. Die Hauptherkunftsländer waren im Jahr 2009: Afghanistan (456), Nigeria (119), Russische Föderation (63), Moldawien (61 AntragstellerInnen).

Offizielle Statistiken über die Erteilung von subsidiärem Schutz und Asyl bei unbegleiteten minderjährigen Flüchtlingen liegen nicht vor. Eine im Sommer 2010 von »asylkoordination österreich« durchgeführte Erhebung im Rahmen des Projektes »Better Integration of Separated Children« brachte folgende Ergebnisse:[17]

	subsidiärer Schutz		Asyl	
	M	W	M	W
Afghanistan	114	1	6	3
Somalia	8	2		1
Iran	0		1	
Irak	5			
Serbien	1			
Guinea	1			
Nigeria	0			1
Gambia	2			1
Russ Föd.	2			1
staatenlos	1			
Liberia	1			
Mauretanien	1			
Äthiopien		1		
Eritrea		2		3
gesamt	*136*	*6*	*7*	*10*

Im Jahr 2009 erhielten 142 UMF subsidiären Schutz zugesprochen, in nur 17 Fällen wurde Asyl gewährt. Die überwiegende Mehrzahl der Jugendlichen, die im Jahr 2009 subsidiären Schutz erhielten, kam aus Afghanistan (114). Betrachtet man die Geschlechterverteilung, so ergibt sich – unter der Annahme[18], dass

17 Die in diesem Absatz angeführten Zahlen erheben nicht die in Erwachsenenquartieren oder privat untergebrachten unbegleiteten minderjährigen Flüchtlinge und sind somit nicht vollständig. Es kann aber davon ausgegangen werden, dass mehr als drei Viertel der in Österreich aufhältigen UMF erfasst wurden.

18 Da vom Bundesministerium für Inneres keine Statistiken zur Verteilung der Geschlechter bei unbegleiteten minderjährigen

95% der Anträge von Burschen eingebracht werden –, dass Mädchen eine ähnlich hohe Chance haben wie Burschen, subsidiären Schutz zu erhalten (136 Burschen; 6 Mädchen), die Wahrscheinlichkeit, Asyl zu erhalten, ist für Mädchen hingegen bei Weitem höher als für Burschen (10 Mädchen; 7 Burschen).

Die Beantwortung der Frage, ob unbegleiteten minderjährigen Flüchtlingen häufiger als Erwachsenen ein Schutzstatus zuerkannt wird, ist auf Grund fehlender Daten nicht möglich. Drei Ergebnisse können aus dem vorliegenden Zahlenmaterial jedoch abgeleitet werden:

1. Während die Gesamtpopulation der AsylwerberInnen wesentlich häufiger Asyl erhält als subsidiären Schutz, verhält es sich bei UMF genau umgekehrt.

2. Mädchen haben eine wesentlich höhere Chance als Burschen, Asyl zu erhalten. Obwohl nur etwa 5% der unbegleiteten Minderjährigen weiblich sind, erhielten 2009 mehr Mädchen als Burschen Asyl zugesprochen.

3. Der wichtigste Faktor bei der Gewährung von Asyl bzw. subsidiärem Schutz ist das Herkunftsland. So erhielten 2009 124 unbegleitete Minderjährige aus Afghanistan (2009: 431 Anträge) einen Schutzstatus zugesprochen, hingegen nur eine Person aus Nigeria (2009: 118 Anträge).

Der subsidiäre Status wurde schon in der Vergangenheit meist nur um ein Jahr verlängert, obwohl bis zur Novelle 2009 auch eine längere Befristung möglich war. In Wien, Oberösterreich und Salzburg erfolgt die Verlängerung immer nur um ein Jahr. In Niederösterreich wurde in manchen Fällen um bis zu fünf Jahre verlängert. Manchmal geschah dies bereits bei der ersten, manchmal erst bei der dritten Verlängerung, manchmal gar nicht. Warum die Außenstellen des Bundesasylamtes so unterschiedlich vorgingen, ist unklar. Auch wenn die Verlängerung

Flüchtlingen geführt werden, beruht dieser Wert auf einer Schätzung der »asylkoordination österreich«.

meist problemlos abläuft, stellt die zeitliche Befristung für die Jugendlichen eine große Belastung dar.

Bashir: Ich habe jetzt subsidiären Schutz, der wird jedes Jahr verlängert. Einen positiven Asylbescheid habe ich noch nicht. Das heißt, es könnte sein, dass ich wieder nach Afghanistan abgeschoben werde.

Ähnlich beschreibt diese Unsicherheit auch ein anderer Jugendlicher aus Afghanistan:

Rafi: Meine Angst ist aber, dass ich irgendwann nach Afghanistan zurückgeschickt werde. Ich weiß nicht, was ich dort tun soll. Ich weiß gar nicht, wo ich dort anfangen soll. Jetzt mache ich hier die Ausbildung zum Sozialarbeiter. Was mache ich in Afghanistan als Sozialarbeiter?

Neben der Angst vor der erzwungenen Rückkehr ins Heimatland haben subsidiär Schutzberechtigte nur sehr eingeschränkte Möglichkeiten, ins Ausland zu reisen. So kann ein/e subsidiär Schutzberechtigte/r ihre/seine Eltern, die in einem anderen Land leben, nur dann besuchen, wenn von der Fremdenpolizei ein Fremdenpass ausgestellt wird, weil humanitäre Gründe die Reise erforderlich machen. So müssen subsidiär Schutzberechtigte beispielsweise nachweisen, dass eine schwere Erkrankung der Eltern vorliegt. Aber selbst dann sind die Jugendlichen der Willkür der Behörden ausgeliefert.

Rafi: Für mich persönlich ist das schwer, ich habe mich immer noch nicht daran gewöhnt, weil meine Mama ist in Kanada und sie ist krank. Gemeinsam mit der »asylkoordination österreich« versuche ich, dass ich sie vielleicht mal besuchen kann. Aber mit dem subsidiären Schutz geht das nicht. ... Ich habe einen Fremdenpass beantragt. ... Der Beamte meinte, dass es drei Monate dauern würde. Ich habe gesagt, dass meine Mama krank ist. Ich muss sie besuchen! Er hat zu mir gesagt, ich soll in zwei Wochen wieder kommen, weil er geht jetzt auf Urlaub. Ich bin so ausgeflippt. Ich habe gemeint, dass es ja auch andere Polizisten gibt, die sich darum kümmern könnten. Er ist dann auf Urlaub gegangen und hat dann negativ entschieden.

Ein ähnliches Problem entsteht, wenn Jugendliche mit subsidiärem Schutz im Rahmen ihres Engagements für einen Sportverein an einer Veranstaltung im Ausland teilnehmen wollen. Auch dafür wird in der Regel kein Fremdenpass ausgestellt:

Rafi: Das Schlimmste für mich war, dass ich nicht reisen durfte. Ich hab beim Homeless World Cup mitgemacht. Der Cup hat in Australien stattgefunden. Ich wollte dort mitmachen, aber ich habe keinen Fremdenpass bekommen. Für Mailand habe ich den Pass auch nicht bekommen. Heuer findet der Cup in Brasilien statt, ich hoffe, heuer klappt es! … So geht's mir gar nicht schlecht eigentlich. Mein Problem ist, dass ich nicht reisen darf. Bis Bregenz kann ich und von dort bis ins Burgenland. Dann muss ich wieder zurück. … Ich würde gern nach England fahren. Australien wäre auch nicht schlecht. Von klein auf bin ich daran gewöhnt zu reisen, in Österreich war dann Stopp. Ich war in Pakistan, Usbekistan, Kasachstan, Russland, Kiew.

Unterstützung für asylberechtigte und subsidiär schutzberechtigte Minderjährige

Nach der Asylgewährung bzw. der Gewährung des subsidiären Schutzes kommt dem Obsorgeberechtigten besondere Bedeutung bei der Unterstützung der Integrationsbemühungen zu. Der Obsorgeberechtigte hat das Wohlergehen des Jugendlichen im Intergrationsprozess zu gewährleisten. In der Praxis ist allerdings der persönliche Kontakt zwischen dem Jugendlichen und dem Obsorgeberechtigten oft kaum vorhanden, wobei es durchaus positive Ausnahmen gibt (Linz, Tirol, einige Bezirke in Wien).

Durch die Gewährung von Asyl bzw. subsidiärem Schutz ändert sich wenig an der Ausgestaltung der Obsorge. Nur in einigen Fällen ist ein regelmäßiger persönlicher Kontakt zu den Jugendlichen und ein aktives Mitgestalten im Sinn des Kindeswohls realisiert. Besonders bei asylberechtigten Jugendlichen sollte sich der Jugendwohlfahrtsträger stärker in die inhaltliche Gestaltung des Integrationsprozesses einbringen, nicht zuletzt deshalb, weil nun verstärkt eigene Budgetmittel einzusetzen sind.

Häufiger spielen Communities eine wichtige Rolle im Integrationsprozess, wobei die Zusammenarbeit mit den professionellen Hilfsstrukturen nicht immer friktionsfrei verläuft. Die VertreterInnen der Community geben teilweise andere Ratschläge und haben andere Erwartungen an die Jugendlichen als die Obsorgeberechtigten, RechtsvertreterInnen bzw. die Unterbringungseinrichtungen.

Als Jugendliche mit Status haben sie mehr Spielraum, sich aktiv in die Gestaltung ihres Lebensumfeldes einzubringen, als während des Asylverfahrens. Dies betrifft vor allem die Bereiche Berufsausbildung (AMS-Maßnahmen, Lehre), Berufstätigkeit (Arbeitsaufnahme), Unterbringung (Einrichtungen der Jugendwohlfahrt, Privatwohnung) und Unterbringungsort (Wahl des Wohnortes).

Unbegleitete minderjährige Flüchtlinge erhalten im Rahmen der Grundversorgung die Möglichkeit, an Sprachkursen teilzunehmen. Subsidiär Schutzberechtigte und anerkannte Flüchtlinge haben zusätzlich die Möglichkeit, sich über das Arbeitsmarktservice Deutschkurse finanzieren zu lassen.

Die Unterbringungseinrichtungen unterstützen die Jugendlichen grundsätzlich darin, nach einer Asylanerkennung oder nach der Erteilung des subsidiären Schutzes die schulische Ausbildung fortzusetzen. Solange sie minderjährig sind, wird von den Sozialämtern im Regelfall kein Druck in Richtung Berufstätigkeit ausgeübt. Eine Ausnahme bildet Oberösterreich – hier stellt das Land auch bei Minderjährigen eine schriftliche Anfrage, um zu erfahren, warum ein/e Jugendliche/r nicht arbeitet. Wenn die Betreuungseinrichtung mitteilt, dass sich die/der Jugendliche in einer Bildungsmaßnahme befindet, wird bis zur Volljährigkeit kein weiterer Druck zur Arbeitsaufnahme ausgeübt. Nach dem Erreichen der Volljährigkeit werden – vor allem beim Besuch höherer Schulen – die Jugendlichen von den für die Sozialhilfe zuständigen Behörden häufig dazu gedrängt, die Schulkarriere abzubrechen, um einer Berufstätigkeit nachzugehen.

Allerdings verspüren manche Jugendlichen den Drang, möglichst rasch Geld zu verdienen, was teilweise zum Abbruch des Schulbesuchs führt.

Obwohl keine rechtliche Diskriminierung beim Zugang zu Lehrstellen besteht – ohne persönliche Netzwerke gelingt es jungen Flüchtlingen nur in seltenen Fällen, eine Lehrstelle zu finden. Die UMF-Unterbringungseinrichtung der Diakonie in Mödling beschreibt die Situation in der im Rahmen des Daphne-Projektes »Better Integration of Separated Children« durchgeführten Fragebogenbeantwortung folgendermaßen:

Viele Jugendliche würden gerne eine Lehre machen, was sich allerdings oft als sehr schwierig erweist. Die meisten Jugendlichen sind meist schon kurz vor dem 18. Geburtstag, wenn sie die Schulabschlüsse fertig haben, so bleibt meist nicht sehr viel Zeit. Außerdem müssen Firmen Lehrlingen über 18 J. mehr bezahlen, was diese zusätzlich abschreckt. Weiters erschweren mäßige Noten, externe Hauptschulabschlüsse und die Herkunft die Lehrstellensuche. Dennoch konnten wir im letzten Jahr für drei Jugendliche eine gute Lehrstelle finden!!

Unter den gegebenen Bedingungen kann der Vorteil des freien Arbeitsmarktzugangs nur eingeschränkt realisiert werden.

Minderjährige mit subsidiärem Schutz sind teilweise mit der Schwierigkeit konfrontiert, dass sie ihr Erwerbseinkommen nicht zur Gänze behalten dürfen. Dies liegt daran, dass Unterstützung aus der Grundversorgung nur im Fall der Hilfsbedürftigkeit gewährt wird (GVG-B § 2 Abs. 1 Z 2). Die konkrete Umsetzung der Zuverdienstregelungen sieht in den Bundesländern recht unterschiedlich aus. In Oberösterreich muss das gesamte monatliche Einkommen bis auf einen Freibetrag von 100 € der Grundversorgung rückerstattet werden. In anderen Bundesländern ist man im Vollzug der Regelung deutlich großzügiger. Das den Freibetrag übersteigende Einkommen wird dann (teilweise oder zur Gänze) vom Obsorgeberechtigten ange-spart und nach dem Erreichen der Volljährigkeit der/dem jun-gen Erwachsenen übergeben. In Wien wird das Einkommen der Jugendlichen auf einem persönlichen Konto angespart. Über dieses Geld können sie nach dem Erreichen der Volljährigkeit frei verfügen. Die Gemeinde verzichtet regelmäßig per Gemein-deratsbeschluss auf eine Rückforderung des angesparten Geldes. In Tirol wird für Jugendliche mit Erwerbseinkommen ein Spar-buch mit einem Losungswort angelegt, welches bei Erreichen der Volljährigkeit ausgehändigt wird. Damit verfügen sie über finanzielles Startkapital, welches für die Verselbstständigung auch dringend benötigt wird, etwa um sich Kaution und Provi-sion für die Anmietung einer Wohnung leisten zu können bzw. um die Wohnung zu renovieren und einzurichten.

Ein zusätzlicher positiver Effekt des Zugangs zum Arbeits-markt ist, dass dadurch auch der Besuch der Ausbildungsmaß-nahmen möglich wird, die vom Arbeitsmarktservice finanziert sind. In der Praxis wird diese Möglichkeit von den Jugendlichen immer wieder in Anspruch genommen.

Bezüglich der weiteren Unterbringung und Betreuung gibt es regional sehr unterschiedliche Regelungen. Im Idealfall kommt es durch die Asylgewährung bzw. die Zuerkennung des subsidiären Schutzes zu einem Mehr an Möglichkeiten, eine an-gemessene individuelle Unterbringung und Betreuung sicherzu-stellen.

– Verbleib in der Einrichtung der GV (Kostenträger ändert sich)
– Unterbringung in einer Einrichtung der Jugendwohlfahrt
– Individuelle Unterbringung mit ambulanter Betreuung durch den Jugendwohlfahrtsträger

In Vorarlberg werden Konventionsflüchtlinge zum gleichen Tag-satz wie AsylwerberInnen weiter in den Grundversorgungsein-richtungen betreut. Allerdings sind Zusatzfinanzierungen für Computerkurse, Schulgeld und Weiterbildungsgeld über das

Land möglich. In Tirol kommt es vor, dass Jugendliche, die Asyl erhalten, in Privatwohnungen untergebracht und von MitarbeiterInnen des Jugendamts ambulant betreut werden. Solange subsidiär Schutzberechtigte noch minderjährig sind, besteht in Wien die Möglichkeit, dass sie in eine Gemeindewohnung wechseln; die Kosten für die Miete werden bis zur Volljährigkeit vom Jugendamt getragen. Das Problem ist in diesem Fall, dass sie bereits seit mindestens fünf Jahren in Wien wohnen müssen – ein Kriterium, welches nur in den wenigsten Fällen erfüllt ist.

Problematik der verschiedenen Zuständigkeiten

Gerade im Bereich der Integration von minderjährigen Konventionsflüchtlingen und subsidiär Schutzberechtigten fehlt es an vernetztem Denken und Handeln der Akteure. Für die Grundversorgung ist es primär entscheidend, dass die Kosten für Unterbringung und Betreuung möglichst bald von der Sozialhilfe oder der Jugendwohlfahrt übernommen werden. Die Sozialämter wiederum drängen – aus Kostengründen – die Jugendlichen zu einer möglichst raschen Arbeitsaufnahme. Die Jugendwohlfahrt ist – vor allem nach dem Erreichen der Volljährigkeit – oft nicht bereit, Kosten für die Fortsetzung der Schulausbildung zu übernehmen. Übersehen wird dabei, dass eine fundierte Schulausbildung bessere Chancen auf dem Arbeitsmarkt bietet. Auch für die österreichische Gesellschaft wären die Investitionen in Schulbildung mit der Aussicht auf ein späteres höheres Einkommen und somit mehr Steueraufkommen mittelfristig wirtschaftlich sinnvoll.

FREMDENPOLIZEILICHES VERFAHREN, ANHALTUNG, SCHUBHAFT

Rechtlicher Rahmen

Die Kinderrechtskonvention nimmt auf den Freiheitsentzug bei Kindern Bezug. Demnach stellen die Vertragsstaaten sicher:

[…] b) dass keinem Kind die Freiheit rechtswidrig oder willkürlich entzogen wird. Festnahme, Freiheitsentziehung oder Freiheitsstrafe darf bei einem Kind im Einklang mit dem Gesetz nur als letztes Mittel und für die kürzeste angemessene Zeit angewendet werden (KRK Art. 37).

Ebenso findet sich in diesem Artikel der Kinderrechtskonvention die Verpflichtung der Vertragsstaaten, Kinder, denen die Freiheit entzogen wurde, menschlich und würdevoll zu behandeln, sie nicht mit Erwachsenen gemeinsam unterzubringen und ihnen das Recht auf umgehenden Zugang zu einem rechtskundigen Beistand zu gewähren.

Die UNHCR-Richtlinien über allgemeine Grundsätze und Verfahren zur Behandlung asylsuchender unbegleiteter Minderjähriger 1997 sprechen sich grundsätzlich gegen die Haft bei minderjährigen AsylwerberInnen aus: *»Asylsuchende Kinder sollten nicht in Haft gehalten werden. Das gilt ganz besonders für unbegleitete Kinder.«* Und einen Absatz später heißt es: *»Staaten, die asylsuchende Kinder bedauerlicherweise entgegen der oben ausgesprochenen Empfehlung dennoch in Haft nehmen, sollten zumindest Artikel 37 der Konvention über die Rechte des Kindes beachten, demzufolge die Haft [eines Kindes] nur als letztes Mittel und für die* *kürzeste angemessene Zeit angewendet werden darf«* (UNHCR 1997 Punkt 7.7).

Nicht so weitreichend sind die Bestimmungen in der Richtlinie 2008/115/EG des Europäischen Rates vom 16. Dezember 2008 (Rückkehrrichtlinie). In Art. 17 wird die Inhaftierung von Minderjährigen und Familien behandelt. Zunächst wird in Abs. 1 darauf verwiesen, dass unbegleitete Minderjährige und Familien mit Minderjährigen nur im äußersten Fall und nur für die kürzestmögliche Dauer in Haft genommen werden dürfen. In der Haft ist sicherzustellen, dass es Angebote für Freizeitbeschäftigung gibt und dass, je nach Dauer des Aufenthalts, Zugang zu Bildung gewährt wird. Schließlich findet sich noch der Hinweis auf das Kindeswohl. *»Dem Wohl des Kindes ist im Zusammenhang mit der Abschiebehaft bei Minderjährigen Vorrang einzuräumen«* (Rückkehrrichtlinie Art. 17 Abs. 5).

Die österreichische Rechtslage erlaubt es der Fremdenpolizei, über minderjährige AsylwerberInnen Schubhaft zum Zweck der Sicherung des Verfahrens zur Erlassung einer Ausweisung oder zur Sicherung der Abschiebung anzuordnen. Die Gründe, die zu einer Schubhaftverhängung führen können, sind in § 76 Fremdenpolizeigesetz angeführt. Während § 76 Abs. 1 die Schubhaft bei Fremden regelt, beziehen sich die Absätze 2 und 2a nur auf AsylwerberInnen. Die Fremdenpolizei ist verpflichtet, in jedem Fall zu prüfen, ob Haft zur Sicherung eines aufenthaltsbeendenden Verfahrens oder der Abschiebung notwendig und auch verhältnismäßig ist. Besteht Grund zu der Annahme, dass der Zweck der Schubhaft auch durch gelindere Mittel erreicht werden kann, hat die Behörde von der Anordnung der Schubhaft Abstand zu nehmen. Bei Minderjährigen hat die Fremdenpolizei ein gelinderes Mittel anzuwenden, *»es sei denn, sie hätte Grund zur Annahme, dass der Zweck der Schubhaft damit nicht erreicht werden kann«* (FPG § 77 Abs. 1). Als gelindere Mittel definiert FPG § 77 Abs. 3 die Anordnung, in von der Behörde bestimmten Räumen Unterkunft zu nehmen oder sich in periodischen Abständen bei einem bestimmten Polizeikommando zu melden.

Öffentliche Sicherheitsorgane sind ermächtigt, eine/n im Bundesgebiet aufgegriffene/n unrechtmäßig aufhältige/n Minderjährige/n festzunehmen und bis zu 24 Stunden anzuhalten (FPG § 39 Abs. 1 und Abs. 5). Eine Festnahme und Anhaltung bis zu 48 Stunden hat bei Asylsuchenden zu erfolgen, wenn sie der Fremdenpolizei oder der Asylbehörde vorgeführt werden sollen. Darüber hinaus sind derartige freiheitsentziehende Maßnahmen ebenso für den Fall vorgesehen, dass ein asylrechtliches Ausweisungsverfahren eingeleitet wurde oder dass die Ausweisung durchsetzbar ist, sowie auf Grund der Annahme der Unzuständigkeit Österreichs für die Prüfung des Asylantrags (FPG § 39 Abs. 3).

Im fremdenpolizeilichen Verfahren sind Minderjährige bereits mit der Vollendung des 16. Lebensjahres handlungsfähig (vgl. FPG § 12 Abs. 1). Da im fremdenpolizeilichen Verfahren eindeutig Schutzinteressen von Minderjährigen berührt werden, steht die österreichische Rechtslage in einem Spannungsverhältnis zur Ansicht des UNO-Kinderrechtsauschusses, der empfiehlt, dass Altersgrenzen, die der Verselbstständigung von Kindern und Jugendlichen entgegenstehen, tendenziell gesenkt werden sollten, während Schutzgrenzen im Interesse des Kindes möglichst hoch anzusetzen sind.

Minderjährigen soll unabhängig von ihrem Alter ein Rechtsbeistand zugestanden werden. Die rechtliche Unterstützung von Minderjährigen mahnt auch das Komitee gegen Folter der Vereinten Nationen (CAT) in seinem Bericht zur Situation in Österreich ein. Es zeigt sich besorgt darüber, dass Jugendliche ohne die Anwesenheit einer Rechtsvertreterin/eines Rechtsvertreters von der Polizei befragt werden:

[…] the Committee received information alleging that juvenile offenders, some as young as 14, had been subjected to police questioning, sometimes for prolonged periods, and requested to sign

statements without the benefit of the presence of either a trusted person or a lawyer (arts. 2 and 11) (CAT 2010 Pkt. 10).

Das CAT fordert die Verantwortlichen in Österreich auf, Maßnahmen zu ergreifen, die sicherstellen, dass Minderjährige von der Polizei nur in Anwesenheit einer Rechtsvertretung befragt werden dürfen. Wenn sich diese Passage auch konkret auf den Umgang der Polizei mit tatverdächtigen Jugendlichen bezieht, so haben die geforderten Verfahrensgarantien auch im fremdenpolizeilichen Verfahren Gültigkeit. Die rechtliche Vertretung ist aber nach der derzeitigen Gesetzeslage nur für Jugendliche im fremdenpolizeilichen Verfahren gegeben, die das 16. Lebensjahr noch nicht vollendet haben. Der einzige Schutz, der älteren Minderjährigen gewährt wird, besteht darin, dass die Fremdenpolizei verpflichtet ist, gemäß § 12 Abs. 4 FPG den zuständigen Jugendwohlfahrtsträger über die Inhaftierung einer/eines unbegleiteten Minderjährigen unverzüglich zu informieren.

Österreichische Praxis

Das Bundesministerium für Inneres gab im Jahr 1998 erstmals Zahlen von Minderjährigen in Schubhaft bekannt. In diesem Jahr war gegen 773 Minderjährige Schubhaft verhängt worden, im Jahr 1999 waren 597[19] Minderjährige in Schubhaft. Auch auf Grund der Kampagne »Menschenrechte für Kinderflüchtlinge« kam es zu einem deutlichen Rückgang der Schubhaftverhängungen bei Minderjährigen. Bis heute wird aber immer wieder Schubhaft über minderjährige Fremde verhängt (2005: 171; 2006: 185; 2007: 163; 2008: 181 Fälle).[20]

Mit der am 1. Jänner 2010 in Kraft getretenen Änderung des Fremdenrechts kam es zu einer Erweiterung der Haftgründe, von der unbegleitete minderjährige Flüchtlinge gleichermaßen betroffen sind wie volljährige AsylwerberInnen (vgl. AsylG § 76

---

19   Menschenrechtsbeirat 2000, S. 7.
20   Parlamentarische Anfragebeantwortung 298/AB XXIV. GP.

Abs. 2a). Die selbst vom Innenministerium vertretene Zielvorgabe, die Schubhaft bei Minderjährigen nur als letztes Mittel einzusetzen, erscheint somit schwerer erreichbar. Wesentlich häufiger, als die Statistiken des BMI über Minderjährige in Schubhaft vermitteln, kommt es zu freiheitsentziehenden Maßnahmen. So werden minderjährige Fremde zur Sicherung des Verfahrens regelmäßig festgenommen und angehalten. Eine Anhaltung darf bis zu 48 Stunden andauern (vgl. FPG § 39 Abs. 5), darüber hinaus ist die Anhaltung nur mit Schubhaftbescheid erlaubt. Minderjährige AsylwerberInnen werden immer wieder – noch bevor sie einen Asylantrag eingebracht haben – von der Polizei aufgegriffen und in Polizeiinspektionen oder Polizeianhaltezentren angehalten.

In der offiziellen Statistik nicht als Minderjährige erfasst sind jene Personen, die sich als Minderjährige ausgeben, nach einer Altersfeststellung aber für volljährig erklärt und dann in Schubhaft genommen werden. Da die in Österreich praktizierte Altersbegutachtung viele methodische Mängel aufweist (siehe Kapitel: Altersfeststellung), ist mit großer Wahrscheinlichkeit davon auszugehen, dass sich unter den für volljährig erklärten Personen auch Minderjährige befinden.

Das Fremdenpolizeigesetz sieht zwar vor, dass bei Minderjährigen »gelindere Mittel« anzuwenden sind, nach einer behördlichen *Alterskorrektur* wird diese Möglichkeit der Unterkunft mit regelmäßiger Meldeverpflichtung aber viel zu selten in Betracht gezogen. Aber auch über Jugendliche, deren Altersangaben von der Fremdenpolizei nicht in Zweifel gezogen werden, wird immer wieder Schubhaft verhängt. Die Schubhaftverhängung erweist sich bei einer Prüfung durch den UVS häufig als rechtswidrig. Ein Beispiel dafür ist die Geschichte des 17-jährigen Hadi:

Hadi bringt im Februar 2010 in der Erstaufnahmestelle Ost einen Asylantrag ein. Einen Tag nach seiner Ankunft findet die polizeiliche Erstbefragung statt. Dabei »verheimlicht« der Jugendliche dem einvernehmenden Referenten, dass er zuvor schon in einem anderen »EU-Staat« einen Asylantrag eingebracht hat. Da diese Information dem Referenten auf Grund einer Dublin-Abfrage bekannt ist, verhängt die Bezirkshauptmannschaft Baden als zuständige fremdenpolizeiliche Behörde Schubhaft. Der Jugendliche wird in ein Polizeianhaltezentrum in Wien eingeliefert. Das Jugendamt in Wien erhält von der Fremdenpolizei keine Information über die Inhaftierung des Jugendlichen. Erst nach einem Monat gelingt es, eine Schubhaftbeschwerde einzubringen. Der Beschwerde wird nach einigen Tagen vom Unabhängigen Verwaltungssenat Niederösterreich stattgegeben und die Schubhaft aufgehoben. Der Jugendliche wird ohne jede weitere Information auf die Straße entlassen, eine Haftbestätigung wird nicht ausgestellt.

Am späten Nachmittag steht er dann vor dem Tor der EAST-Ost, wo ihn die Mitarbeiter des Sicherheitsdienstes daran hindern, die Erstaufnahmestelle zu betreten. Erst durch die beherzte Intervention einer zufällig anwesenden Mitarbeiterin von »European Homecare« wird dem Jugendlichen der Zutritt in die Erstaufnahmestelle erlaubt und er wird wieder in die Grundversorgung aufgenommen.

Jugendliche in Schubhaft haben kaum rechtliche Unterstützung, um die Schubhaftverhängung bekämpfen zu können. Die Bestimmung, dass die Fremdenpolizei die Jugendwohlfahrt über die Schubhaftnahme von Minderjährigen zu informieren hat, findet in der Praxis wegen örtlicher Zuständigkeitsregelungen oft keine Anwendung. So wird das Jugendamt in Wien zwar von der Fremdenpolizei Wien informiert, wenn sie selbst über einen Minderjährigen die Schubhaft verhängt, nicht jedoch dann, wenn die Schubhaft von anderen Polizeidirektionen oder Bezirkshauptmannschaften angeordnet wurde. Die überwiegende Zahl der in Wien inhaftierten minderjährigen Schubhäftlinge werden von anderen Bezirkshauptmannschaften zugewiesen, somit erfolgt häufig keine Verständigung der Wiener Jugendwohlfahrt.

Wohin diese fehlende Unterstützung der Jugendwohlfahrt im Polizeianhaltezentrum führen kann, belegt der Fall eines 16-jährigen Afghanen:

Sami wird am Tag seiner Asylantragstellung von der Bezirkshauptmannschaft Baden in Schubhaft genommen. Bei der Überprüfung der Fingerabdrücke hatte sich herausgestellt, dass voraussichtlich ein anderer EU-Staat für sein Asylverfahren zuständig ist. Weder das Jugendamt der Bezirkshauptmannnschaft Baden noch das Jugendamt in Wien werden von der Schubhaftverhängung informiert. Nach fast drei Wochen Haft im Polizeianhaltezentrum am Hernalser Gürtel in Wien unternimmt Sami Anfang Juni 2010 einen Selbstmordversuch, den er nur zunächst überlebt. Wenige Wochen später verstirbt er in einem Pflegeheim in Niederösterreich.

Allein eine Anhebung der Handlungsfähigkeit auf das vollendete 18. Lebensjahr und somit eine Harmonisierung mit den diesbezüglichen Bestimmungen im Asylgesetz kann eine zielführende Änderung darstellen, um die Rechtssicherheit der Jugendlichen zu erhöhen.

Neben der kritikwürdigen Praxis der Schubhaftverhängung bei Minderjährigen sind auch die Haftbedingungen unzumutbar. In Österreich werden nach wie vor die internationalen Haftstandards, wie sie vom Europäischen Komitee zur Verhütung von Folter und unmenschlicher oder erniedrigender Behandlung oder Strafe (CPT) gefordert werden, beim Vollzug der Schubhaft nicht eingehalten.

Der Menschenrechtsbeirat gelangte bereits im Jahr 2000 in seinem Bericht zu »Schubhaft bei Minderjährigen« zu der Auffassung, dass eine Verhängung der Schubhaft über Minderjährige in ihrer konkreten österreichischen Praxis internationalen Mindeststandards der Behandlung von Kindern und Jugendlichen in Haft widerspricht. Er sprach sich – unter den gegebenen Bedingungen – für ein absolutes Verbot von Schubhaft bei Minderjährigen aus.

Bis heute wurden die Empfehlungen des Menschenrechts-
beirats vom Bundesministerium für Inneres nur in Ansätzen
umgesetzt. Der Vollzug der Schubhaft erfolgt immer noch in für
die Unterbringung von Jugendlichen ungeeigneten Haträumen.
Die nun gewährleistete getrennte Unterbringung von Erwachsenen und Minderjährigen führt in der Konsequenz oft dazu, dass
Jugendliche allein in einer Zelle eingesperrt werden oder dass sie
zwar gemeinsam mit anderen Minderjährigen angehalten werden, sich mit diesen jedoch nicht verständigen können, da sie
aus verschiedenen Ländern kommen. Die Bestimmung der
Richtlinie des Europäischen Rates 2008/115/EG, die von den
Mitgliedstaaten fordert, sicherzustellen, dass es für Minderjährige in Schubhaft Angebote für Freizeitbeschäftigung gibt und
dass zudem die Möglichkeit geschaffen werden muss, an Bildungsmaßnahmen teilzunehmen, findet in der österreichischen
Praxis keine Anwendung.

Die aktuellen Schubhaftbedingungen widersprechen somit auch im Jahr 2010 den vom Menschenrechtsbeirat geforderten Standards, dessen Empfehlung daher unverändert aufrecht
ist: *[…] solange in Österreich keine Einrichtungen geschaffen worden sind, die den international normierten und empfohlenen Standards entsprechen, von der Verhängung der Schubhaft über Minderjährige mangels geeigneter Unterbringungsmöglichkeit Abstand zu
nehmen* (Menschenrechtsbeirat 2000, S. 38).

UNTERKUNFT UND BETREUUNG

Alice: Ich bin als Jugendliche nach Österreich gekommen. Ich habe nie geplant, in Europa zu sein. Ich war anfangs sehr verwirrt, da ich die Sprache und die Kultur nicht kannte. Ich sah lauter fremde Menschen. Als ich dann im Heim in der Bernhardgasse wohnte, war das für mich so, als hätte ich eine Familie. Die Menschen dort waren wunderbar, sie versuchten mir Mut zu machen. Sie fragten uns dort sogar, was wir denn gerne zu essen hätten, und wir kochten gemeinsam. Wir bereiteten dann immer Gerichte aus der Heimat zu. Im obersten Stock lebten die Mädchen, darunter waren die Buben untergebracht und ganz unten lebten die Erwachsenen.

Rechtlicher Rahmen

In mehreren internationalen Menschenrechtsverträgen ist das Recht auf einen angemessenen Lebensstandard verankert. Als wichtigstes Instrument ist in diesem Zusammenhang der »Internationale Pakt über wirtschaftliche, soziale und kulturelle Rechte« (IPwskR) anzusehen. Die Bestimmungen des Paktes sind auf alle Personen im Hoheitsgebiet anzuwenden und gelten somit auch für Kinderflüchtlinge.

Ein weiteres Instrument zum Schutz wirtschaftlicher, sozialer und kultureller Rechte ist die Europäische Sozialcharta (ESC). In dieser werden unter anderem das Recht auf soziale Sicherheit und das Recht auf Fürsorge angesprochen. Die ESC ist aber nur auf Staatsangehörige der Vertragsstaaten anwendbar, für AsylwerberInnen spielt sie daher bloß eine untergeordnete Rolle.

Die Kinderrechtskonvention weist in Art. 27 darauf hin, dass die Vertragsstaaten verpflichtet sind, das Recht jedes Kindes auf einen seiner körperlichen, seelischen, sittlichen und sozialen Entwicklung angemessenen Lebensstandard zu achten.

Art. II-84 der Charta der Grundrechte der Europäischen Union legt Rechte des Kindes fest; dabei wird erwähnt, dass Kinder Anspruch auf den Schutz und die Fürsorge haben, die für ihr Wohlergehen notwendig sind.

Auch die Richtline 2003/9/EG des Rates (Aufnahmerichtlinie) listet Bedingungen für die Unterbringung und Betreuung von unbegleiteten minderjährigen Flüchtlingen auf:

Asyl beantragende unbegleitete Minderjährige werden ab dem Zeitpunkt der Zulassung in das Hoheitsgebiet bis zu dem Zeitpunkt, zu dem sie den Aufnahmemitgliedstaat, in dem der Antrag gestellt worden ist oder geprüft wird, verlassen müssen, nach folgender Rangordnung aufgenommen:

a)   bei erwachsenen Verwandten;

b)   in einer Pflegefamilie;

c)   in Aufnahmezentren mit speziellen Einrichtungen für Minderjährige;

d)   in anderen für Minderjährige geeigneten Unterkünften (Aufnahmerichtlinie Art. 19 Abs. 2).

Die unter d) genannte Bestimmung ist problematisch, weil eine genauere Definition der für Minderjährige »geeigneten« Unterkünfte unterbleibt. Der Kinderrechtskonvention widersprechend ist jedenfalls die daran anschließende Passage, wonach unbegleitete minderjährige Flüchtlinge ab 16 Jahren gemeinsam mit Erwachsenen untergebracht werden können.

Der oben erwähnte Artikel der Aufnahmerichtlinie liefert im Abs. 4 einen Hinweis darauf, dass für die Betreuung von unbegleiteten minderjährigen Flüchtlingen adäquat ausgebildetes Betreuungspersonal bereitgestellt werden muss und dass dieses einer Schweigepflicht unterliegt.

Das Betreuungspersonal für unbegleitete Minderjährige muss im Hinblick auf die Bedürfnisse des Minderjährigen adäquat ausgebildet sein oder werden und unterliegt in Bezug auf die Informationen, die es durch seine Arbeit erhält, der Schweigepflicht, wie sie im nationalen Recht definiert ist (Aufnahmerichtlinie Art. 19 Abs. 2).

Auf nationaler Ebene fällt die Unterbringung und Betreuung von unbegleiteten minderjährigen Flüchtlingen sowohl in den Zuständigkeitsbereich der Länder als auch in die Verantwortung des Bundes. Den rechtlichen Rahmen für die Zusammenarbeit von Bund und Ländern bei der Unterbringung und Betreuung von hilfsbedürftigen Fremden bildet seit 2004 die Grundversorgungsvereinbarung (GVV) – Art. 15a B-VG. Die für UMF geltenden Sonderbestimmungen werden im Art. 7 der Grundversorgungsvereinbarung näher ausgeführt. Für UMF ist demnach eine bessere sozialpädagogische und psychologische Betreuung sicherzustellen. Die Unterbringung hat in geeigneten Wohnformen zu erfolgen, die je nach Betreuungsintensität auch unterschiedliche Betreuungsschlüssel vorsehen. Wohngruppen sind für unbegleitete minderjährige Fremde mit besonders hohem Betreuungsbedarf einzurichten. Wohnheime sind für nicht selbstversorgungsfähige unbegleitete minderjährige Fremde vorgesehen und betreutes Wohnen ist jenen Jugendlichen anzubieten, die in der Lage sind, sich unter Anleitung selbst zu versorgen. Entsprechend unterschiedlich sind die festgelegten maximalen Tagsätze:

> Für die Unterbringung, Verpflegung und Betreuung unbegleiteter minderjähriger Fremder pro Person und Tag
>> in Wohngruppen (mit Betreuungsschlüssel 1:10) 75 Euro
>> in Wohnheimen (mit Betreuungsschlüssel 1:15) 60 Euro
>> in betreutem Wohnen (mit Betreuungsschlüssel 1:20) oder in sonstigen geeigneten Unterkünften 37 Euro (GVV Art. 9).

Ebenfalls ist, so besagt die GVV, von den Betreuungsstellen eine an die Bedürfnisse von Minderjährigen angepasste Tagesstruktur anzubieten, wobei damit vor allem die Bereiche Bildung, Freizeit und Sport gemeint sind.

Österreichische Praxis

Bis zum Mai 2004 – dem Zeitpunkt des Inkrafttretens der Grundversorgungsvereinbarung – gab es in Österreich massive Probleme bei der Bereitstellung geeigneter Unterbringungsplätze für unbegleitete minderjährige Flüchtlinge. Rafi kam bereits im Jahr 2001 in Österreich an und berichtet von seiner Aufnahme in Traiskirchen:

Rafi: Bevor ich nach Hirtenberg gekommen bin, war ich drei Tage lang in Traiskirchen. Als ich ankam, waren über 3.000 Leute im Lager. Nach drei Tagen wollte ich wieder zurück nach Afghanistan. Ich war sehr müde von der Flucht. Mit den Schleppern war es nämlich nicht einfach. Als wir angekommen sind, sind wir in ein Zimmer mit 20 Leuten gekommen. Damals war mein Bruder zehn Jahre alt und ich war 16. Als mein Bruder und ich aus dem Zimmer gegangen sind, hat sich wer anderer in mein Bett gelegt und hat behauptet, es wäre seines.

Gründe für diese unhaltbare Situation waren, dass im Jahr 2001 mehr als 39.000 Flüchtlinge in Österreich um Aufnahme ersuchten und dass es zwischen dem Bund und den Ländern Kompetenzstreitigkeiten bezüglich der Verantwortung für die Unterbringung und Betreuung von unbegleiteten jugendlichen Flüchtlingen gab. Einerseits ließ sich aus dem Bundesbetreuungsgesetz ein Anspruch an den Bund ableiten, andererseits standen aber auch die Länder, als Träger der Jugendwohlfahrt, in der Pflicht. Diese Kompetenzstreitigkeiten wurden viele Jahre auf dem Rücken der betroffenen Jugendlichen ausgetragen und führten dazu, dass ein großer Teil der UMF obdachlos und ohne jegliche Unterstützung blieben.

Von den geschätzten 1.500 unbegleiteten minderjährigen Flüchtlingen[21], die im Jahr 2001 in Österreich ankamen, waren

---

21   Schätzung der »asylkoordination österreich« (im Jahr 2001 wurden vom BMI noch keine Statistiken über die Asylanträge von unbegleiteten minderjährigen Flüchtlingen geführt).

661[22] zumindest vorübergehend in Wien aufhältig. Die Stadt stellte für die jungen AsylwerberInnen aber nicht mehr als 100 Unterbringungsplätze bereit. Selbst diese entsprachen nicht den sonst üblichen Standards der Jugendwohlfahrt. Die jungen Flüchtlinge wurden meistens im Rahmen der so genannten Basisversorgung untergebracht. Im Krisenzentrum Augarten wurde eine Wohngruppe für zwölf jugendliche Flüchtlinge von nur zwei SozialpädagogInnen betreut, noch wesentlich niedriger war der Betreuungsschlüssel im Gesellenheim in der Zohmanngasse.

Eine erste qualitative Verbesserung der Unterbringung und Betreuung von unbegleiteten minderjährigen Flüchtlingen brachten die in der zweiten Jahreshälfte 2001 eröffneten Clearingstellen in Graz, Salzburg und Wien. Im darauf folgenden Jahr wurde in Mödling eine weitere derartige Einrichtung eröffnet. Alle Clearingstellen wurden aus Mitteln des Europäischen Flüchtlingsfonds finanziert. Ziel der Einrichtungen war es, den pädagogischen Betreuungsbedarf der Jugendlichen abzuklären, um sie dann an geeignete Betreuungsstellen weiterzuverweisen. Dieses Konzept ging indes auf Grund fehlender geeigneter Nachbetreuungsplätze nicht auf. Die neu entstandenen Einrichtungen konnten zwar für etwas mehr als 90 UMF gedeihliche Lebensbedingungen bereitstellen, der überwiegende Teil der Jugendlichen blieb aber weiterhin un- oder zumindest unterversorgt.

Ebenso nahm in der Erstaufnahmestelle Ost eine vom Verein »SOS-Menschenrechte« Österreich[23] geführte Clearingstelle für unbegleitete minderjährige Flüchtlinge die Arbeit auf. In einem eigenen Haus auf dem Areal können so bis zu 78 UMF untergebracht und betreut werden. Nur noch in Ausnahmefällen wurden ab diesem Zeitpunkt UMF in der EAST-West – in Thalham – untergebracht, dort ist bis heute keine spezielle Betreuungsstruktur für unbegleitete Jugendliche verfügbar.

22 Angaben des Kompetenzzentrums der MA 11 in Wien.
23 Daraus ging später der Verein »Menschen.Leben« hervor.

Die Umsetzung der Grundversorgungsvereinbarung im Jahr 2004 verbesserte die Lebensbedingungen für unbegleitete minderjährige Flüchtlinge deutlich. Die Clearingstellen wurden nach und nach zu Betreuungsstellen der Grundversorgung umgewandelt. Einzig das von SOS-Kinderdorf betriebene »Clearing-House« in Salzburg hat bis heute seine ursprüngliche Funktion als Clearingstelle für die Bundesländer Salzburg, Tirol und Vorarlberg beibehalten.

Im Jahr 2005 gelang es erstmals – auch auf Grund der rückläufigen Antragszahlen –, für alle neu ankommenden unbegleiteten minderjährigen AsylwerberInnen nach der Zulassung zum Asylverfahren rasch geeignete Unterbringungsplätze in den Bundesländern bereitzustellen. Die Überleitung bereits länger in Österreich lebender UMF in geeignete Einrichtungen gelang hingegen nicht. Im Juni 2005 wurden in Wien 370 UMF im Rahmen der Grundversorgung versorgt, davon befanden sich aber nur 164 in für die Unterbringung von UMF geeigneten Einrichtungen. Die restlichen 206 Personen erhielten keine altersspezifische Unterstützung.

Im Herbst 2005, also eineinhalb Jahre nach der Einführung der Grundversorgung, konnten österreichweit etwa 500 Unterbringungsplätze für unbegleitete minderjährige Flüchtlinge außerhalb der Erstaufnahmestellen angeboten werden. Das größte Kontingent stellte Wien mit 176 Plätzen, gefolgt von Niederösterreich mit 90 und Oberösterreich mit 80 Plätzen. Im Burgenland und in Kärnten gab es keine Quartiere für UMF. Die ungleiche Verteilung der Verantwortung führte dazu, dass Wien die eigenen Unterbringungsplätze abzubauen begann. Mehrere Einrichtungen mussten im Jahr 2006 in Wien geschlossen werden. Trotzdem war zunächst weiterhin die zügige Zuweisung der Minderjährigen an Betreuungseinrichtungen möglich – auf Grund relativ niedriger Antragszahlen und neu geschaffener Unterbringungskapazitäten in anderen Bundesländern. Ab dem Jahr 2007 war dies nicht mehr der Fall. Es kam wieder zu einem Anstieg der Asylantragszahlen von UMF, der ab 2008 zu einem akuten Mangel an adäquaten Unterbringungsplätzen führte. Hauptverantwortung für diese Situation trugen die Länder, die für die Bereitstellung geeigneter Unterbringungsplätze verantwortlich sind. Wurden in Wien im Rahmen der Grundversorgung im September 2006 noch 133 UMF betreut, so waren es im September 2009 nur noch 111. Im selben Zeitraum stieg die Zahl der in der Steiermark untergebrachten UMF von 52 auf 111 an. Dieses zusätzliche Platzangebot wurde allerdings nicht von gemeinnützigen NGOs gestellt, sondern es wurden Flüchtlingspensionen in Gratwein, Arnfels und Mürzzuschlag zur Unterbringung von UMF herangezogen. Die Bereitstellung der Unterbringung und Betreuung durch gewinnorientierte Unternehmen ist problematisch, da anzunehmen ist, dass diese nicht primäres Interesse daran haben, den Jugendlichen ein optimales Betreuungsumfeld zu bieten. Diese Befürchtung wird etwa durch den Umstand bestätigt, dass bei in derartigen Einrichtungen untergebrachten Jugendlichen die Frage der Obsorge in vielen Fällen ungeklärt bleibt. Auch die pädagogische Betreuungssituation in Flüchtlingspensionen ist oft prekär, fachlich qualifiziertes Personal meistens nicht vorhanden. Zudem haben Erfahrungen gezeigt, dass die Unterbringung von UMF in größeren Städten vorteilhaft ist; im ländlichen Umfeld ist es noch schwieriger, adäquate Bildungsangebote (z.B. Deutschkurse, Hauptschulabschlusskurse u.ä.) für die jungen AsylwerberInnen bereitzustellen.

Trotz der im Jahr 2009 – aus gesamtösterreichischer Sicht – moderaten Aufstockung der Unterbringungsplätze stieg die Verweildauer von unbegleiteten minderjährigen Flüchtlingen in der Erstaufnahmestelle Traiskirchen deutlich an. Hielten sich die Jugendlichen bis zum Jahr 2007 im Regelfall zwei Wochen in der EAST auf, so mussten sie 2009 durchschnittlich drei Monate auf die Überstellung an eine Nachbetreuungsstelle warten. Die 78 in der EAST-Ost für UMF vorgesehenen Plätze waren bis

2007 nur in den seltensten Fällen ausgelastet. Die Zunahme der Anträge, gepaart mit der steigenden Verweildauer, hatte zur Folge, dass dieses Platzangebot nicht mehr ausreichte. Zum Stichtag 5. 9. 2007 hielten sich in der EAST-Ost – laut Standesmeldung der Grundversorgung – 30 UMF auf, zwei Jahre später war die Zahl auf 213 angewachsen.

Nach langem Zögern wurde im Februar 2009 in Traiskirchen für jene Jugendlichen, die im Haus für unbegleitete minderjährige Flüchtlinge keinen Platz mehr fanden, im Haupthaus ein abgetrennter Bereich mit minimalem Betreuungsangebot eingerichtet. Bereits Mitte April 2009 waren dort mehr als 100 UMF untergebracht. Betreut wurden die Jugendlichen von gerade einmal vier Betreuern, die selbst als Flüchtlinge nach Österreich gekommen waren und über keine pädagogische Ausbildung verfügten. Es gab einen Aufenthaltsraum mit Billardtisch, TV-Gerät und Tischfußball. Individuelle Betreuung konnte auf Grund der angespannten Personalsituation nicht erfolgen. Die Jugendlichen hatten nicht einmal die Möglichkeit, einen Deutschkurs zu besuchen. Im Jahr 2010 wurde diese Einrichtung auf Grund des geringeren Bedarfs wieder geschlossen.

Zuweisung an UMF-Betreuungsstellen

Vergleicht man die Asylantragszahlen von unbegleiteten minderjährigen Flüchtlingen mit den Zuweisungen an Unterbringungseinrichtungen, erkennt man, dass ein erheblicher Teil der Jugendlichen den Sprung ins inhaltliche Asylverfahren nicht schafft. Im Jahr 2009 wurden in der EAST-Ost vom Verein »Menschen.Leben« insgesamt 400 UMF angemeldet, von diesen konnten allerdings nur 267 an Nachbetreuungseinrichtungen der Grundversorgung vermittelt werden. Da seit Jänner 2010 nahezu alle UMF im Zulassungsverfahren zu einer Altersfeststellung geschickt werden, ist die Zahl der an eine GVS-Einrichtung zugewiesenen UMF noch einmal dramatisch zurückgegangen. War 2009 noch in 67% die Zuweisung an eine Nachbetreuungseinrichtung Grund der Abmeldung, so war dies im ersten Halbjahr 2010 nur noch in 41% der Fall (vgl. Halbjahresbericht 2010 Clearingstelle Traiskirchen, unveröffentlicht).

Die Aufenthaltsdauer der Jugendlichen in der EAST-Ost verkürzte sich im ersten Halbjahr 2010 dramatisch. Bis Ende Juni 2010 wurden fast ebenso viele unbegleitete minderjährige Flüchtlinge aus der Clearingstelle Traiskirchen entlassen wie im gesamten Jahr 2009. Seit Jänner 2010 kehren immer mehr UMF Österreich bereits im Zulassungsverfahren den Rücken. Allein im ersten Halbjahr 2010 wurden 98 Jugendliche abgemeldet, weil sie entweder 48 Stunden abwesend, bei einer Standeskontrolle nicht anwesend oder ohne Abmeldung verschwunden waren. Im gesamten Jahr 2009 war eine Entlassung aus den zuvor genannten Gründen nur 66-mal erfolgt. Die Jugendlichen entschließen sich oft zu diesem Schritt, um der drohenden Schubhaftverhängung – häufig nach einer Volljährigkeitserklärung – zu entgehen. Die Fremdenpolizei verhängt seit Jahresanfang 2010 immer öfter Schubhaft über junge AsylwerberInnen. Allein von Jänner bis Juni erfolgte in 23 Fällen die Entlassung aus der Clearingstelle Traiskirchen auf Grund der Schubhaftverhängung, im gesamten Jahr davor war dies nur 20-mal der Grund für die Abmeldung (vgl. Jahresbericht 2009 und Halbjahresbericht 2010 Clearingstelle Traiskirchen, unveröffentlicht).

Ein weiteres Problem für unbegleitete minderjährige Flüchtlinge ist, dass sie, was die Bestimmung ihres Aufenthaltsortes betrifft, keine Möglichkeit zur Mitsprache haben. Oft werden sie zudem nicht entsprechend auf den bevorstehenden Ortswechsel vorbereitet:

Asad: Ich war zuerst in der Erstaufnahmestelle in Traiskirchen, im Haus 9. Ich war einen Monat lang in Traiskirchen, habe dort aber nicht viel gemacht. Am ersten Tag in Traiskirchen war ich beim Arzt. Ich habe auch einen Deutschkurs besucht. Nach einem Monat durfte ich umziehen. Sie haben es mir am Abend davor gesagt. In der Früh musste ich dann schon umziehen.

Die geplanten Verlegungen führen in manchen Fällen dazu, dass Jugendliche die Reise zum vorgegebenen Unterbringungsort gar nicht erst antreten, sondern es vorziehen, bei Freunden – fast immer in Wien – und meist in prekären Verhältnissen
zu wohnen.

Die rigide Asylpolitik und -praxis führt zunehmend zu
massiven Auslastungsproblemen bei den UMF-Unterbringungsstellen. Am 1. Juni 2010 waren von den 438 von NGOs außerhalb der EAST-Ost angebotenen UMF-Unterbringungsplätzen
nur noch 368 besetzt.[24]

Neben der Auslastung ist es auch ein gemeinsames Problem
der UMF-Betreuungsstellen, dass die im Rahmen der Grundversorgung gewährten Tagsätze bei Weitem niedriger sind als in sonstigen vergleichbaren sopzialpädagogischen Einrichtungen. Zudem wurden die Tagsätze für Unterbringung und Betreuung seit
der Einführung der Grundversorgung im Jahr 2004 nicht valori-
siert, was für die Einrichtungen eine zusätzliche finanzielle Belastung bedeutet. Bei einer Auslastung von nahezu 100% war es den
Betreibern bisher irgendwie möglich, meist unter Beisteuerung
eigener Finanzmittel, den Betrieb der Einrichtung aufrechtzuer-
halten. Die Auslastungsprobleme gepaart mit den niedrigen Tag-
sätzen führen nun aber dazu, dass spätestens im Herbst 2010 die
ersten UMF-Einrichtungen schließen werden. In Oberösterreich
wird die Volkshilfe Oberösterreich eines der beiden Häuser in
Linz zusperren, andere Einrichtungen reagieren bereits jetzt mit
dem Abbau von Unterbringungsplätzen. Spätestens mit Jahresen-
de 2010 ist – da viele UMF mit dem Geburtsdatum 1. 1. 1993
geführt werden und daher dann volljährig werden – damit zu
rechnen, dass weitere UMF-Einrichtungen zusperren müssen.

---

24   Erhebung von Heinz Fronek beim UMF-Betreuungsstellentreffen
       am 1. 6. 2010.

Qualität der Betreuung

Asad: Hier in Graz habe ich Freunde im Heim. Die Betreuer sind nett. Wir können selber kochen. Ich koche immer alleine. Ich koche am liebsten Spaghetti. Wir wohnen zu zweit im Zimmer. Ich denke nicht gern über die Zukunft nach. Ich hatte den Traum, zu studieren, jetzt aber nicht mehr. Im Moment gehe ich zur Schule. Wir lernen dort Geographie, Mathematik, Deutsch. Meine Mitschüler sind auch alles Flüchtlinge. Sie kommen aus Afghanistan, Mongolei, Elfenbeinküste.

Auch wenn viele Jugendliche mit den Angeboten und der Betreuung der Unterbringungseinrichtungen grundsätzlich zufrieden sind, die Einrichtungen können – vor allem auf Grund der geringen Geldmittel – nicht jene Qualität der Betreuung bereitstellen, die in Bereichen der Jugendwohlfahrt sonst gefordert sind. Die Qualifikationen der MitarbeiterInnen sowie das Ausmaß der bereitzustellenden pädagogischen und psychosozialen Angebote sind im Rahmen der Grundversorgung meistens nicht geregelt. In Wien verlangt der Fonds Soziales Wien von den Unterbringungseinrichtungen zumindest, dass sie als »Einrichtung der Freien Jugendwohlfahrt« anerkannt sind. In der Steiermark werden hingegen bloß die räumlichen und baulichen Voraussetzungen periodisch kontrolliert, in Salzburg findet nur bei der Genehmigung der Einrichtung eine einmalige Prüfung der baulichen Voraussetzungen statt. Es liegt somit sehr stark am Engagement und an den Möglichkeiten der Betreiber, günstige Bedingungen für die Jugendlichen bereitzustellen.

Kritikpunkte an der Struktur des Folgebetreuungsangebots für unbegleitete minderjährige Flüchtlinge

Die Erfahrungen mit den derzeit bestehenden Quartieren zeigen, dass die Unterbringung von unbegleiteten minderjährigen Flüchtlingen in strukturell benachteiligten Gebieten problematisch ist. Sie wird häufig den Bedürfnissen der Zielgruppe nicht gerecht. Die so Untergebrachten sind benachteiligt bezüglich der Gesundheitsversorgung, der Freizeitgestaltung, der Bildungs- und Beschäftigungsmöglichkeiten sowie bezüglich der Unterstützung durch die jeweilige Community. Aus diesen Gründen sollten Unterbringungsplätze für UMF nur in urbanen Gebieten bzw. regionalen Zentren, zumindest aber in Orten mit guter Verkehrsanbindung geschaffen werden.

Der Wechsel der Unterbringungseinrichtungen sollte in begründeten Fällen rasch und unbürokratisch auch über die Grenzen von Bundesländern hinweg möglich sein, wenn dies dem Wohl der Jugendlichen entspricht. Mögliche Gründe für den Wechsel des Unterbringungsortes können u.a. sein: Verwandte oder Community in einer bestimmten Region, optimale und differenzierte Nutzung des bestehenden Betreuungsangebotes, Schulbesuch, gesundheitliche Probleme …

Intensität der Betreuung

Die Zahl der für Jugendliche mit besonderem Betreuungsbedarf vorgesehenen Wohngruppenplätze ist zwar in den letzten Jahren ausgebaut worden, entspricht aber immer noch nicht dem tatsächlichen Bedarf.

Schulpflichtige unbegleitete minderjährige Flüchtlinge oder solche mit einem besonderen Betreuungsbedarf sollten nicht nur in Niederösterreich in Regeleinrichtungen der Jugendwohlfahrt untergebracht werden. Die Einrichtungen für UMF im Rahmen der 15a BV-G-Vereinbarung sind auf Grund der beschränkten Ressourcen in einigen Fällen, jedenfalls aber für unmündige Minderjährige, nicht geeignet.

Für besondere Problemstellungen (Suchtproblematik, körperliche, psychische oder geistige Beeinträchtigung) reichen – zumindest in Akutphasen – die Ressourcen der Unterbringungseinrichtungen (auch von Wohngruppen) keinesfalls aus. Hier sollte ein Fonds eingerichtet werden, aus welchem im Bedarfsfall zusätzliche Leistungen gedeckt werden können.

Zusätzliche Leistungen

Die möglichst frühzeitige Erkennung von Erkrankungen ist sowohl für die Betroffenen selbst als auch für die MitbewohnerInnen und BetreuerInnen wichtig. Neben der medizinischen Behandlung sollte auch die psychotherapeutische Unterstützung von unbegleiteten minderjährigen Flüchtlingen unter Berücksichtigung der besonderen – z.B. sprachlichen – Voraussetzungen lückenlos möglich sein.

Bei der örtlichen Planung der Unterbringungsplätze sollte unbedingt darauf geachtet werden, dass diese immer im Einzugsgebiet von Ballungsräumen liegen, Nur so kann auch sichergestellt werden, dass Schul-, Ausbildungs- und Berufsvorbereitungsaktivitäten für alle unbegleiteten minderjährigen Flüchtlinge tatsächlich zugänglich sind.

Auch nach dem Erreichen der Volljährigkeit ist darauf zu achten, dass begonnene Maßnahmen der Schul-, Ausbildungs- und Berufsvorbereitung fortgesetzt werden können. In begründeten Einzelfällen sollte der weitere Aufenthalt in der jugendspezifischen Einrichtung auch nach dem Erreichen der Volljährigkeit möglich sein.

OBSORGE

Rechtlicher Rahmen

Es ist allgemein anerkannt, dass Kinder bei der Bewältigung ihres Lebens Unterstützung von Erwachsenen benötigen. Primär wird diese Unterstützung vor allem von den Eltern gewährleistet, aber auch der Staat ist verpflichtet, für das Wohlergehen von Kindern zu sorgen. Die Kinderrechtskonvention behandelt die Thematik der staatlichen Verantwortlichkeit in Art. 27. Demnach ist es Pflicht der Vertragsstaaten, geeignete Maßnahmen zu treffen, um den für das Kind verantwortlichen Personen bei der Verwirklichung des Rechtes des Kindes auf körperliche, geistige, seelische, sittliche und soziale Entwicklung zu helfen. Bei Bedürftigkeit sind vom Staat materielle Hilfs- und Unterstützungsprogramme bereitzustellen.

Ganz besonders ist der Staat dann gefordert, wenn die Eltern ihren Verpflichtungen nicht nachkommen können oder wollen. Dies ist bei unbegleiteten minderjährigen Flüchtlingen der Fall, befinden sie sich doch allein, und somit ohne elterliche Unterstützung, im Aufnahmeland. Die Kinderrechtskonvention weist auf die besondere Schutzbedürftigkeit von aus ihrer familiären Umgebung herausgelösten Kindern hin:

Ein Kind, das vorübergehend oder dauernd aus seiner familiären Umgebung herausgelöst wird oder dem der Verbleib in dieser Umgebung im eigenen Interesse nicht gestattet werden kann, hat Anspruch auf den besonderen Schutz und Beistand des Staates (KRK Art. 20 Abs. 1).

Im » General Comment Nr. 6« erörtert der Ausschuss zur Umsetzung der Kinderrechtskonvention, dass die Bestellung eines Vormunds für unbegleitete Minderjährige sofort nach der Identifizierung der Minderjährigen erfolgen sollte:

[…] die Staaten [sollen,] sobald ein unbegleitetes oder von sei-
nen Eltern/Sorgeberechtigten getrenntes Kind identifiziert ist, einen
Vormund oder einen rechtlichen Vertreter bestellen und diese Vor-
mundschaft solange aufrecht erhalten, bis das Kind entweder die
Volljährigkeit erreicht hat […] (General Comment Nr. 6, S. 11).

Welche konkreten Aufgaben der Vormund bei unbegleiteten minderjährigen Flüchtlingen wahrzunehmen hat, wird im
»General Comment Nr. 6« etwas später formuliert:

Der Vormund sollte bei allen Schritten, die das Kind betref-
fen, zu Rate gezogen und in Kenntnis gesetzt werden. Der Vormund
sollte das Recht haben, bei allen Planungen und Entscheidungsfin-
dungen zugegen zu sein, unter anderem bei Anhörungen zur Ein-
bürgerung und anderen Anträgen, Betreuungsverfügungen und al-
len Bemühungen zur Herbeiführung einer dauerhaften Lösung
(General Comment Nr. 6, S. 11).

Im selben Absatz wird darauf hingewiesen, dass ein Vormund über bestimmte Qualifikation verfügen sollte, um seine
Aufgaben zufriedenstellend erfüllen zu können.

Der Vormund oder der rechtliche Berater sollte über die not-
wendigen Kenntnisse auf dem Gebiet der Kinderbetreuung verfü-
gen, um sicherstellen zu können, dass die Interessen des Kindes ge-
wahrt werden und dass seiner Rechtsstellung, seinen sozialen, ge-
sundheitlichen, psychischen und materiellen Bedürfnissen sowie sei-
nem Recht auf Bildung in angemessener Weise Rechnung getragen
wird, unter anderem, indem der Vormund die Vermittlerrolle zwi-
schen dem Kind und vorhandenen Spezialeinrichtungen und/oder
fachkundigen Einzelpersonen übernimmt, die eine lückenlose Be-
treuung gewährleisten, wie sie einem Kind zukommt (General
Comment Nr. 6, S. 11).

Im europäischen Kontext beschäftigt sich die Richtline
2003/9/EG des Rates (Aufnahmerichtline) mit der Frage der
Obsorge bzw. Vormundschaft:

Die Mitgliedstaaten sorgen so bald wie möglich für die erfor-
derliche Vertretung von unbegleiteten Minderjährigen; die Vertre-

tung übernimmt ein gesetzlicher Vormund oder erforderlichenfalls eine Organisation, die für die Betreuung und das Wohlergehen von Minderjährigen verantwortlich ist, oder eine andere geeignete Instanz. Die zuständigen Behörden nehmen regelmäßige Bewertungen vor (Aufnahmerichtline Art. 19 Abs. 1).

Problematisch an dieser Formulierung ist, dass zunächst zwar auf die Notwendigkeit der Vormundschaft verwiesen wird, dass aber gleichzeitig die Möglichkeit eingeräumt wird, einer anderen »geeigneten Instanz« die Verantwortung zu übertragen, was den Mitgliedstaaten einen breiten Auslegungsspielraum bietet.

Die Obsorge umfasst einen breiten Aufgabenbereich, der von einer »geeigneten Instanz« wohl nur in den wenigsten Fällen auch nur annähernd erfüllt werden kann. Das »Statement of Good Practice« des SCEP bietet in seiner vierten Auflage eine Aufzählung der mit der Obsorge verbundenen Aufgaben an:

– *Ensure that all decisions have the child's best interests as a primary consideration*

– *Ensure the child's views and opinions are considered in all decisions that affect them*

– *Ensure that the child has suitable care, accommodation, education, language support and health care provision and that they are able to practice their religion*

– *Ensure the child has suitable legal representation to assist in procedures that will address protection claims and durable solutions*

– *Explore, together with the child, the possibility of family tracing and reunification*

– *Assist the child to keep in touch with his or her family where appropriate*

– *Contribute to a durable solution in the child's best interests*

– *Provide a link, and ensure transparency and cooperation between the child and the various organisations who may provide them with services*

- *Engage with the child's informal network of friends and peers*
- *Consult with and advise the child* (SCEP 2009, S. 21 f.).

Die internationalen und europarechtlichen Verpflichtungen im Bereich der Obsorge spiegeln sich in der österreichischen Gesetzgebung wider. Das Allgemeine Bürgerliche Gesetzbuch (ABGB) umschreibt die Aufgabe der Jugendwohlfahrt im Bereich der Obsorge:

Der Jugendwohlfahrtsträger hat die zur Wahrung des Wohles eines Minderjährigen erforderlichen gerichtlichen Verfügungen im Bereich der Obsorge zu beantragen. Bei Gefahr im Verzug kann er die erforderlichen Maßnahmen der Pflege und Erziehung als Sachwalter vorläufig mit Wirksamkeit bis zur gerichtlichen Entscheidung selbst treffen, wenn er unverzüglich, jedenfalls aber innerhalb von acht Tagen, die erforderlichen gerichtlichen Verfügungen beantragt (ABGB § 215).

In Österreich ist bei unbegleiteten minderjährigen Flüchtlingen – da in fast allen Fällen keine geeignete Person für die Obsorge verfügbar ist – der zuständige Jugendwohlfahrtsträger vom Gericht mit der Obsorge zu betrauen:

Ist einem Minderjährigen ein Vormund oder ein Sachwalter zu bestellen und läßt sich eine hierfür geeignete Person nicht finden, so hat das Gericht den Jugendwohlfahrtsträger zu bestellen (ABGB § 213).

Österreichische Praxis

Trotz der eindeutigen rechtlichen Regelungen war bis zum Jahr 2005 in Österreich die Ausübung der Obsorge bei unbegleiteten minderjährigen Flüchtlingen ein ungelöstes Problem. Es gelang den NGOs im Flüchtlingsbereich trotz jahrelanger Lobbyarbeit nur selten, die Verantwortlichen in den Jugendämtern davon zu überzeugen, dass sie verpflichtet sind, die Regelung der Obsorge von unbegleiteten minderjährigen AsylwerberInnen bei Gericht zu beantragen. Während die Verantwortlichen der Jugendwohlfahrt in Niederösterreich schon relativ früh diese Rechtsansicht teilten, stellten sich die KollegInnen in den anderen Bundesländern taub. Im Jahr 2003 wurden in Wien vom Kompetenzzentrum des Jugendwohlfahrtsträgers 1.370 UMF zwar rechtlich vertreten, jedoch nur in 35 Fällen war der Jugendwohlfahrtsträger auch mit der Obsorge betraut. Im März 2004 wurden die MitarbeiterInnen des Jugendamtes Wien zudem angewiesen, nur noch für unter 14-jährige AsylwerberInnen – also für unmündige Minderjährige – die Obsorge bei Gericht zu beantragen. Von den die UMF beherbergenden Einrichtungen in Wien wurden in der Folge regelmäßig Obsorgeanregungen bei Gericht eingebracht. In vielen Fällen forderten die Gerichte das Jugendamt zu einer Stellungnahme auf, wobei sich dieses regelmäßig gegen die Übernahme der Obsorge aussprach und damit argumentierte, dass seit dem Inkrafttreten der Grundversorgungsvereinbarung die Versorgung der Jugendlichen ohnehin sichergestellt sei und somit keine »ernsthafte Gefährdung« des Kindeswohls vorliege.

Um einer weiteren Verfestigung der Unrechtssituation vorzubeugen, brachten im Juli 2004 vier Wiener Unterbringungs- und Betreuungsstellen für unbegleitete minderjährige Flüchtlinge für alle bei ihnen untergebrachten Jugendlichen Anregungen für die Feststellung der Obsorgepflicht bei Gericht ein. Insgesamt wurden im Rahmen dieser Aktion an die 100 Fälle an Wiener Bezirksgerichte herangetragen.

Schon in den Monaten zuvor hatte die Flüchtlings- und Deserteursberatung begonnen, dem Bezirksgericht Innere Stadt obdachlose Minderjährige bekanntzugeben, und angeregt, die Obsorgefrage zu klären. In der Regel wurde in diesen Fällen die Obsorge an den Jugendwohlfahrtsträger übertragen, obwohl sich dieser regelmäßig in den Stellungnahmen als unzuständig erklärte.

Als sich die Gerichte mit einer steigenden Zahl von Anregungen konfrontiert sahen, änderten sie ihre Vorgehensweise. Kam es anfangs noch zur Obsorgeübertragung, so wurden bald die meisten Verfahren eingestellt, ohne dass eine inhaltliche Entscheidung getroffen worden wäre. Ist es noch nachvollziehbar, dass sich der Jugendwohlfahrtsträger gegen die Übertragung der Obsorge wehrt – sind damit doch erhebliche personelle und finanzielle Aufwendungen verbunden –, so ist die Reaktion der Bezirksgerichte unverständlich. Die Weigerung der Gerichte, die Obsorgefrage zu klären, führte in der täglichen Arbeit mit unbegleiteten minderjährigen Flüchtlingen zu zahlreichen Komplikationen und Unklarheiten.

Bei der Unterbringung von unbegleiteten Minderjährigen handelt es sich um eine so genannte »Fremdunterbringung im Rahmen der vollen Erziehung« (JWG § 28 Abs. 1). Dazu ist aber die Zustimmung des Obsorgeberechtigten notwendig. Somit erfolgte schon die Zuweisung an die jeweilige Unterbringungs- und Betreuungsstelle ohne rechtliche Deckung. Auch in der täglichen Praxis bewegten sich die MitarbeiterInnen der Betreuungsstellen bei ungeklärter Obsorge ständig in einer rechtlichen Grauzone. Häufig sind Unterschriften – zum Beispiel für den Schulbesuch – vom Erziehungsberechtigten notwendig. In diesen Fällen leisteten meist die MitarbeiterInnen der Betreuungsstellen die Unterschrift, ohne allerdings tatsächlich dazu berechtigt zu sein. Die Schulverantwortlichen schauten nicht so genau hin, für sie zählte, dass eine Unterschrift geleistet wurde.

Am 19. 10. 2005 erklärte der Oberste Gerichtshof, dass unbegleiteten minderjährigen Flüchtlingen ein Obsorgeberechtigter zur Seite zu stellen ist. Der OGH führt in der Begründung an, dass die Grundversorgung keinesfalls die Obsorge ersetzen kann. Dabei greift er die bereits zuvor vom Linzer Pflegschaftsrichter Thomas Hacker (2002) verwendete Argumentation auf und zitiert diesen:

Niemand käme auf die Idee, die Notwendigkeit elterlicher Obsorge in Frage zu stellen, nur weil Vater und Mutter ihren Kindern auch ohne Obsorgeauftrag Essen und Trinken sowie ein Dach über dem Kopf zur Verfügung stellten (OGH, GZ: 7Ob209/05v).

Darüber hinaus stellt der OGH in seiner Entscheidung klar, dass die im ABGB festgehaltenen Bestimmungen zu den mit der Obsorge verbundenen Rechten und Pflichten nicht zwischen österreichischen StaatsbürgerInnen und Fremden unterscheiden, d.h. eine Obsorgeübernahme für unbegleitete minderjährige AsylwerberInnen gleich zu handhaben sei wie die für österreichische Jugendliche.

Auf den Einwand des Jugendamtes der nicht vorhandenen »ernsthaften Gefährdung« gibt der OGH-Beschluss eine klare Antwort. An die »ernstliche Gefährdung« dürfe hinsichtlich der Intensität keine überzogene Anforderung gestellt werden. Jede konkrete Gefährdung muss demnach auch als ausreichend erachtet werden.

Nach dieser Entscheidung änderte sich Schritt für Schritt die Praxis der Obsorgeübertragung. Heute wird der überwiegenden Mehrzahl der unbegleiteten minderjährigen Flüchtlinge nach der Zulassung zum Asylverfahren ein Obsorgeberechtigter zur Seite gestellt. Es gibt allerdings immer noch Regionen, in denen die Klärung der Obsorge nicht oder nur in Ausnahmefällen erfolgt. In manchen Teilen der Steiermark, aber auch in Kärnten versäumen es die Behörden bis heute, die Praxis an die rechtlichen Notwendigkeiten anzupassen. Der zuständige Jugendwohlfahrtsträger argumentiert, dass auf Grund von ABGB § 211 ohnehin die Möglichkeit für den Jugendwohlfahrtsträger bestehe, im Bedarfsfall tätig zu werden. Zudem, so die Ansicht der Jugendwohlfahrt, würde das Verfahren zur Übertragung der Obsorge so viel Zeit in Anspruch nehmen, dass in den meisten Fällen schon vor Abschluss des Verfahrens die Volljährigkeit eintreten würde.

Das Argument der langen Verfahrensdauer erweist sich auf Grund der Erfahrungen in anderen Bundesländern als nicht stichhaltig. Bei Jugendlichen, die etwa in Mödling untergebracht sind, kann die Frage der Obsorge meist innerhalb einer Woche geklärt werden. In Steyr und Salzburg wird von einer durchschnittlichen Verfahrensdauer von ein bis zwei Monaten berichtet, in Linz muss man sich im Schnitt drei Monate bis zu einer Entscheidung gedulden.

Problematisch ist, dass bis heute die Praxis der Aufenthalts-meldung von unbegleiteten minderjährigen Flüchtlingen bei Gericht uneinheitlich ist. Grundsätzlich besteht die gesetzliche Verpflichtung des Jugendwohlfahrtsträgers, für unbegleitete minderjährige Flüchtlinge einen Antrag auf Klärung der Obsor-ge bei Gericht einzubringen. Tut er das nicht, kann die/der Ju-gendliche selbst einen Antrag einbringen. Zudem können auch sonstige Personen oder Organisationen bei Gericht eine Anre-gung auf die Klärung der Obsorge einbringen. In manchen Bun-desländern erfolgt die Verständigung des Gerichts bereits am Tag der Ankunft der/des Minderjährigen in der Betreuungseinrich-tung. Manche UMF-Betreuungsstellen und Jugendämter warten einige Tage oder Wochen zu, bevor sie in dieser Frage aktiv wer-den. In Salzburg etwa wird zunächst das Ende des Clearing-Ver-fahrens abgewartet, das zwei bis drei Monate dauert, bevor das Gericht informiert wird.

Im ungünstigen Fall kann es dann durchaus bis zu einem Jahr dauern, bis den Jugendlichen ein Obsorgeberechtigter zur Seite gestellt wird. Dies war vor allem in den Jahren 2008 und 2009 gehäuft der Fall, weil in diesen beiden Jahren die Jugend-lichen vor der Zuweisung an ein Bundesland oft viele Monate in der EAST-Ost verbleiben mussten, da nicht genügend Unter-bringungsplätze bereitstanden (siehe Kapitel: Unterkunft und Betreuung).

Umfang der Obsorge

Die Obsorge umfasst die Bereiche Pflege und Erziehung (ABGB § 146 ff.), Vermögensverwaltung (ABGB §§ 149 ff.) und gesetzliche Vertretung (ABGB §§ 154, 154a).

Die Pflege des Kindes beinhaltet die Wahrung des körper-lichen Wohles und der Gesundheit sowie die unmittelbare Auf-sicht. Die Erziehung soll die »Entfaltung der körperlichen, geis-tigen, seelischen und sittlichen Kräfte«, die Förderung der Anla-gen, Fähigkeiten, Neigungen und Entwicklungsmöglichkeiten des Kindes sowie dessen Ausbildung in Schule und Beruf sicherstellen. Weiters ist der Obsorgeberechtigte zur Vermögensverwaltung verpflichtet. Da unbegleitete minderjährige Flüchtlinge in nahezu allen Fällen mittellos sind, spielt dieser Bereich eine eher untergeordnete Rolle. In einigen Fällen können Jugendliche auf Grund von Berufstätigkeit oder Haftentschädigungen über nennenswerte Barmittel verfügen. Hier ist es Aufgabe des Obsorgeberechtigten, Ansparpläne zu entwickeln, um den Jugendlichen die spätere Verselbstständigung zu erleichtern. Der dritte wesentliche Aufgabenkomplex der Obsorge betrifft die gesetzliche Vertretung. Hier ist zu erwähnen, dass die rechtliche Vertretung von UMF im Asylverfahren unabhängig von der Obsorgeübertragung geregelt ist.

Die Obsorge definiert somit einen weiten Verantwortungs- und Aufgabenbereich der Jugendwohlfahrt. Für den Jugendwohlfahrtsträger als Obsorgeberechtigten müssen die gleichen Sorgfaltspflichten gelten wie für Eltern auch. Das ABGB geht von einer umfassenden Obsorgeausübung bei Minderjährigen aus. Obsorgeausübung bedeutet demnach wesentlich mehr als ein punktuelles Reagieren in Krisensituationen, es beinhaltet vielmehr eine Verpflichtung zur umfassenden Fürsorge. Dem Jugendwohlfahrtsträger steht es dabei frei, Aufgaben an Dritte zu delegieren und Betreuungsstrukturen zu nutzen, die im Rahmen der Grundversorgung angeboten werden. Es obliegt ihm aber die Gesamtverantwortung. Reichen die Angebote der Grundversorgung nicht aus, um die gedeihliche Entwicklung der/des Minderjährigen zu gewährleisten, so ist der Obsorgeberechtigte dafür verantwortlich, sich um adäquate Lösungen zu kümmern.

In der täglichen Praxis werden die Verpflichtungen der Obsorge bis heute meist nur unzureichend wahrgenommen. Oft kennen die Jugendlichen den Obsorgeberechtigten nicht einmal persönlich. In Salzburg etwa stattet der zuständige Sozialarbeiter der Unterbringungsstelle einmal im Monat einen Besuch ab, er informiert sich über allgemeine Entwicklungen, wird aber sonst nicht aktiv. Nur wenn die Entlassung eines unbegleiteten minderjährigen Flüchtlings zur Diskussion steht, ist etwas mehr Engagement spürbar. Der Obsorgeberechtigte hat mit den Jugendlichen im Regelfall nur einmal persönlichen Kontakt. In diesem Gespräch klärt er mit den Jugendlichen ab, ob diese mit der Obsorgeübertragung einverstanden sind.

Auch innerhalb eines Bundeslandes können die Unterstützungsleistungen im Rahmen der Obsorgeverpflichtung stark unterschiedlich sein. So gilt das Land Niederösterreich grundsätzlich als positives Beispiel, was die Wahrnehmung der Obsorgepflichten betrifft. Unbegleitete minderjährige AsylwerberInnen werden immer wieder auch in Einrichtungen der Jugendwohlfahrt untergebracht. Die Jugendwohlfahrt übernimmt bei UMF Leistungen, die durch die Grundversorgung nicht oder nur teilweise abgedeckt sind.

Aus dem Budget der Jugendwohlfahrt werden in Niederösterreich jährlich zwischen 300.000 und 500.000 € für unbegleitete minderjährige Flüchtlinge aufgewendet. Finanziert werden damit:

– Kursmaßnahmen (Deutschkurse, Ausbildungen), die über den von der Grundversorgung übernommenen Betrag hinausgehen

– Anfahrtskosten zu Kursen und anderen Ausbildungsmaßnahmen

– Psychotherapiekosten für UMF inkl. der Kosten für Dolmetscher und Fahrt

– Integrationsprogramm für mehrere UMF

– Sonderunterbringungsplätze für unmündige Minderjährige (75 € werden über die Grundversorgung verrechnet, den Rest bezahlt das Land)

Die Situation im Bezirk Hollabrunn steht in deutlichem Gegensatz zu diesem sehr positiven Bild. Der zuständige Obsorgeberechtigte kennt die Jugendlichen nicht persönlich. Die Mädchen der UMF-Betreuungseinrichtung »WoGe 18« werden im Asylverfahren nicht mit der notwendigen Sorgfalt vertreten. In zumindest zwei Fällen verzichtete der zuständige Jugendwohlfahrtsträger sogar auf das Einbringen eines Rechtsmittels nach einem negativen erstinstanzlichen Bescheid, ohne die beiden Betroffenen auch nur darüber informiert zu haben. Nicht nur das – die Bezirkshauptmannschaft weigerte sich zudem, einer von den Jugendlichen selbst eingebrachten Beschwerde beizutreten. In einem Fall wurde diese nach Ablauf der Beschwerdefrist eingebracht und der Antrag auf Wiedereinsetzung vom Asylgerichtshof abgelehnt.

Das zuständige Bezirksgericht kann in letzter Konsequenz als Monitoringinstanz der Obsorge verstanden werden. Kommt der Jugendwohlfahrtsträger seinen Pflichten als Obsorgeberechtigter nicht nach, kann der strafrechtlich relevante Tatbestand der Vernachlässigung Unmündiger (§ 92 Abs. 2 StBG) vorliegen. Schließlich könnte es sogar so weit kommen, dass dem Jugendwohlfahrtsträger vom Gericht – wegen Vernachlässigung einer/eines Minderjährigen – die Obsorge wieder entzogen wird! Vom juristischen Standpunkt aus eine durchaus interessante Konstellation, dem Kindeswohl allerdings kaum dienlich.

SCHULE/AUSBILDUNG/BERUF

Bashir: Es ist zuerst sehr wichtig, dass man die Landessprache lernt. Damit kann man sich ausdrücken und seine Meinung äußern. Man kann in Kontakt mit vielen Leuten kommen. Da fühlt man sich nicht alleine und man denkt: Da habe ich jemanden, mit dem ich mich unterhalten kann. Ich bin zuerst in die dritte Klasse Hauptschule gegangen, dann habe ich die vierte Klasse besucht. Diese habe ich dann mit gutem Erfolg abgeschlossen.

Jetzt besuche ich eine HTL. Seitdem ich in diese Schule gehe, übernachte ich bei meiner Patenfamilie. Dadurch lerne ich die Sprache noch besser. Wir unterhalten uns über verschiedene Sachen und sie helfen mir in der Schule und gehen zum Elternabend. Zum Elternverein gehen sie auch hin. Obwohl sie selber zwei Kinder haben, tun sie für mich auch sehr viel. Die sind für mich jetzt schon wie meine Familie, meine Ersatzfamilie. Auch meine Freunde haben mir viel geholfen. Und was ich noch dazu sagen muss, ist, dass der Direktor von der Hauptschule sehr nett war. Er hat mir sehr viel geholfen. Er hat mir sogar Nachhilfe organisiert – in Deutsch. Er hat mich auch sonst unterstützt, wo er eben helfen konnte. All meine Lehrer und Lehrerinnen, die haben mich alle unterstützt.

Rechtlicher Rahmen

Recht auf Bildung

Die »Allgemeine Erklärung der Menschenrechte« identifiziert Bildung als unveräußerliches Recht und weist darauf hin, dass Bildung zur vollen Entfaltung der menschlichen Persönlichkeit beitragen muss und darauf gerichtet sein soll, Verständnis, Toleranz und Freundschaft zwischen allen Nationen und allen rassischen oder religiösen Gruppen zu fördern. Auch der Zugang zu Bildung wird behandelt:

Die Bildung ist unentgeltlich, zum mindesten der Grundschul-
unterricht und die grundlegende Bildung. Der Grundschulunterricht
ist obligatorisch. Fach- und Berufsschulunterricht müssen allgemein
verfügbar gemacht werden, und der Hochschulunterricht muß allen
gleichermaßen entsprechend ihren Fähigkeiten offenstehen (Allgemeine Erklärung der Menschenrechte Art. 26 Abs. 2).

Dieses Recht auf Bildung wird im »Internationalen Pakt
über wirtschaftliche, soziale und kulturelle Rechte« (IPwskR)
noch erweitert und präzisiert:

Die Vertragsstaaten anerkennen das Recht eines jeden auf Bil-
dung. Sie stimmen überein, daß die Bildung auf die volle Entfal-
tung der menschlichen Persönlichkeit und des Bewußtseins ihrer
Würde gerichtet sein und die Achtung vor den Menschenrechten und
Grundfreiheiten stärken muß. Sie stimmen ferner überein, daß die
Bildung es jedermann ermöglichen muß, eine nützliche Rolle in ei-
ner freien Gesellschaft zu spielen, daß sie Verständnis, Toleranz und
Freundschaft unter allen Völkern und allen rassischen, ethnischen
und religiösen Gruppen fördern sowie die Tätigkeit der Vereinten
Nationen zur Erhaltung des Friedens unterstützen muß (IPwskR
Art. 13 Abs. 1).

Am ausführlichsten behandelt schließlich die Kinderrechtskonvention in den Art. 28 und 29 die Zuerkennung des
Rechts auf Bildung. Im »General Comment Nr. 6« wird darauf
verwiesen, dass Flüchtlingskinder in allen Phasen des Asylverfahrens uneingeschränkten Zugang zum Bildungswesen haben sollen. Es wird zudem klargestellt, dass von den Vertragsstaaten der
rasche Zugang zum Schulsystem und die Unterstützung beim
Lernen sicherzustellen sind.

Das unbegleitete oder von seinen Eltern/Sorgeberechtigten ge-
trennte Kind sollte so rasch wie möglich bei den geeigneten Schulbe-
hörden angemeldet werden und bei der Optimierung seiner Lernmög-
lichkeiten Unterstützung erhalten (General Comment Nr. 6, S. 12).

Auch die Aufnahmerichtlinie der EU verpflichtet in Art.
10 die Mitgliedstaaten, minderjährigen AsylwerberInnen in ähn-

licher Weise wie ihren Staatsangehörigen den Zugang zum Bildungssystem zu gewähren. Wobei darauf hingewiesen wird, dass der Unterricht auch in Unterbringungszentren erfolgen kann.

Zudem schreibt der oben genannte Artikel vor, dass die Mitgliedstaaten eine weiterführende Bildung nicht mit der alleinigen Begründung verweigern dürfen, dass die Volljährigkeit erreicht wurde.

Neben schulischer Bildung ist es für junge AsylwerberInnen entscheidend, so der »General Comment Nr. 6«, dass ihnen auch die Möglichkeit einer beruflichen Ausbildung geboten wird. Punkt V.d. behandelt die Berücksichtigung notwendiger allgemeiner und besonderer Vorkehrungen zum Schutz des Kindes. Dort heißt es: *»Alle Jugendlichen sollten die Möglichkeit bekommen, an allgemeinbildenden/berufsbildenden Lehrgängen teilzunehmen.«*

Im »Statement of Good Practice« des Separated Children in Europe Programme findet sich in der vierten Auflage aus dem Jahr 2009 ebenfalls ein deutlicher Hinweis auf die Relevanz beruflicher Ausbildung für minderjährige AsylwerberInnen: *»Vocational and professional training should be available to older separated children as it is likely to enhance their life chance.«*

Für alle Kinder im schulpflichtigen Alter, die sich dauerhaft in Österreich aufhalten, gilt die allgemeine Schulpflicht:

Die öffentlichen Schulen sind allgemein ohne Unterschied der Geburt, des Geschlechtes, der Rasse, des Standes, der Klasse, der Sprache und des Bekenntnisses zugänglich (SchOG § 1 Art. 4).

Die Schulpflicht beginnt mit dem auf die Vollendung des sechsten Lebensjahrs folgenden 1. September und dauert neun Schuljahre: SchülerInnen, die nach Erfüllung der ersten acht Jahre der Schulpflicht das Lehrziel der Volks-, Haupt- oder Sonderschule nicht erreicht haben, sind berechtigt, die allgemeine Schulpflicht im 9. Schuljahr durch den Weiterbesuch der Volks-, Haupt- oder Sonderschule (an Stelle der Polytechnischen Schule) zu erfüllen (vgl. SchPflG § 18) und, falls sie auch im 9. Schuljahr das Lehrziel nicht erreichen, diese Schulen in einem freiwilligen 10. Schuljahr weiter zu besuchen (vgl. SchPflG § 19 Abs. 1).

SchülerInnen, die nach Erfüllung ihrer allgemeinen Schulpflicht die Polytechnische Schule noch nicht besucht oder nicht positiv abgeschlossen haben, sind berechtigt, diese in einem 10. Schuljahr zu besuchen (SchulPflG § 19 Abs. 2).

Im Rahmen der Grundversorgung wird für unbegleitete minderjährige Flüchtlinge der Besuch von Deutschkursen im Ausmaß von maximal 200 Einheiten finanziert (vgl. GVV Art. 9 Abs. 13). Danach ist das Alter der Betroffenen für die weiteren Bildungskarrieren entscheidend.

Recht auf Arbeit

Das Recht auf Arbeit wird auf internationaler Ebene vor allem im »Internationalen Pakt über wirtschaftliche, soziale und kulturelle Rechte« (IPwskR) abgehandelt.

Europarechtlich behandelt die Richtline 2003/9/EG des Rates (Aufnahmerichtlinie) die Berufstätigkeit von AsylwerberInnen. Sie definiert allerdings sehr unbestimmte Anforderungen an die Mitgliedstaaten. Erst ein Jahr nach Einreichung des Asylantrags und nur dann, wenn keine Entscheidung der ersten Instanz ergangen ist und zudem die Verzögerung nicht auf das Verschulden der Antragstellerin/des Antragstellers zurückzuführen ist, müssen die Mitgliedstaaten darlegen, unter welchen Voraussetzungen AsylwerberInnen der Zugang zum Arbeitsmarkt gewährt wird (vgl. Aufnahmerichtlinie Art. 11). Die Verpflichtung zur Ermöglichung von Berufsbildung fällt ähnlich vage aus:

Die Mitgliedstaaten können Asylbewerbern ungeachtet der Möglichkeit des Zugangs zum Arbeitsmarkt den Zugang zur beruflichen Bildung gestatten.

Der Zugang zur beruflichen Bildung im Zusammenhang mit einem Arbeitsvertrag wird davon abhängig gemacht, inwieweit der betreffende Asylbewerber Zugang zum Arbeitsmarkt gemäß Artikel 11 hat (Aufnahmerichtlinie Art. 12).

Österreich erfüllt in den Bereichen Bildung und Beschäftigung zwar die Bestimmungen der Aufnahmerichtlinie, die ambitionierteren Verpflichtungen aus internationalen Verträgen finden sich hingegen nur zum Teil in der österreichischen Rechtsordnung verwirklicht.

Obwohl AsylwerberInnen laut § 4 AuslBG drei Monate nach der Asylantragsstellung Zugang zum Arbeitsmarkt haben, sind sie in der Praxis fast vollständig vom legalen Arbeitsmarkt ausgeschlossen. Grund dafür ist der Erlass des Bundesministeriums für wirtschaftliche Angelegenheiten vom 20. 5. 2004, der die Berufstätigkeit von AsylwerberInnen auf Kontingentarbeitsplätze nach § 5 AuslBG – und somit auf die Bereiche der Saison- und Erntearbeit – einschränkt. Da auch die Anstellung im Rahmen eines Lehrverhältnisses vom Ausländerbeschäftigungsgesetz erfasst und somit bewilligungspflichtig ist, gibt es für minderjährige Flüchtlinge keine Möglichkeit, eine Lehrausbildung zu beginnen.

Das Grundversorgungsgesetz des Bundes 2005 bietet die Möglichkeit der gemeinnützigen Beschäftigung von AsylwerberInnen in Einrichtungen von Bund, Land und Gemeinden:

Asylwerber und Fremde nach § 2 Abs. 1, die in einer Betreuungseinrichtung (§ 1 Z 5) von Bund oder Ländern untergebracht sind, können mit ihrem Einverständnis für gemeinnützige Hilfstätigkeiten für Bund, Land, Gemeinde (z.B. Landschaftspflege und -gestaltung, Betreuung von Park- und Sportanlagen, Unterstützung in der Administration) herangezogen werden (GVG § 7 Abs. 3).

Österreichische Praxis

Bashir: Als ich in Österreich angekommen bin, habe ich schon Angst gehabt, weil ich die Sprache nicht sprechen konnte und niemanden kannte. Der Anfang war sehr schwer für mich. Nachdem ich langsam die Sprache gelernt habe und eine Patenfamilie gefunden habe, war die Situation leichter.

Bildung ist ein zentraler Schlüssel, um in der westlichen Gesellschaft erfolgreich bestehen zu können. Ein wesentliches

Kriterium für die Qualität eines Bildungssystems stellt ein hohes Maß an sozialer Durchlässigkeit dar. Dies bedeutet, dass auch Kindern aus bildungsfernem Umfeld günstige Bildungschancen geboten werden. Schon bei österreichischen Jugendlichen aus sozial schwachen Familien und bei Kindern aus MigrantInnenfamilien zeigt sich, dass diese Möglichkeiten im österreichischen System nur sehr schlecht gewährleistet sind. Noch wesentlich schwieriger ist es für unbegleitete minderjährige AsylwerberInnen, ihre Bildungspotenziale unter den gegebenen Bedingungen auch nur annähernd auszuschöpfen.

Unbegleitete minderjährige Flüchtlinge kommen häufig mit unterbrochenen Bildungskarrieren nach Österreich; zudem haben sie teilweise traumatische Erfahrungen, was sich negativ auf Konzentrations- und Aufnahmefähigkeit auswirkt. Was sie hingegen oft auszeichnet, sind ihre persönlichen Ressourcen und ihr Ehrgeiz, die es ihnen ermöglichen, selbst unter den ungünstigen Lebensbedingungen engagiert an ihren Bildungschancen zu arbeiten.

Ali: Das hängt natürlich von der Person ab. Wenn man will, dann lernt man. Das sage ich auch heute. Es gibt genug Jugendliche, die zu meiner Zeit gekommen sind, die können bis heute nicht lesen und schreiben. Das hängt von der Person ab. Aber das war auch damals so; als ich in Afghanistan in die Schule gegangen bin, da war ich auch sehr fleißig. Ich habe sehr schnell gelernt und in Österreich habe ich das natürlich auch versucht – ich bin Tag und Nacht gesessen und habe gelernt und auch geschrieben.

Das Thema der Bildung von jungen AsylwerberInnen ist in den letzten Jahren stärker in den Fokus der öffentlichen Diskussion gerückt. Gründe dafür waren einerseits mehrere EQUAL-Projekte (diese sahen erstmals auch AsylwerberInnen als Zielgruppe der europäischen Arbeitsmarktpolitik vor); andererseits wurde durch die Einführung der Grundversorgung im Jahr 2004 das Thema der Obdachlosigkeit von AsylwerberInnen zunehmend weniger bestimmend.

Die Problematik einer kompakten Beschreibung des Ist-Zustands der Bildungssituation von unbegleiteten minderjährigen Flüchtlingen beginnt damit, dass kaum statistische Daten dazu verfügbar sind. Auf Grund der äußerst lückenhaften Datenlage ist es nicht möglich, einen Überblick über das Bildungsniveau von jungen AsylwerberInnen zu geben. Schul- und Bildungsdaten der AsylwerberInnen werden bei der Erstbefragung im Asylverfahren zwar erhoben, allerdings dienen diese Informationen ausschließlich der Glaubwürdigkeitsprüfung. Für eine Bildungsplanung werden sie nicht bereitgestellt.

Im Pflichtschulbereich bestehen die Probleme vor allem in einer mangelhaften Umsetzung von Bildungsrechten. Bei nicht mehr schulpflichtigen Minderjährigen steht hingegen die rechtliche Diskriminierung, vor allem was den Zugang zu beruflicher Ausbildung betrifft, im Vordergrund. Neben dem Alter sind der Verfahrensstand, der Aufenthaltsstatus und der Aufenthaltsort bestimmende Faktoren für die Realisierung der Bildungschancen von unbegleiteten minderjährigen Flüchtlingen. Jugendliche, die etwa subsidiären Schutz oder Asyl erhalten haben, sehen in Österreich Möglichkeiten, die ihnen im Heimatland nicht offengestanden wären:

Amin: Ich finde es schade, dass ich meine Eltern nicht immer bei mir gehabt habe, aber ich finde es auch nicht schade, dass ich hier in Österreich bin, weil ich so ganz viele Möglichkeiten habe, eine gute Ausbildung zu bekommen. Dadurch werde ich mehr verdienen können und meinen Eltern helfen.

Weiters ist es oft entscheidend, dass die Jugendlichen ausreichend Unterstützung bekommen, um vorhandene Bildungs- und Berufschancen nutzen zu können.

Mokhtar: Im Heim waren die Betreuer sehr hilfsbereit. In der Zeit habe ich die Hauptschule besucht und sie positiv abgeschlossen. Nach der Hauptschule habe ich zwei Monate lang eine Lehrstelle gesucht. Ich habe in Graz bei verschiedenen Firmen geschnuppert. Es hat ziemlich lange gedauert, bis mich eine Firma genommen hat.

*Am Anfang war die Sprache sehr schwer für mich. Es war sehr
schwer, mit den Leuten in Kontakt zu kommen, auch weil ich Asylwerber war. Ich bin zum Jugendamt gegangen, die haben mir geholfen. Ich habe bei Siemens eine Woche lang geschnuppert. Die Meister
kontrollieren die Praktikanten. Sie schauen, wie die arbeiten. Sie
haben gemerkt, dass ich ganz brav bin, dass ich gut arbeite und mit
den anderen Kontakt habe. Dann haben sie entschieden, dass ich
bleiben darf.*

Bildungssituation von unbegleiteten minderjährigen Flüchtlingen im Zulassungsverfahren

Das vom Verein »Menschen.Leben« in der EAST-Ost betreute Haus für unbegleitete minderjährige Flüchtlinge bietet bis
zu 78 unbegleiteten Minderjährigen Platz. Der Betreiber organisiert Deutschkurse für die Jugendlichen. Die bereitgestellten Kapazitäten reichen für die im Haus lebenden Jugendlichen aus.
Besonders in den Jahren 2008 und 2009 mussten aber viele
UMF im Bereich für Erwachsene untergebracht werden (siehe
Kapitel: Unterkunft und Betreuung). Für diese Jugendlichen
gab es kein Sprachkursangebot, sie blieben während des gesamten Zulassungsverfahrens von jeglicher Bildungsaktivität ausgeschlossen.

Ein Schulbesuch wird den Minderjährigen in der Erstaufnahmestelle nicht ermöglicht. Diese Situation betrifft auch
schulpflichtige Kinder, die, auch wenn sie sich nur vorübergehend in Österreich aufhalten, zum Schulbesuch berechtigt –
wenn auch nicht verpflichtet – sind (§ 17 SchPflG). Nach dem
Zulassungsverfahren sind schulpflichtige unbegleitete minderjährige Flüchtlinge in das österreichische Schulsystem integriert.

Bildungssituation von unbegleiteten minderjährigen
Flüchtlingen nach der Zulassung zum Verfahren

Unbegleitete minderjährige Flüchtlinge besuchen die gleichen Schulen wie Kinder von ÖsterreicherInnen oder MigrantInnen. Dem Recht auf Schulbildung für AsylwerberInnen im schulpflichtigen Alter wird in Österreich grundsätzlich entsprochen; der Besuch einer Volks-, Haupt- oder Polytechnischen Schule wird ihnen – nach der Zulassung zum Asylverfahren – ermöglicht.

Nur wenige unbegleitete minderjährige Flüchtlinge sind bei ihrer Ankunft in Österreich noch schulpflichtig. Genaue Zahlen darüber liegen nicht vor; die Statistik des Innenministeriums differenziert lediglich zwischen unter 14-Jährigen, also unmündigen Minderjährigen, und jenen, die älter als 14 Jahre sind. Dabei zeigt sich folgendes Bild: Im Jahr 2009 gaben 1.185 AsylantragstellerInnen an, unbegleitete minderjährige Flüchtlinge zu sein, nur 43 von diesen waren jünger als 14 Jahre.

Um den notwendigen Schulbedarf zu bestreiten, stellt die Grundversorgung für jedes schulpflichtige Kind pro Schuljahr 200 € zur Verfügung. Das Geld reicht bei PflichtschülerInnen zwar im Regelfall aus, um die für den Schulbesuch notwendigen Anschaffungen zu tätigen, eine Teilnahme an Schulschikursen oder Landschulwochen kann damit aber nicht gewährleistet werden. Dies erschwert die Integration asylwerbender Kinder in den Klassenverband. Nur wenn von engagierten Personen oder den Elternvereinen Spendengelder aufgebracht werden, können die AsylwerberInnen an derartigen Schulveranstaltungen teilnehmen. In manchen Bundesländern finanziert der Jugendwohlfahrtsträger als Obsorgeberechtigter ganz oder zumindest teilweise die Teilnahme an derartigen Aktivitäten. Dies funktioniert vor allem dort, wo schulpflichtige unbegleitete AsylwerberInnen in Einrichtungen der Jugendwohlfahrt untergebracht sind.

Bildungssituation von Jugendlichen nach der Pflichtschule

Nach Beendigung der Pflichtschule gibt es für österreichische Jugendliche mehrere Möglichkeiten. Sie können weiterführende Schulen besuchen, die Schulkarriere beenden, um als ungelernte ArbeiterInnen direkt ins Berufsleben einzusteigen, oder eine Lehrausbildung beginnen.

Die Möglichkeit eines direkten Berufseinstiegs ist für unbegleitete minderjährige AsylwerberInnen in der Praxis nicht gegeben. Das Ausländerbeschäftigungsgesetz verbietet ihnen zwar nicht grundsätzlich eine Beschäftigungsaufnahme, allerdings ist per Erlass des Wirtschaftsministers festgelegt, dass Beschäftigungsbewilligungen für AsylwerberInnen nur in den Bereichen der Ernte- und Saisonarbeit erteilt werden dürfen.

Rafi: Ich verstehe die Leute, die verrückt werden, weil sie keine Arbeitsgenehmigung haben. Die kommen nach Österreich, weil sie aus ihrem Leben etwas Besseres machen wollen. Wenn sie dann hier sind, erfahren sie, dass sie nichts machen dürfen, und das macht sie psychisch krank.

Die zweite Möglichkeit nach der Pflichtschule stellt eine Lehrausbildung dar. Die Lehre ist eine Kombination aus schulischer und betrieblicher Ausbildung. Sie hat in Österreich große Tradition und spielt eine tragende Rolle in der österreichischen Bildungspolitik. Rund 40% der Jugendlichen entscheiden sich nach dem Pflichtschulabschluss für eine Ausbildung in einem Lehrberuf. Für AsylwerberInnen ist dieser Weg aber genauso versperrt wie der direkte Einstieg ins Berufsleben. Lehrstellen unterliegen dem Ausländerbeschäftigungsgesetz und sind demnach bewilligungspflichtig. Sie werden, entgegen den Empfehlungen der International Labour Organization (ILO), nicht als Ausbildungsmaßnahme, sondern als Beschäftigungsverhältnis behandelt.

Während österreichische Jugendliche zwischen drei Alternativen wählen können, bleibt jungen AsylwerberInnen einzig die schulische Perspektive offen. Nicht alle jungen AsylwerberInnen wollen aber eine weiterführende Schule besuchen:

Rafi: Ich habe mit der Polytechnischen Schule begonnen. Weil ich zu wenig Deutsch konnte, habe ich die Schule nicht geschafft. Nach zwei Wochen in Österreich bin ich sofort in die Schule gegangen. Dann habe ich mit der Hauptschule angefangen und dann habe ich die HAK angefangen. Aber ich habe wieder aufgehört. Und jetzt interessiert mich die Schule nicht mehr.

Auch schulisch motivierte Jugendliche sind mit Hindernissen konfrontiert. Trotzdem gelingt es nicht wenigen AsylwerberInnen, in der Schule erfolgreich zu sein:

Bashir: In diesen drei Jahren, seit ich in Österreich bin, sind viele Sachen geschehen. Sehr positive. Ich bekomme jetzt auch ein Stipendium. Ein »Startstipendium«. Das begleitet mich bis zur Matura. Das wird auch eine sehr große Hilfe für mich sein. Da geht es nicht nur um das Geld. Es geht darum, dass ich mit vielen MigrantInnen und ÖsterreicherInnen in Kontakt komme und dass ich viele Leute kennenlerne. Das habe ich sehr gerne, wenn ich mit vielen Menschen in Kontakt bin.

Eine weitere Bildungschance für unbegleitete minderjährige Flüchtlinge bietet der so genannte »Zweite Bildungsweg«. Dieser soll nicht mehr schulpflichtigen Jugendlichen und Erwachsenen das Nachholen von Schulabschlüssen ermöglichen. Prinzipiell steht dieser Weg nur jenen Personen offen, die in Österreich berufstätig sind oder waren. AsylwerberInnen wären demzufolge von dieser Möglichkeit ausgeschlossen. Schulen und Bildungsträger entscheiden sich aber immer wieder dafür, AsylwerberInnen trotzdem aufzunehmen.

Meist sind es Haupschulabschluss-Vorbereitungskurse, die von jungen AsylwerberInnen wahrgenommen werden. Zuvor müssen sie über ausreichende Deutschkenntnisse verfügen. Unbegleitete minderjährige Flüchtlinge können Deutschkurse bis zu einer maximalen Höhe von 726 € von der Grundversorgung finanziert bekommen. Für UMF können über die Grundversorgung auch Haupschulabschluss-Vorbereitungskurse finanziert werden – wobei die Praxis von Bundesland zu Bundesland sehr unterschiedlich ist. In Wien ist es für die UMF-Betreuungseinrichtungen kein Problem, die dafür anfallenden Kosten als Grundversorgungsleistung abzurechnen, in der Steiermark und in Oberösterreich ist die Abrechnung dieser Aufwendungen hingegen nicht möglich.

Oft ist es für die UMF-Betreuungsstellen notwendig, nach anderen Möglichkeiten zu suchen, um den von ihnen betreuten Jugendlichen Basisbildung oder einen Hauptschulabschluss zu ermöglichen. Manche Betreuungsstellen übernehmen die Finanzierung der Teilnahme an derartigen Maßnahmen aus dem eigenen Budget oder ziehen Spendengelder dafür heran. Andere entwickeln und organisieren selbst solche Projekte. So betreibt das Clearing-House des SOS-Kinderdorfs in Salzburg gemeinsam mit der Volkshochschule Salzburg das Projekt MINERVA (Netzwerk zur Vermittlung von Sprache und Grundschulwissen sowie zur Unterstützung von Bildungsabschlüssen und Integrationsprozessen), hier können junge MigrantInnen Basisbildung erwerben. Die Caritas Graz wiederum bietet in Kooperation mit dem Verein »Omega« unbegleiteten minderjährigen AsylwerberInnen im Rahmen des Projektes »welcome« seit vielen Jahren Deutsch- und Orientierungskurse an.

Berufsausbildung und Berufstätigkeit von unbegleiteten minderjährigen AsylwerberInnen

Für AsylwerberInnen ist der legale Arbeitsmarkt verschlossen. Das war nicht immer so; in früheren Jahren war es AsylwerberInnen gestattet, sich ihren Lebensunterhalt durch Arbeit selbst zu verdienen. Durch die Möglichkeit, einer Beschäftigung nachzugehen, konnten sie sich nicht nur ihren Lebensunterhalt verdienen; sie waren oft auch in der Lage, für Familienangehörige im Heimatland zu sorgen, und trugen mit ihren Steuerabgaben zum allgemeinen Wohl bei. Arbeit nimmt im Lebenskonzept vieler unbegleiteter minderjähriger AsylwerberInnen eine bedeutende Stellung ein.

Peter: Ein Freund von mir hat die Hauptschule fertig ge-
macht, er spricht gut Deutsch, hat aber seit fünf Jahren keine Arbeit.
Er hat kein Asyl und darf deshalb nicht arbeiten. Es dauert viel-
leicht nicht lang, dann bringen sie ihn wieder zurück in seine Hei-
mat und er hat dann nicht gearbeitet und kein Geld verdient.

Seit Mai 2004 sieht das Ausländerbeschäftigungsgesetz
zwar den Zugang von AsylwerberInnen zum Arbeitsmarkt vor,
auf dem Erlassweg wurde dieser aber zeitgleich auf die Bereiche
der Saison- und Erntearbeit eingeschränkt. AsylwerberInnen,
die zum damaligen Zeitpunkt bereits einer unselbstständigen
Beschäftigung nachgingen, waren von den Zugangsrestriktionen
zunächst nicht betroffen; nach einer neuerlichen Änderung des
Ausländerbeschäftigungsgesetzes erhalten aber auch langjährig
berufstätige AsylwerberInnen seit 2006 keine Arbeitsbewilligun-
gen und Befreiungsscheine mehr. Sie werden so nach und nach
vom legalen Arbeitsmarkt verdrängt.

Da die Lehre in Österreich – im Gegensatz zu anderen
Ländern – wie bereits oben erwähnt nicht als Ausbildung, sondern als Beschäftigungsverhältnis gilt, bleibt jungen AsylwerberInnen der Zugang zu Lehrplätzen verwehrt. Eine daraus resultierende Problematik ist, dass die von der Politik zugesagte »Job-
garantie«, die für alle Jugendlichen in Österreich gelten sollte,
für jugendliche AsylwerberInnen nicht gilt. Maßnahmen, die
vom Arbeitsmarktservice finanziert werden, dürfen von jugendlichen AsylwerberInnen nicht besucht werden, da sie dem Arbeitsmarkt nicht zur Verfügung stehen.

In Oberösterreich wurde über eine Sondervereinbarung
mit dem Land zumindest für einige unbegleitete minderjährige
Flüchtlinge die Möglichkeit geschaffen, an der so genannten
»Produktionsschule« – einer berufsbildenden Maßnahme des
Arbeitsmarktservice – teilzunehmen. In Steyr bietet die Produktionsschule folgende Arbeitsbereiche: Holz, Metall, Gastrono-
mie, EDV. Das Angebot richtet sich an Jugendliche im Alter von
15 bis 25 Jahren, die Schwierigkeiten haben, einen Lehrplatz zu

finden, aber auch keine Schule mehr besuchen wollen. Die Produktionsschule bietet ihnen die Möglichkeit, erste Eindrücke von der Arbeitswelt zu gewinnen. Die Zuweisung erfolgt über das Arbeitsmarktservice, für Asylberechtigte und Personen mit subsidiärem Schutz ist die Teilnahme uneingeschränkt möglich. Auf Grund der Kostenübernahme durch das Land Oberösterreich ist es auch einigen AsylwerberInnen möglich, an der Maßnahme teilzunehmen.

Diese Lösung hilft zwar einigen Jugendlichen, ändert aber nichts an der dahinterliegenden Problematik. Aus verschiedenen Gründen wäre eine Öffnung des Arbeitsmarktes für jugendliche AsylwerberInnen sinnvoll. Zunächst, weil die Öffnung des Arbeitsmarktes gesamtwirtschaftlich von Nutzen ist. Beschäftigte AsylwerberInnen wären nicht mehr auf Unterstützung von staatlichen Stellen angewiesen. Zudem hat Beschäftigung positive Auswirkung auf das Selbstwertgefühl der Betroffenen und ist für die Erhaltung der psychischen Gesundheit und Arbeitsfähigkeit wichtig. Durch die Erwerbsarbeit ergeben sich zudem mehr Kontaktmöglichkeiten mit ÖsterreicherInnen, womit auch die Möglichkeit zum gegenseitigen Abbau von Vorurteilen gegeben ist. Werden AsylwerberInnen, die bereits Arbeitserfahrung in Österreich haben, als Flüchtlinge anerkannt oder erhalten subsidiären Schutz, erhöht sich für sie die Chance auf nachhaltige Integration (vgl. Fronek 2005a, S. 12 f.).

Was den jungen AsylwerberInnen in der derzeitigen Situation neben der schulischen Ausbildung noch bleibt, ist die »Gemeinnützige Beschäftigung«. Viele Jugendliche schätzen die Möglichkeit, durch Gelegenheitsjobs ihr Taschengeld aufzubessern oder ihre Familie daheim finanziell zu unterstützen. Selbst niedrige Arbeiten werden von manchen Jugendlichen der erzwungenen Untätigkeit vorgezogen:

Peter: Traiskirchen war für mich wie der Himmel. … Das Gute an Traiskirchen war, dass ich dort immer wieder arbeiten konnte. Es waren nur kleine Arbeiten, aber mein Name kam auf die Arbeits-

*planliste. So ein Job war z.B., jeden Morgen die Toiletten zu putzen.
Ich fühlte mich durch diese Arbeiten lebendig und gut. Ich war zwar
froh, nach Wien zu kommen, aber hier gab es keine Arbeit.*

Die Möglichkeit, AsylwerberInnen zur »Gemeinnützigen
Beschäftigung« heranzuziehen, wurde in den letzten Jahren mehr
und mehr ausgeweitet. So hat die Stadt Steyr ihr Budget für die
»Gemeinnützige Beschäftigung« von unbegleiteten minderjähri-
gen Flüchtlingen im Jahr 2010 um ein Drittel auf 15.000 € auf-
gestockt. Die durchgeführten Arbeiten umfassen Tätigkeiten im
Christkindlmuseum, in der Stadtgärtnerei oder im Umweltamt.
In Hall in Tirol wird bereits seit vielen Jahren den vom SOS-
Kinderdorf betreuten unbegleiteten minderjährigen Flüchtlin-
gen »Gemeinnützige Beschäftigung« angeboten.

Die Erfahrungen der UMF-Betreuungsstellen zeigen, dass
sich »Gemeinnützige Beschäftigung« im gemeindenahen Bereich positiv auswirkt. Sie trägt nicht nur zur psychischen Stabi-
lisierung und zur Erhaltung der Arbeitsfähigkeit der Betroffenen
bei, sondern ist auch integrationsfördernd und dient der Kon-
fliktprävention.

Aus arbeitsrechtlicher Sicht ist »Gemeinnütziger Beschäftigung« hingegen mit gebotener Vorsicht zu begegnen – sie stellt
keine Beschäftigung im herkömmlichen Sinn dar. Es wird kein
Dienstverhältnis begründet und die in Österreich gültigen Gesetze wie Ausländerbeschäftigungsgesetz, Kollektivvertrag, Ar-
beitsrecht usw. finden keine Anwendung. Zudem kann bei Stun-
densätzen zwischen 3 und 5 € kaum von einer fairen Bezahlung
der Leistung gesprochen werden. Wobei eine Erhöhung der
Stundensätze nur dann wirkungsvoll wäre, wenn sie mit einer
Erhöhung der monatlichen Zuverdienstgrenze von 100 € für
AsylwerberInnen in Grundversorgung einherginge.

Solange eine Öffnung des Arbeitsmarktes, vor allem der
Zugang zu Lehrplätzen, für junge AsylwerberInnen nicht realisiert ist, überwiegen für die Betroffenen trotzdem die Vorteile.

ALLTAG UND FREIZEIT

Bashir: Im Heim gibt es bestimmte Regeln, die wir befolgen müssen, zum Beispiel müssen wir in die Schule gehen. Das Frühstück gibt es von 6 bis 8 Uhr, das Mittagessen von 12 bis 14 Uhr und am Abend kochen die Jungs selbst. Es gibt jeden Tag eine Gruppe, die bestimmte Aufgaben zu erfüllen hat – wie Abendessen kochen, Küche putzen oder Gang putzen. Am Wochenende wollten wir manchmal andere Dinge machen, aber das ging nicht, weil wir in gewissen Gruppen eingeteilt waren, und wir hatten dann keine andere Wahl, aber mit der Zeit habe ich mich daran gewöhnt, weil ich das ja machen musste.

Bashir: In meiner Freizeit spiele ich Fußball, spiele Gitarre, gehe zu den Pfadfindern, treffe mich mit Freunden, gehe ins Kino, Theater oder zu Ausstellungen, und in der Schule bin ich auch Tutor für die Schüler der ersten Klassen. Wenn die Hilfe brauchen, können sie zu mir kommen und ich helfe ihnen. Ich helfe gerne. Ich habe mich auch fürs Stabhochspringen in der Schule beworben und ich glaube, dass ich dadurch mit vielen Leuten in Kontakt kommen werde, und darauf freue ich mich schon sehr.

Robert: Schnee mag ich. Es ist wie ein Abenteuer, das erste Mal im Leben Schnee kennenzulernen.

Rechtlicher Rahmen

Das Recht auf Beteiligung an Freizeitaktivitäten, kulturellem und künstlerischem Leben wird in Art. 31 der Kinderrechtskonvention festgehalten. Von den Staaten muss anerkannt werden, dass Kinder ein Recht auf Ruhe und Freizeit, auf Spiel und altersgemäße aktive Erholung sowie auf freie Teilnahme am kulturellen und künstlerischen Leben haben und dass diese Beteiligung zu fördern und zu unterstützen ist.

Laut Grundversorgungsgesetz umfasst die Betreuung von unbegleiteten minderjährigen Fremden *»eine an deren Bedürfnisse angepasste Tagesstrukturierung (Bildung, Freizeit, Sport, Gruppen- und Einzelaktivitäten, Arbeit im Haushalt)«* (GVV § 7 Abs. 3 Z 1). Die von der Grundversorgung bereitgestellten Mittel für Freizeitaktivitäten sind aber sehr gering bemessen. So wird für Fremde, die in organisierten Quartieren untergebracht sind, ein Betrag von maximal 10 € im Monat für Freizeitaktivitäten bereitgestellt (vgl. GVV § 9 Abs. 12).

Österreichische Praxis

In diesem Kapitel werden nur einige wenige Aspekte aus den Bereichen Alltag und Freizeit dargestellt. Betreuungskonzepte und Rahmenbedingungen der UMF-Betreuungseinrichtungen variieren stark und können nur facettenhaft angerissen werden. Eine Bewertung, welche Form der Alltagsgestaltung oder Freizeitförderung für die Entwicklung und Integration junger Flüchtlinge förderlicher ist, kann im Rahmen dieser Arbeit nicht abgegeben werden. Dies liegt auch daran, dass Maßnahmen, die von einem Jugendlichen als zu stark strukturiert, sogar bevormundend empfunden werden, von einem anderen vielleicht als zu wenig stützend eingeschätzt werden.

Alltag

Alle UMF-Betreuungsstellen legen Wert darauf, dass die Jugendlichen die Zeit möglichst gut nutzen, um in schulischen Belangen voranzukommen. Unterschiedlich ist jedoch, welche Formen der Unterstützung sie beim Erreichen dieses Ziels anbieten können und wollen und welche Sanktionen sie bei Nichtbeteiligung der Jugendlichen setzen.

Teilweise werden den BewohnerInnen von den UMF-Betreuungsstellen tagesstrukturierende Maßnahmen wie beispielsweise Deutsch- oder Orientierungskurse angeboten. Für den Verein »Emmaus« in St. Pölten ist die Teilnahme der Jugendlichen an den Angeboten der Tagesstruktur freiwillig. Es gibt aber ein Anreizsystem. Jugendliche, die sich an den Angeboten beteiligen, erhalten eine Netzkarte für den öffentlichen Verkehr im Großraum St. Pölten zur Verfügung gestellt; diese können sie auch in der Freizeit nutzen. Für andere Einrichtungen ist die Teilnahme an den Angeboten der Tagesstruktur für jene BewohnerInnen verpflichtend, die keine Schule oder sonstige externe Maßnahmen besuchen.

Für die Förderung der Selbstständigkeit und Eigenverantwortung ist es wichtig, dass die Jugendlichen auch in die Erledigung der täglichen Hausarbeit einbezogen werden. Schritt für Schritt sollen sie so auf ein selbstständiges Leben vorbereitet werden. Auch das Erlernen des Umgangs mit Taschengeld bildet eine wichtige Lernerfahrung. Diese Prozesse sollen dazu führen, dass die Jugendlichen beim Erreichen der Volljährigkeit fähig sind, ohne Unterstützung durch Erwachsene unter den schwierigen Rahmenbedingungen selbstständig zu leben (siehe Kapitel: Erwachsen werden). In der Praxis variiert die Gestaltung des Alltags in den Einrichtungen deutlich. Dies sei exemplarisch am Bereich Essen und Essenszubereitung aufgezeigt.

Essen und Essenszubereitung

Die Sicherstellung der Verpflegung der Jugendlichen wird in den UMF-Einrichtungen sehr unterschiedlich gewährleistet. Die Minderjährigen in der Erstaufnahmestelle Ost werden durch »European Homecare« mit Nahrung versorgt. Religiöse Bedürfnisse der unbegleiteten Minderjährigen werden berücksichtigt. Problematisch ist, dass, wenn die vorgesehenen Essenszeiten von Jugendlichen nicht eingehalten werden können – z.B. auf Grund eines Arztbesuches oder einer Einvernahme –, das Essen nicht mehr verfügbar ist. Selbst wenn Jugendliche von den Behörden zur Altersfeststellung nach Graz geschickt wurden und somit den ganzen Tag unterwegs waren, war es in den ersten Monaten nicht möglich, ihnen ein Lunchpaket bereitzustellen.

Im Laura Gatner Haus in Hirtenberg wird für die Minderjährigen ebenfalls gekocht. Im Projekt »Caravan« des Integrationshauses Wien erfolgt die Versorgung von Montag bis Donnerstag durch professionelle Köchinnen, am Freitag und am Wochenende wird gemeinsam mit oder durch BetreuerInnen gekocht. Die Jugendlichen können sich durch die Übernahme des Kochdienstes zusätzliches Taschengeld verdienen. In der Betreuungsstelle der Diakonie in Mödling kochen die Burschen gemeinsam mit einer/einem BetreuerIn das Mittagessen und erhalten dafür eine finanzielle Entschädigung.

Im Clearing-House Salzburg von SOS-Kinderdorf wird darauf geachtet, dass die Jugendlichen das Einkaufen und Kochen erlernen. Die Mahlzeiten werden von den Minderjährigen mit Unterstützung einer Haushaltskraft bzw. eines Arbeitstrainers selbst zubereitet. Die Jugendlichen der »Gruppe Hauswirtschaft« sind bei der Erstellung des Menüplans mit eingebunden. Auch bei den Einkäufen helfen die Minderjährigen mit. Im betreuten Wohnen werden der Einkauf und die Zubereitung der Speisen von den Minderjährigen selbst erledigt, sie werden nur noch bei Bedarf von den BetreuerInnen dabei unterstützt.

Andere UMF-Einrichtungen erwarten von den Jugendlichen schon ab der Aufnahme Eigenverantwortung. Die Volkshilfe Oberösterreich händigt den Minderjährigen wöchentlich Essensgeld aus. Manche Jugendlichen beklagen, dass das zur Verfügung stehende Geld nicht ausreicht. Schwierig ist es in diesem Fall, auch eine gesunde Ernährung sicherzustellen. In einigen Einrichtungen (z.B. Diakonie-Flüchtlingsdienst, SOS-Kinderdorf) bekommen die Minderjährigen daher Joghurt, Milch oder Obst extra bereitgestellt.

Oft handelt es sich bei der Sicherstellung der Versorgung um eine Mischform aus gemeinsamen Mahlzeiten und individueller Verantwortung. In der UMF-Einrichtung des Vereins »Zeitraum« in Wien wird ein gemeinsames Frühstück angeboten, ebenso werden den Jugendlichen von der Einrichtung Grundnahrungsmittel zur Verfügung gestellt. Zusätzliche Einkäufe für Mittag- und Abendessen müssen die Jugendlichen hingegen mit dem Verpflegungsgeld bestreiten.

In einigen Häusern (Laura Gatner Haus, Haus Abraham, Clearingstelle Traiskirchen) kann von den Jugendlichen im eigenen Garten Gemüse und/oder Obst angebaut und geerntet werden. Dies ist für die Jugendlichen eine wichtige Möglichkeit, mehr Bezug zu den Lebensmitteln zu bekommen und sich zudem gesund zu ernähren.

Freizeit

Von den UMF-Einrichtungen werden, je nach gegebenen finanziellen und personellen Möglichkeiten, gemeinsame Freizeitaktivitäten angeboten. Dabei kann es sich um Ausflüge, um einen gemeinsamen Kinobesuch oder um eine Urlaubswoche handeln. Diese Angebote mussten in den letzten Jahren allerdings immer stärker reduziert werden, da sie nicht mehr in der normalen Finanzierung unterzubringen waren.

Außerhalb der von den Unterbringungseinrichtungen angebotenen gemeinsamen Aktivitäten sind die Jugendlichen dazu angehalten, ihre Freizeit individuell zu gestalten. Einen wichtigen Integrationsschritt bilden dabei Kontakte zu ÖsterreicherInnen. Die Bedeutung dieser Beziehungen ist vielen unbegleiteten minderjährigen Flüchtlingen durchaus bewusst.

Amin: Wenn man einen österreichischen Freund hat, da kann man die Kultur kennenlernen und die Sprache kann man schnell lernen. Die afghanischen Freunde, die ich habe, sind auch wichtig. Ein kleiner Nachteil ist aber, dass man mit ihnen nicht Deutsch spricht.

Meist besteht vonseiten der jungen Flüchtlinge Interesse an Kontakten mit Einheimischen, wobei sich die Kontaktaufnahme nicht selten als schwierig herausstellt:

Bashir: Manchmal habe ich das Gefühl, die österreichischen Jugendlichen wollen keinen Kontakt mit Jugendlichen aus dem Ausland. In der Schule zum Beispiel will ich mit allen Klassenkameraden Kontakt haben und manchmal habe ich sie gefragt, ob sie etwas mit mir unternehmen wollen, aber sie hatten kein Interesse. Ich habe das Gefühl, dass sie nichts mit mir zu tun haben wollen. Dasselbe habe ich schon in der Hauptschule erlebt. Vielleicht ist es ihnen peinlich, mit Ausländern gesehen zu werden. Aber ich denke mir, wir sind doch alle Jugendliche und wir brauchen mehr Freundschaft. Jeder ist vom anderen abhängig und jeder braucht die Hilfe des anderen.

Wie sich die Beziehungen zu ÖsterreicherInnen konkret gestalten, ist zum Teil davon abhängig, wie sicher sich die Jugendlichen fühlen. Während manche ganz unbefangen auf österreichische Jugendliche zugehen, haben andere Angst vor der Kontaktaufnahme. Diese Scheu zeigen vor allem Jugendliche aus afrikanischen Ländern, die in Österreich mehrfach rassistische Diskriminierungen erleben mussten.

Peter: Ich habe einen Freund, der wollte eine weiße Frau heiraten, aber ihre Eltern waren dagegen, weil er schwarz ist und zudem aus Nigeria kommt. Für die Eltern war er ein Drogendealer. Dieser Junge hat aber nichts mit Drogen zu tun. Er geht zur Schule. … Ich kann nicht sagen, dass die Regierung nichts für mich tut. Ich kann hier wohnen, gehe zur Schule, bekomme Tickets, bekomme zu essen. Aber die Regierung will die Nigerianer nicht hier haben, weil sie Drogen verkaufen.

Bei manchen Jugendlichen führen diese Zurückweisungen zum sozialen Rückzug, andere versuchen hier eine Subkultur zu finden, in der sie akzeptiert werden:

Peter: Ich gehe in eine katholische Kirche. Die Kirche ist sehr lebendig. In die Kirche zu gehen ist für mich sehr wichtig. Ich kann dort mit Leuten reden, die meine Sprache sprechen. Ich sehe dort viele Nigerianer, viele Afrikaner. Aber ich bin auch gerne im Heim. Die Betreuer sind hier sehr nett.

Religionsgemeinschaften bilden immer wieder eine wichtige Möglichkeit, im geschützten Rahmen Beziehungen zu ÖsterreicherInnen und damit oft auch ein tragfähiges soziales Netz aufzubauen:

Robert: Ich bin bei der evangelischen Gemeinde, ich bin da mit anderen Jugendlichen zusammen und wir sind gemeinsam viel unterwegs – wir waren in Villach und Dornbirn. Manchmal waren wir zusammen skifahren. Dazwischen helfen mir die Gemeindemitglieder beim Erlernen der Sprache, und ich helfe ihnen mit der Kinderbetreuung, weil ich mag Kinder sehr, sehr gerne.

Eine wichtige Unterstützung bei der Bewältigung alltäglicher Herausforderungen, einer Öffnung der Aktivitäten der Jugendlichen auf soziale Netzwerke außerhalb der ethnischen Communities bietet das von der »asylkoordination österreich« 2001 initiierte Patenschaftsprojekt »Connecting people«.[25]

Die Projektidee entstand bei einer Konferenz, bei der jüdische ZeitzeugInnen, die als Kinder nach England flüchten mussten, erzählten, wie grundlegend für ihr Leben und die Bewältigung des Verlusts der Familie die herzliche Aufnahme in Gastfamilien war. Die Bewältigung traumatischer Erlebnisse gelingt dort am ehesten, wo in der Folge stabile Beziehungen emotionale Sicherheit bieten (vgl. Keilson 1979).

»Connecting people« vermittelt und betreut ehrenamtliche Patenschaften zwischen erwachsenen ÖsterreicherInnen oder schon länger hier lebenden MigrantInnen und unbegleiteten minderjährigen Flüchtlingen. PatInnen übernehmen dabei so wichtige Aufgaben wie Hilfe beim Erlernen der deutschen Sprache, Unterstützung in der Schule und Begleitung bei Behördengängen, aber auch gemeinsame Freizeitaktivitäten stehen auf dem Plan. An oberster Stelle stehen aber emotionale Zuwendung und die Vermittlung des Gefühls, dass die/der Jugendliche in der neu-

25   Nähere Infos unter: http://www.connectingpeople.at (Zugriff: 23. 8. 2010).

en Umgebung nicht allein ist. Diese persönliche Beziehung erleichtert es den Jugendlichen, Perspektiven zu entwickeln, und unterstützt sie bei deren Umsetzung. Insbesondere in der schwierigen Phase des Auszugs aus der UMF-Einrichtung mit Erreichen der Volljährigkeit gibt die Patenschaft den Jugendlichen Sicherheit, einen konstant verfügbaren Ankerpunkt. Kurz: Durch die Unterstützung der PatInnen und deren Netzwerke gelingt es den Jugendlichen, sich ein Stück Heimat zu schaffen.

Ali: Die Frau S. ist wie meine Oma. Das ist wirklich so. Sie hat mir viel geholfen; wirklich. Nach meiner Familie, nach meinem Vater und meiner Mutter ist sie die dritte Person, die mir viel geholfen hat. Wenn ich jetzt denke, ich kenne sie schon seit zehn Jahren, das ist auch ein großer Teil meines Lebens. Heute denke ich, sie ist Teil meiner Familie. Ich bespreche alles mit Frau S. – egal, ob es Familienprobleme sind oder sonst etwas. Ich sage ihr das Problem und dann sie ist immer für mich da. Bis heute. Ich bin wirklich sehr, sehr dankbar. Ich weiß nicht, wie ich ihr das zurückgeben soll.

Ähnliche Projekte gibt es mittlerweile auch in anderen Bundesländern (Steiermark, Oberösterreich).

Erfahrungen mit der Polizei

Sehr unterschiedlich sind die Erfahrungen, die junge Flüchtlinge mit der Polizei machen. Auffällig ist, dass es ausschließlich Afrikaner sind, die diese Thematik in den Interviews ansprechen. Meist, aber nicht immer sind es negative Erfahrungen, die thematisiert werden:

Peter: Ich werde von der Polizei oft kontrolliert. Eigentlich täglich. Tagsüber ist es mir eigentlich egal, aber nicht in der Früh, wenn ich auf dem Weg zur Schule bin. Dann geht mir das echt auf die Nerven, weil dann ist mein Tag ruiniert. Oft werde ich zweimal am Tag kontrolliert. Die müssten doch wissen, dass sie mich am Vormittag bereits kontrolliert haben! Aber die Polizei in Österreich ist nicht so schlimm wie die in Nigeria. Hier kontrollieren sie dich nur, in Nigeria verprügeln sie dich.

Die häufigen Polizeikontrollen führen bei manchen afrikanischen Jugendlichen dazu, dass sie es nach Möglichkeit vermeiden, die Unterbringungseinrichtung zu verlassen.

Asad: Ich habe einen Computer im Zimmer. Ich höre viel Musik. Das hilft mir oft. Ich bin viel im Internet und gehe wenig raus. Draußen im Park gibt es viel Polizei, die die Schwarzen kontrolliert. Viele von den Schwarzen sind Drogendealer.

Nicht alle AfrikanerInnen teilen diese negativen Erfahrungen mit der Polizei, vor allem dann, wenn sie die Situation in Österreich mit der Situation im Herkunftsland vergleichen:

Alice: Ich habe keine Probleme mit Österreichern. Ich fühle mich in Österreich sehr sicher. Wenn ich daran denke, wo ich gelebt habe und wie ich gelebt habe, dann fühle ich mich hier sehr sicher. Wenn hier was passiert, kann man die Polizei anrufen und die kommen und helfen. In Nigeria geht das nicht.

Sport

Sport hat für unbegleitete minderjährige Flüchtlinge eine besondere Bedeutung. Vielleicht auch deswegen, weil für sie auf Grund des oft ungesicherten Aufenthalts eine langfristige Planung ihrer Lebensperspektive schwer möglich ist. Für viele Jugendliche bietet Sport eine Möglichkeit, zumindest für kurze Zeit ihre alltäglichen Probleme in den Hintergrund zu rücken. Mit der aktiven Teilnahme an Vereinsaktivitäten sind häufig jedoch auch finanzielle Kosten verbunden. Mitgliedsbeiträge müssen bezahlt, Sportkleidung muss angeschafft werden. Wer die Kosten dafür übernehmen soll, ist unklar. Oft reicht das vorhandene Taschengeld nicht aus.

Laut der Ergebnisse der von der Universität Wien durchgeführten Evaluierung des Projektes »Connecting people« (2010) nehmen 33% der Jugendlichen an einer von einem Verein organisierten Freizeitbeschäftigung teil.

Die qualitative Auswertung der Freizeitbeschäftigung in Vereinen seitens der Jugendlichen ergab eine starke Favorisierung von

Fußballvereinen, die mehr als die Hälfte der Nennungen ausmachte. Außerdem wurden Pfadfindergruppen, Kung Fu und Shaolin Kung Fu Tempel sowie Fitnessstudios genannt. Neben gängigen Sportarten wie Karate, Tennis, Volleyball, Basketball, Schwimmen und Eislaufen wurden zudem Aktivitäten in Vereinen wie Pfingstgemeinden, in der Sozialistischen Jugend Österreich und ein Kurs für Tablaspiel angegeben (Universität Wien 2010, S. 14).

In der Hitliste der Sportarten steht, vor allem für die männlichen Jugendlichen, Fußball ganz oben:

Ali: Weil ich habe lange Fußball gespielt. Mein Hobby war Fußball. Ich habe in Österreich sogar meine eigene Mannschaft gegründet. Als ich noch im Jugendheim war. Wir haben auch Turniere gespielt. Ich war Kapitän in meiner Mannschaft und wir haben den ersten Platz geschafft. Ich habe noch immer den Pokal zu Hause.

Schon in der Vergangenheit war es für unbegleitete Minderjährige nicht einfach, einen Platz in einer österreichischen Fußballmannschaft zu bekommen.

Robert: Ich habe Fußball gespielt – bei verschiedenen Vereinen. Beim Sport bin ich gut. Aber da gibt es Probleme mit dem Gesetz. Bei jedem Verein dürfen nur zwei Ausländer spielen. Als ich gekommen bin, waren schon andere Ausländer da. Ich darf daher nur trainieren, aber kein Match spielen. Aber nur trainieren, trainieren, trainieren, das macht auch keinen Sinn. Daher habe ich den Verein verlassen.

Mit 1. Juli 2009 wurde vom Österreichischen Fußballbund (ÖFB) die so genannte Ausländer-Regel (§ 23 des ÖFB-Statutes im Amateurbereich) aufgehoben. Damit erhöhte sich kurzfristig die Chance für Migranten und Asylwerber, in der Kampfmannschaft eines Fußballvereins zum Einsatz zu kommen. Im Jänner 2010 wurden die Möglichkeiten zur aktiven Ausübung des Fußballsports für unbegleitete minderjährige Flüchtlinge aber dramatisch eingeschränkt. Der ÖFB wurde von der FIFA darauf hingewiesen, dass es nicht erlaubt ist, für unbegleitete minderjährige Flüchtlinge einen Spielerpass auszustellen. Verwiesen wurde von der FIFA auf Art. 19 Abs. 1 des Reglements, wo untersagt wird, internationale Transfers von minderjährigen Spielern durchzuführen. Diese Bestimmung ist, so das Reglement, auch auf Spieler anzuwenden, die noch nie für einen Verein registriert wurden und nicht Staatsbürger des Landes sind, in dem sie erstmals registriert werden möchten.

In Graz setzt das von der Caritas betriebene Projekt »Sport – Integration – Qualifikation« (SIQ!) auf das sozialintegrative Potenzial des Sports. Kinder und Jugendliche können im Rahmen des Projektes an den regelmäßig stattfindenden Sportmodulen, an Sportveranstaltungen (wie Fußballturnieren) und Adventure-Tagen (z.B. Klettern, Rafting, Skiwochenenden) teilnehmen, erste Kontakte zu Vereinen knüpfen oder auch Mitglied in einem der Partnervereine von SIQ! werden.

Ebenso bietet das Projekt die Möglichkeit, Qualifikationen im sportlichen Bereich (Trainer, Lehrwart, Übungsleiter, Schiedsrichter etc.) zu erwerben und sich damit eine Zusatzausbildung und im Idealfall sogar ein berufliches Standbein zu sichern. Das Projekt richtet sich auf Grund der Förderrichtlinien ausschließlich an Minderjährige, die entweder Konventionsflüchtlinge sind oder subsidiären Schutz zugesprochen bekommen haben.

GESUNDHEIT

Bashir: Ich hatte auch körperliche Probleme. So ist mein linkes Bein um 9 cm verkürzt. Das wurde vor zwei Jahren durch eine Operation um 6 cm verlängert. Dann hatte ich noch Probleme mit dem Herz. Ich habe ein Loch in der rechten Herzkammer gehabt, das hat man geschlossen. Und dann hatte ich noch ein geplatztes Trommelfell, das musste ebenfalls operiert werden. Meine Patenfamilie hat gesagt, dass ich zu einer Baustelle geworden bin. Aber diese Baustelle ist jetzt, Gott sei Dank, beendet und ich habe keine körperlichen Probleme mehr.

Auch meine psychischen Probleme sind mittlerweile geringer. Das liegt daran, dass meine Familie jetzt da ist und dass ich mich in diesem Land jetzt besser fühle. Ich könnte mir das nicht mehr vorstellen, nie im Leben, dass ich jetzt nach Afghanistan zurück muss. Dort habe ich niemanden. Dort würde ich mir so schwer tun, da würde ich vielleicht vor Depressionen sterben.

Rechtlicher Rahmen

Die Kinderrechtskonvention spricht jedem Kind das Recht auf das erreichbare Höchstmaß an Gesundheit und das Recht auf Inanspruchnahme von Einrichtungen zur Behandlung von Krankheiten zu. Das bedeutete auch das Recht auf Zugang zu derartigen Gesundheitsdiensten (KRK Art. 24 Abs. 1). Flüchtlingskinder müssen ebenso die Möglichkeit haben, psychosoziale Dienste in Anspruch zu nehmen. Art. 39 KRK verlangt überdies von den Mitgliedstaaten, dass sie adäquate Unterstützung für die physische und psychische Genesung eines Kindes bereitstellen, wenn es Opfer irgendeiner Form von Ausbeutung, Folter oder Misshandlung geworden ist oder an Folgen sonstiger traumatischer Erlebnisse im Zuge bewaffneter Konflikte leidet.

Im »General Comment Nr. 6« verweist der Ausschuss für die Rechte des Kindes darauf, dass die Unterzeichnerstaaten für die Sicherung der Gesundheit bei unbegleiteten minderjährigen Flüchtlingen ganz besondere Verantwortung tragen:

Viele dieser Kinder, vor allem Flüchtlingskinder, haben außerdem die Erfahrung allgegenwärtiger Gewalt und der schweren Belastungen eines im Krieg befindlichen Landes gemacht. […] Die tief sitzenden traumatischen Erfahrungen vieler der betroffenen Kinder verlangen besondere Sensibilität und Aufmerksamkeit im Verlauf ihrer Betreuung und Genesung (General Comment Nr. 6, S. 13 f.).

Auch die Richtlinie des Rates zur Festlegung von Mindestnormen für die Aufnahme von AsylwerberInnen in den Mitgliedstaaten (Aufnahmerichtlinie) behandelt die Thematik der Rehabilitation nach Gewalterfahrungen:

Die Mitgliedstaaten tragen dafür Sorge, dass Personen, die Folter, Vergewaltigung oder andere schwere Gewalttaten erlitten haben, im Bedarfsfall die Behandlung erhalten, die für Schäden, welche ihnen durch die genannten Handlungen zugefügt wurden, erforderlich ist (Aufnahmerichtlinie Art. 20).

Für Minderjährige gilt darüber hinaus eine Schutzbestimmung, die sich in Art. 18 Abs. 2 der Aufnahmerichtlinie findet und feststellt, dass die Mitgliedstaaten sicherstellen müssen, dass Minderjährige, die Opfer irgendeiner Form von Gewalt oder Vernachlässigung gewesen sind oder unter bewaffneten Konflikten gelitten haben, Rehabilitationsmaßnahmen in Anspruch nehmen können. Im Bedarfsfall müssen sie auch eine geeignete psychologische Betreuung und qualifizierte Beratung angeboten bekommen.

Ebenso behandelt die Aufnahmerichtlinie den Bereich der allgemeinen medizinischen Versorgung von AsylwerberInnen, wobei dieses Recht nur sehr eingeschränkt bereitgestellt werden muss. Die Mitgliedstaaten haben laut Art. 15 lediglich dafür zu sorgen, dass AsylwerberInnen zumindest eine medizinische Notversorgung und die unbedingt erforderliche Behandlung von Krankheiten erhalten.

Wesentlich umfassender ist die medizinische Versorgung in Art. 29 der Statusrichtlinie geregelt. Diese ist allerdings nur auf Personen anwendbar, denen die Flüchtlingseigenschaft oder der subsidiäre Schutzstatus zuerkannt wurde. Die Mitgliedstaaten gewährleisten ihnen unter denselben Voraussetzungen wie Staatsangehörigen eine angemessene medizinische Versorgung. Die Bedürfnisse von Minderjährigen, die Opfer irgendeiner Form von Missbrauch, Vernachlässigung, Ausbeutung, Folter, grausamer, unmenschlicher oder erniedrigender Behandlung gewesen sind oder unter bewaffneten Konflikten gelitten haben, sind entsprechend zu berücksichtigen.

Österreich ist somit auf Grund der EU-Richtlinien verpflichtet, für asylsuchende Kinderflüchtlinge, die Opfer von Folter und Gewalt wurden, geeignete Rehabilitationsmaßnahmen anzubieten. Bezüglich der medizinischen Behandlung besteht im Gegensatz dazu nur eine eingeschränkte Verpflichtung. Hier zeigt sich Österreich großzügig und gliedert AsylwerberInnen in den Schutz der allgemeinen Krankenversicherung ein. Zudem bietet Art. 6 Abs. 1 Z 6 der Grundversorgungsvereinbarung die Möglichkeit, nach Einzelfallprüfung auch Leistungen zu übernehmen, die über die Gewährungspflicht der Krankenversicherung hinausgehen, aber notwendig sind.

Österreichische Praxis

Bis zur Einführung der Grundversorgung im Jahr 2004 waren in Österreich zwei Drittel der AsylwerberInnen nicht krankenversichert. Für sie war es im Krankheitsfall notwendig, kostenlose Krankenbehandlung zu organisieren. Dies führte dazu, dass – wenn überhaupt – nur eine notdürftige Gesundheitsversorgung organisiert werden konnte. Bei Zahnschmerzen wurde im Regelfall der Zahn extrahiert, da dies die schnellste und günstigste Form der Krankenbehandlung darstellte. Bestenfalls wurden unbedingt notwendige medizinische Eingriffe durchgeführt. Die AsylwerberInnen waren auf die Mildtätigkeit von ÄrztInnen angewiesen. Diese Situation betraf auch unbegleitete minderjährige Flüchtlinge. Erst mit der Einführung der Grundversorgung verbesserte sich die Situation deutlich.

Österreich stellt heute eine umfassende Krankenversicherung für AsylwerberInnen bereit, es sind aber Teile des »Zweiklassensystems« erhalten geblieben. AsylwerberInnen erhalten im Gegensatz zu anderen VersicherungsnehmerInnen keine Sozialversicherungskarte ausgestellt. Dies bedeutet bürokratischen Mehraufwand für behandelnde ÄrztInnen und BetreuerInnen in den UMF-Unterbringungsstellen. Krankenscheine müssen vor einer Behandlung bei der zuständigen Bezirksstelle der Gebietskrankenkasse abgeholt werden und werden dann von den ÄrztInnen gesondert abgerechnet. Für die Jugendlichen bedeutet diese Vorgehensweise eine Stigmatisierung, da sie immer wieder mit unangenehmen Blicken, Kommentaren und Fragen konfrontiert werden.

Eine besonders problematische Situation entsteht für Jugendliche, wenn sie sich weigern, das angebotene Quartier der Grundversorgung in Anspruch zu nehmen. Sie werden aus der Grundversorgung entlassen und verlieren dadurch auch den Versicherungsschutz durch die Gebietskrankenkasse.

Junge AsylwerberInnen stellen bezüglich Krankheitsgefährdung eine Hochrisikogruppe dar. Dies gilt auch für körperliche, psychische, psychiatrische und psychosomatische Beschwerden. Zunächst sind es die Erfahrungen und Erlebnisse im Heimatland, die ein enormes Belastungspotenzial darstellen. Einer dänischen Studie zufolge sind 45% der AsylwerberInnen Opfer von Folter und Gewalt (vgl. Masmas et al. 2008). Bei AsylwerberInnen aus bestimmten Regionen können diese Werte noch wesentlich höher liegen. Einer österreichischen Studie zufolge leiden etwa 60% der AsylwerberInnen aus Tschetschenien unter posttraumatischen Symptomen (vgl. Renner/Salem/Ottomeyer 2008).

Ein weiteres Belastungsmoment für viele jugendliche AsylwerberInnen sind überfordernde Erwartungen der zurückgebliebenen Familie. Die Flucht nach Europa wurde den Jugendlichen auch in der Erwartung ermöglicht, dass sie sich in Europa bewähren – dass sie Geld verdienen, um die Kosten der Flucht zu bezahlen, aber auch, um die Familie finanziell zu unterstützen oder sie möglichst rasch nachzuholen. Diese Erwartungen lassen sich mit der Realität im Aufnahmeland meist nicht zur Deckung bringen.

Schon die Ankunft im Aufnahmeland führt häufig zu Orientierungslosigkeit und löst bei vielen Flüchtlingen eine akute Krise aus. Die erlernten, erprobten und bewährten Strategien zur Bewältigung des Alltags greifen unter den neuen Lebensbedingungen nicht mehr. Aus den unterschiedlichen Lebenskonzepten der Ankommenden und der Aufnahmegesellschaft resultieren immer wieder Missverständnisse, die zu einer zunehmenden Verunsicherung der Betroffenen führen können. Nach einer längeren Phase des erfolglosen Ankämpfens gegen die Rahmenbedingungen kann es zum Rückzug und schließlich zu Resignation oder zur Verleugnung der Realität kommen. Diese negativen Erfahrungen führen zur Herabsetzung des Selbstwertgefühls sowie zu einer massiven und nachhaltigen Einschränkung der Handlungsfähigkeit. Schließlich werden nicht einmal mehr jene Gestaltungs- und Veränderungsspielräume erkannt und genutzt, die AsylwerberInnen, selbst in ihrer prekären Situation, haben.

Häufige Beschwerdebilder

Wie negativ sich die lange Verfahrensdauer, verbunden mit der erzwungenen Untätigkeit, gerade bei jugendlichen AsylwerberInnen auswirkt, belegen die Ergebnisse der Evaluierung des EQUAL-Projektes EPIMA. Neben der Frage nach der allgemeinen Befindlichkeit wurden im Rahmen der Untersuchung auch spezielle Beschwerdebilder abgefragt. So geben die jungen AsylwerberInnen auffällig häufig an, dass sie an Kopfschmerzen leiden. Während österreichische Jugendliche zu 25% immer wieder unter Kopfschmerzen leiden, ist bei jungen AsylwerberInnen etwa die Hälfte davon betroffen. Ähnlich häufig wie Kopfschmerzen traten bei den jungen AsylwerberInnen Schlafstörungen auf. Diese werden von den Befragten sowohl auf psychische Ursachen als auch auf konkrete Lebensbedingungen zurückgeführt.

Bezüglich der psychischen Probleme wird etwa die Sorge um die Familie im Heimatland genannt. Schlafstörungen, die mit konkreten Lebensbedingungen verknüpft sind, beziehen sich auf die Unterbringungssituation, wenn etwa mehrere Personen die Nacht in einem kleinen, stickigen Raum verbringen müssen. Ebenfalls werden häufig Appetitlosigkeit oder Verdauungsprobleme als Beschwerdebilder angeführt (vgl. Fronek 2005).

Trotz der oben erwähnten – in der individuellen Geschichte und den strukturellen Bedingungen liegenden – besonderen Krankheitsgefährdung verfügen junge AsylwerberInnen in der Regel über ein hohes Maß an Ressourcen (Fähigkeiten, Fertigkeiten, Kompetenzen, Selbstwertgefühl, Selbstsicherheit). Diese haben für den Erhalt und die Wiedergewinnung der Gesundheit entscheidende Bedeutung. Die erstaunliche Belastbarkeit bzw. Regenerationsfähigkeit unbegleiteter minderjähriger Flüchtlinge mag auch damit zu tun haben, dass Familien häufig wählen müssen, welchem ihrer Kinder sie die Herausforderungen der Flucht und des Aufbaus einer neuen Existenz zumuten. Die Wahl fällt dabei wohl eher auf jene, die bereits darin geschult sind, Verantwortung zu übernehmen und eigenständig zu handeln. In Afghanistan sind es in der Regel die ältesten Söhne, die geschickt werden, in der Hoffnung, auch den Rest der Familie »retten« zu können.

Psychiatrische und psychotherapeutische Behandlung traumatisierter AsylwerberInnen

Der Bedarf an psychiatrischer und psychotherapeutischer Behandlung bei Flüchtlingen ist hoch. Die Erfahrungen der UMF-Betreuungsstellen zeigen, dass die psychiatrische und psychotherapeutische Regelversorgung rasch an ihre Grenzen stößt, wenn sie mit traumatisierten AsylwerberInnen konfrontiert ist. Post Traumatic Stress Disorder (PTSD) geht mit zahlreichen Komorbiditäten einher, mit Angststörungen, Depressionen, Suizidalität, Substanzmissbrauch und -sucht sowie mit Somatisierungsstörung. Oft werden Symptome nicht erkannt oder in ihrer Bedeutung falsch bewertet und behandelt (vgl. Friedmann 2004, S. 15).

Psychiatrische Versorgung

Mehrere UMF-Betreuungsstellen äußern den Eindruck, dass die Zahl der psychiatrisch auffälligen unbegleiteten minderjährigen Flüchtlinge in den letzten Jahren ansteigt. Sie beklagen immer wieder, dass es sehr schwierig ist, vor allem geeignete stationäre psychatrische Behandlung für Jugendliche zu finden.

Die Diakonie in Niederösterreich berichtet, dass die für sie zuständige Kinder- und Jugendpsychiatrie in Hinterbrühl die Jugendlichen meistens nicht stationär aufnimmt. Es gab in der Vergangenheit bei BewohnerInnen mehrmals Selbstmordversuche. Eine bei suizidalen Jugendlichen übliche stationäre Aufnahme und Abklärung scheitert aber, wenn kein/e DolmetscherIn verfügbar ist. Die Jugendlichen werden dann umgehend wieder in die Unterbringungsstelle geschickt. Manchmal werden die Jugendlichen auch für eine Nacht stationär aufgenommen, um dann am nächsten Tag – ohne Diagnose – entlassen zu werden.

Ein ähnliches Bild zeigt sich in Linz. Zwar stellt es dort meist kein großes Problem dar, die stationäre Aufnahme auf der Psychiatrie zu erreichen. Oft erfolgt jedoch die Entlassung bereits nach zwei Tagen. In so kurzer Zeit kann nicht viel abgeklärt werden. Den Jugendlichen wird dann die Möglichkeit zur psychiatrischen Nachbetreuung angeboten. Bei den ca. einmal monatlich stattfindenden Terminen werden aber immer wieder die gleichen Fragen (etwa zu den Fluchtgründen!) gestellt.

Auch die ambulante psychiatrische Versorgung wird von den Betreuungsstellen immer wieder als problematisch angesehen. In Steyr weigert sich einer der beiden niedergelassenen Psychiater, unbegleitete minderjährige Flüchtlinge zu behandeln, der zweite lehnt es wiederum ab, mit DolmetscherInnen zu arbeiten. Dies führt dazu, dass Psychopharmaka hauptsächlich vom Hausarzt verschrieben werden. Die BetreuerInnen im Haus erfahren in diesem Fall oft nichts von der Verordnung. Durch die unkontrollierte Einnahme der Medikamente besteht, da es sich teilweise um suchtgefährdende Substanzen handelt, die Gefahr der Entwicklung von Medikamentenabhängigkeit. Die Kinderambulanz im Krankenhaus Steyr zeigt zwar Verständnis für die Situation, sieht sich aber nicht in der Lage, Unterstützung anzubieten. Bei akuten Krisen bleibt nur der psychosoziale Notdienst oder die Zwangseinweisung in die Landes-Nervenklinik Wagner-Jauregg in Linz.

Es gibt aber auch positive Erfahrungen der Betreuungsstellen in der Zusammenarbeit mit psychiatrischen Krankenhäusern. So berichtet das Clearing-House des SOS-Kinderdorfs in Salzburg, dass im Bedarfsfall die stationäre Aufnahme von unbegleiteten minderjährigen Flüchtlingen in die Kinderpsychiatrie kein Problem darstellt. In einigen Fällen erfolgt nach der Entlassung eine weitere ambulante psychiatrische Beratung und Begleitung oder es wird eine Psychotherapie begonnen. Der in der Klinik tätige Psychiater aus Pakistan zeigt sich sehr um die jungen Flüchtlinge bemüht.

Besonders schwierig wird es, wenn auf Grund einer psychiatrischen Auffälligkeit ein Verbleib der/des Jugendlichen in der UMF-Einrichtung nicht mehr tragbar ist. Die Caritas in Vorarlberg musste etwa einen psychiatrisch auffälligen unbegleiteten minderjährigen Flüchtling auf Grund seines aggressiven Verhaltens gegenüber den Mitbewohnern in ein Erwachsenenquartier übersiedeln. Die Jugendwohlfahrt als Obsorgeberechtigter war auf Grund der damit verbundenen hohen Kosten nicht bereit, den Jugendlichen in eine geeignete Jugendwohlfahrtseinrichtung aufzunehmen.

Psychotherapie

Da AsylwerberInnen bis zur Einführung der Grundversorgung im Jahr 2004 in der Regel nicht krankenversichert waren, war ihnen der Zugang zum psychotherapeutischen Regelangebot verschlossen. Somit waren sie fast ausschließlich auf die Unterstützung von spezialisierten Rehabilitationszentren angewiesen. Vorreiter der psychotherapeutischen Arbeit mit traumatisierten Flüchtlingen in Österreich ist der 1994 gegründete und in Wien angesiedelte Verein »Hemayat«. Nach und nach wurden in den meisten Landeshauptstädten Einrichtungen zur psychotherapeutischen Versorgung traumatisierter Menschen eingerichtet. Zunächst erweiterten die Vereine »Zebra« und »Omega« in Graz sowie der Verein »Aspis« in Klagenfurt das Spektrum der Rehabilitationszentren. Später folgten »Ankyra« in Innsbruck und das Interkulturelle Psychotherapiezentrum Niederösterreich (IPN) in St. Pölten (beides Projekte des Diakonie Flüchtlingsdienstes). Die Volkshilfe Oberösterreich bietet mit dem Projekt »Oasis« Psychotherapie für Flüchtlinge an, die Caritas hat derartige Angebote in Wien, Wiener Neustadt und Salzburg. In der Erstaufnahmestelle Ost und seit 2010 auch in der Erstaufnahmestelle West werden AsylwerberInnen vom »Psychosozialen Dienst« des Vereins »Menschen.Leben« psychologisch betreut. In den beiden letztgenannten Projekten liegen die Arbeitsschwerpunkte bei der Erstabklärung, der Krisenintervention und der Gewaltprävention.

Aber nicht nur die Zahl der angebotenen Therapieplätze stieg im Verlauf der letzten Jahre deutlich an, auch die Vielfalt der Therapiemethoden entwickelte sich in diesem Zeitraum weiter. In der psychotherapeutischen Arbeit mit Flüchtlingen kommt es immer wieder zur Adaptierung allgemeiner Techniken (vgl. Fronek et al. 2009). Bestimmte Vorgehensweisen erweisen sich bei der Bearbeitung bestimmter Problemstellungen als besonders hilfreich. So wird etwa in der Arbeit mit Menschen, deren Angehörige verschwunden »wurden«, nach kulturell akzeptierten Ritualen gesucht, um so eine Verabschiedung vom Angehörigen zu ermöglichen (vgl. Preitler 2006). Einige Rehabilitationszentren bieten neben der fokussierten Anwendung etablierter Methoden auch speziell für die Arbeit mit Traumatisierten entwickelte Ansätze an.

Viele der jungen Flüchtlinge haben in der Heimat oder auf der Flucht extreme Situationen durchleben müssen. Psychotherapie kann ihnen dabei helfen, mit diesen Erlebnissen zu leben.

Bashir: Als wir in Griechenland ankamen, hat mir der Schlepper gesagt, dass das zweite Boot, in dem mein Bruder war, gesunken ist. Seitdem nehme ich an, dass mein Bruder ertrunken ist und nicht mehr lebt. Das war psychisch sehr belastend und deshalb war ich drei Jahre lang in Psychotherapie. Das hat mir sehr geholfen. Ich bin einmal in der Woche zur Psychotherapeutin gegangen, und da haben wir geredet und ich habe mich psychisch öffnen konnen.

Eine Besonderheit der psychotherapeutischen Arbeit mit AsylwerberInnen ist, dass das Leid der Betroffenen oft nicht mit der Flucht ein Ende findet. Auch die Erlebnisse und Erfahrungen im Aufnahmeland haben häufig traumatisches Potenzial (vgl. Keilson 1979). Oft werden die Flüchtlinge von schmerzhaften Nachrichten aus der Heimat eingeholt. So berichtet ein Jugendlicher bei einem Gespräch mit seiner rechtlichen Vertretung, dass er eben in einem Telefonat erfahren musste, dass drei seiner Brüder in Somalia getötet wurden. Jahrelanges Warten im Asylverfahren, bohrende Fragen und verächtliche Bemerkungen von MitarbeiterInnen des Bundesasylamtes, demütigende Kontrollen der Fremdenpolizei, Schubhafterfahrungen, erniedrigende Altersbegutachtungen und rassistische Beschimpfungen gehören leider zu den üblichen Erlebnissen von AsylwerberInnen. Jugendliche erleben diese Erfahrungen als besonders schmerzhaft.

Traumatisierte Menschen benötigen aber nichts dringender als Sicherheit. Die langen Asylverfahren fördern Angst, Apathie und Perspektivlosigkeit. Eine Aufarbeitung der traumatischen Erfahrungen ist unter diesen Bedingungen nur schwer möglich. Unter diesen Bedingungen ist auch das Gebot der psychotherapeutischen Abstinenz neu zu definieren: »*Man kann sich fragen, was ein Psychotherapeut im Büro der Fremdenpolizei zu suchen hat. Aber manchmal bleibt einem in der Arbeit mit traumatisierten Flüchtlingen (zumindest in Österreich) kaum etwas anderes übrig, als die Klienten beim Gang zu den Behördenvertretern zu begleiten*« (Ottomeyer/Pelzer 2002, S. 155).

ERWACHSEN WERDEN

Alice: Ich musste aus der Einrichtung ausziehen, weil ich 18 geworden bin. Im 12. Bezirk in Wien war ich dann in einem Erwachsenenheim, wo ich nur mehr 40 Euro in der Woche bekam. Das war nicht einfach. Das Einzige, was sie uns zur Verfügung stellten, war das Zimmer. Für den Rest mussten wir selbst aufkommen. Aber meine Patin von »Connecting people« war immer für mich da. Ohne fragen zu müssen, war sie für mich da. Sie hat mich zu H&M gebracht und wir haben dort eingekauft.

Das Asylheim war die Hölle für mich, ich war dort alleine und zudem hatte ich weniger Geld. … Ich dachte mir, dass ich in der Einrichtung bleiben könnte, wo ich als Jugendliche untergebracht war, einfach nur im Stockwerk der Erwachsenen. Aber ich musste ganz weg. Von nun an musste ich mich um mich selber kümmern. Das war schwierig für mich. Ich weinte viel. Ich wurde krank, weil sich alles verändert hat. Dieser Stress machte mich krank.

Rechtlicher Rahmen

Weder in internationalen Verträgen noch in den europäischen Richtlinien wird den Übergangsbestimmungen beim Erreichen der Volljährigkeit besonderes Augenmerk gewidmet. Die Kinderrechtskonvention stellt explizit klar, dass junge Erwachsene nicht mehr in ihren Geltungsbereich fallen:

Im Sinne dieses Übereinkommens ist ein Kind jeder Mensch, der das achtzehnte Lebensjahr noch nicht vollendet hat, soweit die Volljährigkeit nach dem auf das Kind anzuwendenden Recht nicht früher eintritt (KRK Art. 1).

Auch andere Menschenrechtsinstrumente wie etwa die Europäische Menschenrechtskonvention oder die Genfer Flüchtlingskonvention nehmen sich nicht dieser Thematik an. Einzig das »Statement of Good Practice« des Separated Children in Europe Programme, das Empfehlungen abgibt, behandelt in seiner vierten Auflage 2009 die Thematik des Erreichens der Volljährigkeit unter anderem im Kapitel »Integration«:

Temporary residency is not a durable solution and must not be granted merely as an administrative response that will be ended abruptly upon the child turning 18. […] Individuals who arrived as children and were allowed to remain for humanitarian or compassionate reasons or who received any other kind of temporary status expiring at the age of 18, should be treated in a generous manner when they reach the age of majority and full regard should be given to their potential vulnerability (SGP, S. 39).

Die Aufnahmerichtlinie widmet sich in Art. 10 Abs. 1 zumindest in einem Satz der Problematik des Erreichens der Volljährigkeit. Wobei hier lediglich festgehalten wird, dass die Mitgliedstaaten weiterführende Bildung nicht mit der alleinigen Begründung verweigern dürfen, dass die Volljährigkeit erreicht wurde.

Ansonsten berücksichtigen die EU-Richtlinien vor allem den Wunsch einiger Mitgliedstaaten, Minderjährige unter bestimmten Voraussetzungen wie Erwachsene behandeln zu dürfen. Beispiele für diese Politik finden sich etwa in der oben angesprochenen Aufnahmerichtlinie, wo es den Mitgliedstaaten ausdrücklich erlaubt wird, unbegleitete Minderjährige ab 16 Jahren in Aufnahmezentren für Erwachsene unterzubringen (vgl. Aufnahmerichtlinie Art. 18 Abs. 2). Oder auch in der Verfahrensrichtlinie, wo die Vertretungspflicht im Asylverfahren aufgeweicht wird, indem die Mitgliedstaaten von der Bereitstellung eines rechtlichen Vertreters absehen können, wenn *»aller Wahrscheinlichkeit nach vor der erstinstanzlichen Entscheidung die Volljährigkeit erreicht wird«* (Verfahrensrichtlinie Art. 17 Abs. 2).

Ab dem 18. Geburtstag von minderjährigen unbegleiteten AsylwerberInnen bestehen für die Nationalstaaten aus internationalen und europäischen Verträgen keine erwähnenswerten Verpflichtungen, den nun ehemaligen minderjährigen unbegleiteten AsylwerberInnen besondere Rechte zu gewähren. Aus der österreichischen Rechtsordnung lassen sich derartige Verpflichtungen allerdings sehr wohl ableiten.

Mit dem Erreichen der Volljährigkeit ist ein junger Mensch nach österreichischem Recht voll geschäftsfähig. Wer das 18. Lebensjahr vollendet hat, ist eigenverantwortlich – was bedeutet, dass damit auch die Obsorge endet (ABGB § 172). Der Unterhaltsanspruch ist, im Gegensatz zur Obsorge, nicht zeitlich begrenzt; er mindert sich nur insoweit, als das Kind unter Berücksichtigung seiner Lebensverhältnisse selbsterhaltungsfähig ist (ABGB § 140 Abs. 3). Die Unterhaltpflicht erlischt also nicht, es besteht weiterhin der Anspruch des »Kindes« auf Unterhalt gegenüber seinen Obsorgeberechtigten. Wenn Jugendliche in einer schulischen, universitären oder beruflichen Ausbildung stehen, erlischt die Unterhaltpflicht der Eltern erst mit dem Erreichen der Selbsterhaltungsfähigkeit. Die Eltern sind ihren Kindern nicht nur zur Obsorge, sondern auch zum Unterhalt verpflichtet.

Auch der Jugendwohlfahrtsträger als Träger der Obsorge bei unbegleiteten Minderjährigen ist für das Wohlergehen der nun volljährigen Jugendlichen weiter verantwortlich. Seit der Einführung des § 31 Abs. 4 JWG sind die Länder verpflichtet, die Möglichkeit der Fortsetzung von Erziehungshilfen über den Zeitpunkt der Erreichung der Volljährigkeit hinaus rechtlich vorzusehen. Im Wiener Jugendwohlfahrtsgesetz heißt es daher:

Hilfen zur Erziehung können nach Erreichung der Volljährigkeit mit Zustimmung der Betroffenen längstens bis zur Vollendung des 21. Lebensjahres fortgesetzt werden, wenn dies zur Sicherung des Erfolges bisheriger Erziehungshilfen notwendig ist (WrJWG 1990 § 37 Abs. 5).

Österreichische Praxis

Mit dem Erreichen der Volljährigkeit ändert sich die Situation für die jungen Flüchtlinge schlagartig. Die Grundversorgung zahlt in der Regel ab dem 18. Geburtstag nur noch den Tagsatz für Erwachsene, daher können es sich die UMF-Betreuungsstellen nicht leisten, die Jugendlichen noch länger zu beherbergen. Auch wenn die UMF-Betreuungsstellen die Jugendlichen auf diesen Tag vorbereiten, führt die Entlassung aus der Maßnahme immer wieder zu Schwierigkeiten für die Jugendlichen.

Rafi: Dann musste ich vom Heim weg. Da war ich 18 Jahre und zwei Monate alt. Dann habe ich bei Freunden gewohnt. Dann habe ich einen Fehler gemacht und eine zu teure Wohnung übernommen. Ich konnte die Miete nicht bezahlen. Ein Jahr habe ich irgendwie bezahlt, aber nach einem Jahr habe ich damit aufgehört. Ich hatte Schulden, dann habe ich eine kleinere Wohnung gemietet.

Besonders schwierig ist der Verselbstständigungsprozess aus Einrichtungen im ländlichen und kleinstädtischen Bereich. Hier ist es meist schon schwierig, für die Minderjährigen adäquate Bildungsangebote (z.B. Deutschkurse, Hauptschulabschlusskurse u.ä.) zu organisieren. Wenn es den betreuenden Einrichtungen trotzdem gelingt, ein gedeihliches und stützendes regionales Umfeld für die Jugendlichen aufzubauen, müssen viele Maßnahmen mit dem Erreichen der Volljährigkeit abgebrochen werden. Ein häufiger Grund dafür ist, dass die Verlegung in eine räumlich weit entfernte Einrichtung der Grundversorgung im jeweiligen Bundesland erfolgt.

Ein Beispiel: In Steyr gibt es mit dem von der Volkshilfe Oberösterreich geführten Haus »Maradonna« eine UMF-Betreuungsstelle, es gibt in der Stadt aber nur ein Haus für erwachsene AsylwerberInnen. Wenn dort kein Platz verfügbar ist, erfolgt die Verlegung der jungen Erwachsenen in – oft sehr kleine – Gemeinden irgendwo in Oberösterreich. Soziale Netzwerke verlieren über Nacht ihre Funktion. Immer wieder lässt man Jugendliche daher länger im Haus, in der Hoffnung, dass ein Platz im Erwachsenenhaus frei wird. Oft möchten die jungen erwachsenen Asylwerber nach Linz ziehen, dieser Wunsch kann aber fast nie – nur bei triftigen Gründen, etwa schweren gesundheitlichen Problemen – erfüllt werden. Es gibt eine spezielle Absprache mit dem Land Oberösterreich, dass in Einzelfällen und nach schriftlicher Vereinbarung 14 Tage über die Volljährigkeit hinaus der erhöhte Tagsatz von 60 € bezahlt wird, ab dann wird jedenfalls nur noch der Tagsatz für Erwachsene in der Höhe von 17 € bezahlt. Da es seit 2010 Auslastungsprobleme in der UMF-Betreuungsstelle »Maradonna« gibt, hat sich die Problematik des sofortigen Auszugs etwas entschärft.

In manchen Fällen müssen auch Jugendliche, die in größeren Städten – etwa in Linz – untergebracht sind, auf Grund fehlender Unterbringungskapazitäten in den jeweiligen Städten mit Erreichen der Volljährigkeit in ländliche Gemeinden übersiedeln. Die Einrichtungen bemühen sich, wenigstens jenen, die Bildungsmaßnahmen besuchen, den weiteren Aufenthalt in der Stadt zu ermöglichen.

Am wenigsten betroffen von dieser Problematik sind die in Wiener Einrichtungen untergebrachten Jugendlichen. Dort ist jedenfalls die Möglichkeit zur Fortsetzung des Schulbesuchs oder der Bildungsmaßnahme weiterhin gegeben. Problematisch ist jedoch oft die Unterbringungssituation in Flüchtlingsheimen: In der Regel gibt es nur Mehrbettzimmer, wo es schwierig ist, Raum und Ruhe für konzentriertes Lernen und Arbeiten zu finden.

Um die bis zur Volljährigkeit erzielten Erfolge im Integrationsprozess nachhaltig abzusichern, stellen die UMF-Betreuungsstellen weiterführende Angebote bereit. Fast überall wird frühzeitig damit begonnen, die Jugendlichen auf den Auszug vorzubereiten. Zudem können die BewohnerInnen in manchen Fällen bis zum Abschluss eines Schuljahres oder einer Bildungsmaßnahme auch nach dem 18. Geburtstag in der Einrichtung verbleiben, etwa bei der Caritas in Graz – Taschengeld kann ab diesem Zeitpunkt allerdings keines mehr ausbezahlt werden:

Mokhtar: Ein Jahr lang habe ich noch in der UMF-Einrichtung der Caritas in Graz gelebt. Bis ich 19 war, habe ich dort gelebt. Weil ich eine Lehrstelle hatte und für eine eigene Wohnung zu wenig verdient habe, haben sie mir erlaubt, weiter dort zu wohnen. Nach einem Jahr haben sie dann gesagt, dass ich ausziehen muss. Jetzt wohne ich gemeinsam mit drei Studenten in einer Wohnung.

Zudem können die BewohnerInnen immer wieder auch an Freizeitaktivitäten teilnehmen oder sich mit ihren Problemen an die MitarbeiterInnen wenden. Die Unterbringungseinrichtung des Diakonischen Werkes in Deutschfeistritz bei Graz geht mit der Verselbstständigung ähnlich um. Junge Erwachsene können, teilweise durchaus auch länger, in der Einrichtung verbleiben. Bezahlt werden von der Grundversorgung ab der Volljährigkeit zwar nur noch 17 € pro Tag, etwa drei Plätze für Erwachsene sind aber für die Einrichtung zu verkraften.

Das Clearing-House des SOS-Kinderdorfs Salzburg bietet für sieben junge Erwachsene Unterbringungsplätze in Wohnungen an. Auch die Diakonie in Niederösterreich verfügt für Jugendliche, die auf Grund der Volljährigkeit aus den UMF-Betreuungsstellen in Mödling und Hirtenberg ausziehen müssen, über Nachbetreuungsplätze. Insgesamt finden im Rahmen dieses Projektes bis zu 26 ehemalige unbegleitete minderjährige Flüchtlinge in Wohnungen in Theresienfeld, Hirtenberg, Wiener Neustadt und Sollenau einen Wohnplatz. Voraussetzung für die Aufnahme ist, dass die Jugendlichen Schulen oder Bildungsmaßnahmen besuchen oder sich in einer Lehrausbildung befinden. Finanziert wird die Einrichtung über die Grundversorgung, wobei wiederum nur der Tagsatz für Erwachsene abgerechnet werden kann. Die Kosten für die Kursmaßnahmen und Fahrscheine können dem Jugendamt verrechnet werden. Der Flüchtlingsdienst der Diakonie stellt den Jugendlichen einen Betreuer als Ansprechpartner zur Seite, der sie im Verselbstständigungsprozess unterstützt. Im Sommer 2010 wurde vom Träger allerdings darüber nachgedacht, die Wohnungen für die jungen Erwachsenen zu schließen, da dieses Angebot nicht mehr kostendeckend geführt werden kann.

Eine andere unterstützende Maßnahme im Verselbstständigungsprozess bietet die Mädchen-Wohngemeinschaft von »SOS-Menschenrechte«. Jeden Monat wird für die Bewohnerinnen ein Betrag von 92 € für die Verselbstständigung angespart. Nach Erreichen der Volljährigkeit wird den jungen Erwachsenen das gesparte Geld ausgehändigt.

Die meisten unbegleiteten minderjährigen Flüchtlinge müssen aber ab 18 Jahren ihr Leben selbstständig und ohne weitere Unterstützung meistern. Vor allem jene, die subsidiären Schutz oder Asyl zugesprochen bekommen haben, wohnen dann oft in eigenen Wohnungen und benötigen dringend ein eigenes Einkommen, um Miete, Betriebskosten und die sonstigen Lebenshaltungskosten bestreiten zu können. Um diese Lebenshaltungskosten aufbringen zu können, beginnen viele zu arbeiten, zunächst oft neben der Schulausbildung. Da aber der Schulerfolg unter der Doppelbelastung leidet, kommt es häufig zum Schulabbruch. Auch viele AsylwerberInnen brechen nach dem Auszug aus der organisierten UMF-Einrichtung Schul- und Bildungsmaßnahmen ab. Gründe dafür sind, dass es keine BetreuerInnen mehr gibt, die bei Lernschwierigkeiten helfen oder bei Konflikten vermitteln, die Anreise zur Schule durch die Übersiedlung zu lange wird und/oder es in der Erwachsenenunterkunft keinen Computer, keinen Internet-Anschluss oder keinen Raum gibt, in dem sie halbwegs ungestört lernen und die Hausaufgaben erledigen können.

Auch die rechtliche Vertretung im Asylverfahren durch den Jugendwohlfahrtsträger endet abrupt mit dem 18. Geburtstag, und die Obsorge erlischt.

In dieser Lebensphase stellt der Aufenthaltsstatus die bestimmende Größe für die Möglichkeiten der weiteren Entwicklung dar. Junge AsylwerberInnen stehen fast zwangsläufig vor dem Umzug in eine organisierte Einrichtung für erwachsene AsylwerberInnen. Das Leben im Flüchtlingsheim oder in der Flüchtlingspension ist meist mit vielen Nachteilen verbunden. Das Zusammenleben in Mehrbettzimmern, die oft vorgegebene Verpflegung und das Auskommen mit sehr wenig Geld schränken die Handlungsspielräume und Gestaltungsmöglichkeiten massiv ein. Subsidiär Schutzberechtigte und anerkannte Flüchtlinge haben hingegen wesentlich bessere Voraussetzungen. Bei ihnen besteht das Problem allerdings darin, dass sie teilweise in die Selbstständigkeit gezwungen werden. Sie müssen aus dem Heim ausziehen, was auch bedeutet, dass sie sich auf dem freien Wohnungsmarkt eine Wohnung suchen müssen. Sie bekommen, um den Lebensunterhalt bestreiten zu können, eine Aufzahlung der Sozialhilfe auf den Ausgleichszulagenrichtsatz. Dies ist aber an die Bedingung geknüpft, dass sie beim Arbeitsmarktservice arbeitssuchend gemeldet sind, was sich mit dem Besuch einer Schule nur schwer vereinbaren lässt.

In einer eigenen Wohnung zu wohnen stellt für die Jugendlichen oft einen persönlichen Traum dar, ein verklärtes Gegenbild zum eingeschränkten Freiraum und der geringen Intimität in einer organisierten UMF-Einrichtung. Ist die erste wesentlichste Hürde genommen, nämlich eine leistbare Wohnung gefunden, wird schnell klar, dass das Fehlen einer sozialen Struktur auch sehr belastend sein kann. Auf einmal ist nichts mehr von selbst da, keine vorgegebene Freizeitstruktur, keine vertrauten Lebensäußerungen der anderen, kein Lärm, kein/e BezugsbetreuerIn, die/der nachfragt. Außerdem fehlt verständlicherweise Wissen im Umgang mit den Anforderungen eines selbstständig zu führenden Lebens, gemacht aus Zahlscheinen, Zahlungsaufforderungen und Kontoauszügen, aus Geld, das da zu sein scheint und doch schon am Monatsanfang über die laufenden Lebenshaltungskosten ausgegeben ist, aus einer versäumten

Krankmeldung, die fast in einer Kündigung endet, einem verstopften Abfluss u.v.m.

Gerade in dieser Situation ist eine Begleitung, wie sie etwa durch das von der »asylkoordination österreich« organisierte Patenschaftsprojekt »Connecting people« geboten wird, wichtig. Diese Patenschaften bieten einen sicheren Hafen in einem Meer von Anforderungen, die für die jungen Erwachsenen schwer nach ihrer Bedeutung zu ordnen sind.

All dies bedeutet Stress, zusätzlichen Stress, wenn man bedenkt, dass die jungen Erwachsenen oft noch psychisch mit der Verarbeitung der Flucht, der Erlebnisse im Herkunftsland und der Sorge um die Familie beschäftigt sind und zudem Verwandte, mit denen sie in mehr oder weniger stetem Kontakt stehen, unterstützen möchten und sollen.

SUCHE NACH FAMILIE UND FAMILIENZUSAMMENFÜHRUNG

Rafi: Ich habe keinen Kontakt mit der Familie gehabt – bis zum Jahr 2005. Das war wirklich schwer. Mit Unterstützung vom Roten Kreuz sind wir dann wieder in Kontakt gekommen. Und jetzt versuche ich meine Familie, die jetzt in Kanada lebt, wieder zu sehen. Hoffentlich klappt das. Mein Ziel ist es, das restliche Leben bei meiner Mama zu leben. Mein bester Freund, er ist Österreicher, sagt immer, ich soll hier bleiben. Was machst du in Kanada? Dort ist kaltes Wetter, hier ist es schön, bleib hier.

Rechtlicher Rahmen

Die Kinderrechtskonvention beschäftigt sich in Art. 9, 10 und 22 mit den Themen Familienzusammenführung und Suche nach Familienangehörigen. Ganz allgemein besteht auf Grund von Art. 9 der KRK die Verpflichtung der Unterzeichnerstaaten, dass kein Kind gegen seinen Willen von seinen Eltern getrennt wird. Um diese Aufgabe im vollen Umfang umzusetzen, müssen bei unbegleiteten minderjährigen AsylwerberInnen alle Anstrengungen unternommen werden, sie mit ihren Eltern zusammenzuführen. Die Vertragsstaaten sollen bei der Suche nach Familienangehörigen mit den Vereinten Nationen und anderen zuständigen zwischenstaatlichen oder nichtstaatlichen Organisationen, die mit den Vereinten Nationen zusammenarbeiten, kooperieren. Diese Aktivitäten sollen dazu dienen, *»Eltern oder andere Familienangehörige eines Flüchtlingskinds ausfindig zu machen, mit dem Ziel, die für eine Familienzusammenführung notwendigen Informationen zu erlangen«* (KRK Art. 22 Abs. 2).

Grundsätzlich kann eine Familienzusammenführung sowohl im Herkunftsland, im Aufnahmeland oder auch in einem

Drittstaat erfolgen. Der »General Comment Nr. 6« führt aus, dass dabei die Umstände im Herkunftsland mit größter Aufmerksamkeit zu berücksichtigen sind. Wenn die Familienzusammenführung im Herkunftsland nicht möglich ist, sind die Mitgliedstaaten gemäß Art. 9 und 21 der Kinderrechtskonvention aufgefordert, die von einem Kind oder seinen Eltern zwecks Familienzusammenführung gestellten Anträge auf Einreise in einen Vertragsstaat oder Ausreise aus einem Vertragsstaat wohlwollend, human und beschleunigt zu bearbeitet (vgl. General Comment Nr. 6., S. 20)

In den UNHCR-Richtlinien über allgemeine Grundsätze und Verfahren zur Behandlung asylsuchender unbegleiteter Minderjähriger (1997) wird festgehalten, dass die Ausforschung der Eltern oder Angehörigen von größter Bedeutung ist und daher so rasch wie möglich beginnen soll. Die Aufnahmestaaten sollen bei Bedarf die Dienste der nationalen Gesellschaften von Rotem Kreuz oder Rotem Halbmond und des Internationalen Komitees des Roten Kreuzes in Anspruch nehmen. Besonders deutlich wird darauf verwiesen, dass sichergestellt sein muss, *»daß die Beschaffung, Auswertung und Weitergabe von Informationen über diesen Personenkreis unter strengster Vertraulichkeit erfolgt, um ihre Sicherheit nicht zu gefährden«* (UNHCR 1997 Pkt. 5.17).

Die Europäische Menschenrechtskonvention garantiert in Art. 8 EMRK jedem Menschen das Recht auf Achtung seines Familienlebens. Wie die Rechtsprechung des Europäischen Gerichtshofes für Menschenrechte (EGMR) zeigt, lässt sich daraus aber nicht automatisch ein Recht auf Familienzusammenführung ableiten.

Im Rahmen des europäischen Asylregimes ist bezüglich der Zusammenführung mit Familienangehörigen zunächst die Dublin-II-Verordnung von Bedeutung. Die humanitäre Klausel sieht die Zusammenführung von unbegleiteten minderjährigen Flüchtlingen mit sich in anderen Mitgliedstaaten aufhaltenden Familienangehörigen vor:

Ist der Asylbewerber ein unbegleiteter Minderjähriger, der einen oder mehrere Familienangehörige hat, die sich in einem anderen Mitgliedstaat aufhalten und die ihn bei sich aufnehmen können, so nehmen die Mitgliedstaaten nach Möglichkeit eine räumliche Annäherung dieses Minderjährigen an seinen bzw. seine Angehörigen vor, es sei denn, dass dies nicht im Interesse des Minderjährigen liegt (Dublin-II-Verordnung Art. 15 Abs. 3).

Die Aufnahmerichtlinie beschäftigt sich in Art. 19 Abs. 3 mit der Suche nach Familienangehörigen. Sie verweist darauf, dass die Mitgliedstaaten unverzüglich mit der Suche nach Familienangehörigen beginnen sollen und dass sie bei dieser Suche mit der nötigen Vorsicht und Vertraulichkeit vorgehen müssen, um das Leben oder die Unversehrtheit der/des Minderjährigen oder ihrer/seiner nahen Verwandten nicht zu gefährden. Ein ähnlicher Argumentationsstrang bezüglich der Verpflichtung der Mitgliedstaaten zur Suche nach Familienangehörigen von unbegleiteten minderjährigen Flüchtlingen findet sich auch in Art. 30 Abs. 5. der Qualifikationsrichtlinie.

Der Aktionsplan der Europäischen Kommission vom 6. 5. 2010 spitzt diese Verpflichtung zu, wobei dabei nicht nur von der Suche nach Familienangehörigen gesprochen, sondern auch die Zusammenführung der Familienangehörigen zum Thema gemacht wird:

Es sollten keine Anstrengungen gescheut werden, um die Familie des Kindes zu finden und es mit seiner Familie zusammenzuführen, sofern dies dem Kindeswohl entspricht (Aktionsplan Pkt. 5).

Laut österreichischem Asylgesetz ist die Familienzusammenführung bei Asylberechtigten (AsylG § 35 Abs. 1) sowie bei subsidiär Schutzberechtigten (AsylG § 35 Abs. 2) – für diese allerdings erst nach der ersten Verlängerung – möglich. Als Familienangehörige gelten die Ehepartner, sofern die Ehe bereits im Herkunftsstaat bestanden hat, weiters Elternteile eines minderjährigen Kindes sowie Kinder, die zum Zeitpunkt der Antragstellung unverheiratet und minderjährig waren (vgl. AsylG § 2 Abs. 1 Z 22).

Die Behörden können beglaubigte Dokumente, DNA-Analysen und Altersgutachten der Familienangehörigen einfordern. Wenn es sich bei den untersuchten Personen tatsächlich um die Familienangehörigen handelt, ist das Bundesasylamt bzw. der Asylgerichtshof verpflichtet, die Kosten für die DNA-Analyse zu refundieren (vgl. AsylG § 18 Abs. 2).

Österreichische Praxis

Suche nach Familienangehörigen

Die überwiegende Zahl der unbegleiteten minderjährigen Flüchtlinge versucht, mit Familienangehörigen Kontakt zu halten oder, so dieser nicht besteht, nach ihnen zu suchen. Oft nutzen sie dazu das Internet, um Mitglieder der eigenen Flüchtlings-Community zu kontaktieren. In einigen glücklichen Fällen stellt sich rasch heraus, dass sich Familienangehörige bereits im Aufnahmeland befinden, und es kommt zur Wiederbegegnung.

Sajjad: Bei meiner Ankunft habe ich zu dem Beamten gesagt: Ich suche meinen Bruder, ich will wissen, ob er hier ist, ob er tot ist oder nicht, nur das will ich wissen! Er hat gesagt: Wenn dein Bruder in Europa ist, kann ich ihn finden. Ich habe gesagt: Okay, ich warte hier drei Tage; wenn du meinen Bruder finden kannst, dann bleibe ich hier oder gehe dorthin, wo er ist. Nach drei Tagen war plötzlich mein Bruder da, ich hätte nie gedacht, dass mein Bruder hier ist. Ich habe ihn zuvor acht Jahre nicht gesehen.

Selbst wenn bei der Ankunft in Österreich noch Kontakt mit Familienangehörigen besteht, bedeutet dies nicht automatisch, dass dieser Kontakt später nicht unterbrochen wird.

Ali: Der Kontakt war schwierig. … Ich habe eine Tante, die schon einige Jahre in Kanada lebt. Wir hatten daher Kontakt über meine Tante gehabt. Wenn meine Familie irgendwo war, dann haben sie dort angerufen: »Wir sind da, wir haben ein Telefon.« Auch ich hatte Kontakt zu meiner Tante. Das war unser einziger Punkt, um in Kontakt zu bleiben, um uns nicht zu verlieren. … Meine Eltern sind dann von Afghanistan weggegangen. Da habe ich zunächst nicht gewusst, wo meine Eltern sind. Wir waren dann ein bis zwei Jahre ohne jeden Kontakt.

Im Regelfall ist es für die Jugendlichen schwierig, vermisste Familienangehörige ausfindig zu machen. Immer wieder nutzen Jugendliche den Suchdienst des Roten Kreuzes, um nach ihren Familienangehörigen zu suchen. Der Suchdienst unterstützt Menschen, die auf Grund von Kriegen, bewaffneten Konflikten, Katastrophen oder durch Migration voneinander getrennt wurden, bei der Wiederherstellung des Kontaktes mit ihren Familienangehörigen. Der Suchdienst bietet zudem auch einzelfallorientierte Beratung und Unterstützung bei der Familienzusammenführung an. Oft ist das Zusammenspiel mehrerer Ressourcen nötig, um schlussendlich bei der Suche erfolgreich zu sein:

Bashir: Ich war beim Roten Kreuz. Ich dachte damals, dass meine Familie noch nicht aus Afghanistan geflüchtet ist. Das Rote Kreuz hat dann meinen Onkel in Afghanistan gefunden. Der hat gesagt, dass meine Familie nach Pakistan geflüchtet ist. Dann hat das Rote Kreuz dort nachgefragt, aber sie haben meine Familie nicht gefunden.

Später ist ein afghanischer Freund von mir nach Pakistan gefahren. Ich habe ihn gebeten, nach meiner Familie zu suchen, und habe ihm Geld gegeben. Nach einem Monat ruft er mich an, dass er meine Familie gefunden hat. Ich war völlig durcheinander. Ich konnte es nicht glauben, dass ich nach zwei Jahren wieder Kontakt zu meiner Familie hatte. Den Tag werde ich nie in meinem Leben vergessen. Das war ein Wahnsinn. Ich habe meinen Freund gebeten, meiner Mutter ein Telefon zu kaufen, damit ich meine Mutter dann auch erreichen kann, damit wir miteinander telefonieren können.

Nicht immer sind es erfreuliche Nachrichten, die am Ende einer solchen Recherche nach dem Verbleib der Angehörigen stehen:

Ali: Leider, meine beiden Elternteile sind gestorben. Meine Mutter ist schon in Afghanistan gestorben. Mein Vater, so habe ich erfahren, ist auf dem Weg nach Österreich in Rumänien verstorben. Jetzt habe ich eine jüngere Schwester, die nun bei mir lebt. Meine ältere Schwester ist in Afghanistan.

Familienzusammenführung

Unbegleitete minderjährige Flüchtlinge, die Asyl oder subsidiären Schutz erhalten, können versuchen, ihre Familenangehörigen nachzuholen. Erfahrungen zeigen, dass es in den letzten Jahren immer schwieriger wird, die Familien von UMF nach Österreich zu bringen.

2008 gelang es noch bei einem unbegleiteten minderjährigen Flüchtling aus Somalia, innerhalb weniger Monate den Nachzug der neunköpfigen Familie zu organisieren. Von den Behörden wurden weder DNA-Analysen noch sonstige Tests eingefordert. Begründet wurde dies damit, dass sich die Familienmitglieder auf einem Foto sehr ähnlich sehen! Bis zum Jahr 2009 gab es zudem die Möglichkeit, organisatorische und finanzielle Unterstützung bei der Familienzusammenführung durch das »Kompetenzzentrum Familienzusammenführung«, ein gemeinsames Projekt der Diakonie und des Österreichischen Roten Kreuzes, zu erhalten. Dieses Projekt musste im Jahr 2010 aber eingestellt werden. Nun erhält man vom Österreichischen Roten Kreuz zwar noch Unterstützung bei der Suche nach Familienangehörigen und bei der Organisation der Familienzusammenführung, finanzielle Aufwendungen können aber nicht mehr übernommen werden.

Bei der konkreten Umsetzung der Familienzusammenführung ergeben sich häufig gravierende Schwierigkeiten. Problematisch bei der Familienzusammenführung sind sowohl die Verfahrensdauer, die oft mehr als ein Jahr beträgt, als auch die damit verbundenen hohen Kosten für DNA-Analysen, Altersgutachten, Reisekosten, Dokumente und deren Beglaubigungen …

Bashir: Am Anfang habe ich nicht gewusst, dass man auch mit dem subsidiären Schutz die Familie nachholen kann. Längere Zeit habe ich mit meiner Familie keinen Kontakt gehabt. Vor einem Jahr konnte ich wieder Kontakt aufnehmen. Ich habe sie in Pakistan gefunden. Nachdem ich dann beim Roten Kreuz war, haben die mir gesagt, dass ich die Familie nachholen kann. Weil ich meine Familie sehr vermisst habe, habe ich gesagt, ich will meine Familie bei mir haben, wenn es geht. … Dann mussten meine Eltern zur österreichischen Botschaft in Islamabad gehen und dort den Antrag stellen. Das dauert dann natürlich einige Zeit. Die Behörden kontrollieren, ob das wirklich deine Familie ist. Dann wird entschieden, ob deine Familie nachkommen darf. Bei mir ist es – Gott sei Dank – rasch gegangen, ich habe nur zehn Monate warten müssen. Andere müssen zwei, drei Jahre auf die Entscheidung warten.

Die UMF-Betreuungsstelle der Diakonie in Mödling berichtet im Rahmen der Fragebogenerhebung des Projektes »Better Intergration of Separated Children« von einigen laufenden Anträgen auf Familienzusammenführung: *»Diese dauern teilweise schon recht lange, bis zu 1½ Jahre. Immer wieder werden von den Behörden zusätzliche Dokumente eingefordert. Diese sind aber oft schwer beizubringen.«* Neben Personaldokumenten werden immer wieder auch DNA-Analysen eingefordert. Die Kosten dafür belaufen sich auf etwa 500 € für die erste Person. Für jede zusätzliche Person, die nachgeholt werden soll, fallen weitere, wenn auch geringere Kosten an.

Die Volkshilfe Oberösterreich berichtet von einem Jugendlichen, der sich intensiv darum bemüht, seine Familie nachzuholen. Das Hauptproblem stellt die Aufbringung der Finanzmittel für die von der Behörde geforderte DNA-Analyse und den Flug dar. Der Jugendliche fühlt sich enorm unter Druck, weil er für sich keine Möglichkeit sieht, dieses Geld aufzubringen. In Linz wurden die Kosten für die DNA-Analyse in der Vergangenheit bereits mehrmals vom Amt für Jugend und Familie übernommen; auch in Tirol wurden diese Kosten in bisher drei Fällen aus den Budgets der Jugendwohlfahrt getragen. Es gibt aber auch viele Bundesländer, in denen die Jugendwohlfahrt bisher keine Bereitschaft zeigte, sich an den anfallenden Kosten zu beteiligen.

Bashir: Bei der Familienzusammenführung wurde eine DNA-Analyse verlangt. Das habe ich dann selber zahlen müssen. Da ich nicht arbeiten gehe, hat meine Patenfamilie das Geld vorgestreckt. Die haben dann eine Analyse durchgeführt und die war positiv. … Meine Familie ist jetzt seit zwei Wochen in Österreich.

Seit dem Jahr 2010 kann der Aufwand für die DNA-Analyse, wenn sich die Angaben der/des Antragstellenden bestätigen, von den Behörden zurückgefordert werden. Im Rahmen der Familienzusammenführung werden von den österreichischen Behörden mittlerweile jedoch nicht nur DNA-Analysen, sondern auch Altersbegutachtungen in Auftrag gegeben.

So wurde im Frühjahr 2010 zwei jungen Afghanen die Einreise nach Österreich zu ihrem Vater verweigert, obwohl sie über Reisepässe verfügten, die ihre Minderjährigkeit belegten. Die österreichische Botschaft in Islamabad äußerte keinerlei Einwände gegen diese Dokumente, allerdings ging sie – basierend auf medizinischen Gutachten von Ärzten in Islamabad – davon aus, dass die beiden Söhne bereits volljährig seien, und verweigerte daher die Ausstellung der Einreisevisa.

Aber auch die geglückte Familienzusammenführung stellt die Jugendlichen vor große Herausforderungen. Da in vielen Fällen die Familie den Vater verloren hat – oft steht der Tod des Vaters am Anfang der Flucht –, wird besonders von den Burschen aus Afghanistan erwartet, dass sie für die gesamte Familie sorgen. Bewundernswert ist, mit welcher Energie und Freude sich manche Jugendlichen dieser schwierigen Aufgabe stellen.

Bashir: Ich fühle mich jetzt irgendwie daheim. Mir geht es irgendwie gut. Ich fühle mich wie … nicht wie in Österreich. Ich fühle mich irgendwie gerecht behandelt. Ich denke mir: Ich konnte Deutsch lernen in Österreich, aufwachsen und planen. Nachdem

meine Familie jetzt da ist, kann ich mit ihnen ein neues Leben füh-
ren. Ich bin eigentlich schon glücklich darüber.

Trotz der Freude und Zuversicht ist dem 16-jährigen Flüchtling durchaus bewusst, welch verantwortungsvolle und schwierige Aufgabe ihn erwartet:

Bashir: Natürlich werde ich mich sehr bemühen, ihnen die Regeln und die Sprache beizubringen, und solange sie die Sprache nicht sprechen können, werde ich bei allen möglichen Sachen helfen. Das wird eine Weile dauern. Aber es wird mir Spaß machen, wenn ich mit meiner eigenen Familie Deutsch lerne und rausgehe, um ihnen die ganzen Regeln zu zeigen. Wir werden Spaß haben, aber wir werden uns nicht leicht tun. Aber wir werden es gemeinsam schaffen.

Tendenziell stellt diese neue Rolle und Verantwortung für die Jugendlichen eine Überforderung dar. Selbst haben sie gerade erst ein wenig Boden unter den Füßen bekommen, möglicherweise Perspektiven entwickelt, und nun sind sie für ihre Familien Vermittler der neuen Gegebenheiten, werden mit Ansprüchen konfrontiert, sehen sich als Erhalter. Dabei sind sie selbst gerade einmal 18 oder 19 Jahre alt. Dass hier objektiv überfordernde Situationen entstehen, viele Ambivalenzen und psychische Belastungen auftreten, liegt auf der Hand. Und dennoch – wieder mit der Familie vereint zu sein ist die größte Sehnsucht vieler unbegleiteter minderjähriger Flüchtlinge. Es ist für sie schwer zu ertragen, sich nur über das Telefon trügerisch nahe zu sein, und doch unerreichbar voneinander getrennt.

RÜCKKEHR

Alice: Was soll ich in Afrika machen? Meinen Bruder bei-
spielsweise – der ist jetzt 16 Jahre alt –, den habe ich seit acht Jahren
nicht mehr gesehen. … Ich würde die Asylverfahren schneller durch-
führen und nicht die Leute acht Jahre lang auf die Entscheidung
warten lassen.

Rechtlicher Rahmen

Das Non-Refoulement-Prinzip ist das Herzstück der Genfer Flüchtlingskonvention. Art. 33 verbietet die zwangsweise
Ausweisung und Zurückweisung einer Person in Staaten, in denen ihr Leben oder ihre Freiheit wegen ihrer Rasse, Religion,
Staatsangehörigkeit, ihrer Zugehörigkeit zu einer bestimmten
Gruppe oder wegen ihrer politischen Überzeugung bedroht sein
würde. Dieses Recht gilt sowohl für anerkannte Flüchtling als
auch für AsylwerberInnen. Das Non-Refoulement-Prinzip ist
mittlerweile Teil des Völkerrechtlichen Gewohnheitsrechts, was
bedeutet, dass alle Staaten daran gebunden sind.[26]

Während des laufenden Asylverfahrens gilt somit ein absolutes Rückschiebeverbot, erst nach einem rechtskräftig negativen
Abschluss des Asylverfahrens dürfen Abschiebungen vorgenommen werden. Zu berücksichtigen bleibt aber auch in diesen Fällen, dass eine zwangsweise Rückführung einen massiven Eingriff
in das Grundrecht auf Freiheit darstellt (vgl. EMRK Art. 5).

Trotz dieser Problematik ist Rückkehr von »irregulären
MigrantInnen« in den letzten zehn Jahren mehr und mehr be-
stimmendes Paradigma der europäischen Flüchtlingspolitik ge-

---

26 http://www.amnesty.ch/de/themen/menschenrechte/
    fluechtlingsrecht (Zugriff: 28. 7. 2010).

worden. Am 26. Oktober 2004 verabschiedete der Rat der Europäischen Union die Verordnung (EG) 2007/2004 zur Schaffung von FRONTEX, der Europäischen Grenzschutzagentur. Diese Agentur übernimmt neben Grenzschutzaufgaben auch die erforderliche Unterstützung bei der Organisation gemeinsamer Rückführungsaktionen der Mitgliedstaaten. Aktuell schreibt die Europäische Kommission in ihrer Mitteilung an das Europäische Parlament und den Rat am 10. 6. 2009 KOM (2009) 262 zur wirkungsvolleren Eindämmung der illegalen Einwanderung:

Unbegleitete Minderjährige, die illegal in das Gebiet der Europäischen Union einreisen, stellen ebenfalls eine große Herausforderung dar, die einer eingehenden Prüfung unterzogen werden muss. Vorgesehen wäre […] die Stärkung der in unterschiedlicher Form erfolgenden Zusammenarbeit mit den Herkunftsländern, einschließlich der Erleichterung der Rückführung der Minderjährigen in ihr Herkunftsland (KOM [2009] 262 Pkt. 5.1.4).

Immerhin sind für unbegleitete Minderjährige Sonderbestimmungen bei der Rückführung vorgesehen. So findet sich bereits in der Entschließung des Rates vom 26. Juni 1997 betreffend unbegleitete minderjährige Staatsangehörige in Art. 5 die Verpflichtung der Mitgliedstaaten, bei der Rückführung darauf zu achten, dass angemessene Aufnahme und Betreuung im Herkunfts- oder Drittstaat gewährleistet sein müssen. Sollte dies nicht der Fall sein, ist von der Rückführung abzusehen.

Solange eine Rückführung unter diesen Voraussetzungen nicht möglich ist, sollten die Mitgliedstaaten dem Minderjährigen den weiteren Aufenthalt in ihrem Hoheitsgebiet ermöglichen (Entschließung Rat der EU 1997 Art. 5 Abs. 2).

Auf Ebene der europäischen Union wurde im Dezember 2008 die Richtlinie 2008/115/EG des Europäischen Parlaments und des Rates (Rückkehrrichtlinie) beschlossen. Die Bestimmungen der Richtlinie müssen von den Mitgliedstaaten bis Dezember 2010 in nationales Recht übernommen werden. In Art. 10 Abs. 9 der Richtlinie wird die Rückkehr und Abschiebung von unbegleiteten Minderjährigen behandelt. Bei der Rückkehrentscheidung müssen – so die Richtlinie – die Mitgliedstaaten das Wohl des Kindes in ihrer Entscheidung entsprechend berücksichtigen. Zudem müssen sie sich vor einer Abschiebung vergewissern, dass die Minderjährigen einem Mitglied ihrer Familie, einem offiziellen Vormund oder einer geeigneten Aufnahmeeinrichtung übergeben werden können.

Im Aktionsplan der Europäischen Kommission zu unbegleiteten Minderjährigen vom 6. Mai 2010, der für den Zeitraum 2010-2014 vorgesehen ist, werden zehn Grundsätze vorgegeben. Ein Grundsatz behandelt die Rückkehr und Reintegration von unbegleiteten Minderjährigen. Es wird betont, dass nachhaltige Lösungen sich auf eine Einzelbewertung des Kindeswohls stützen sollten.

In Österreich erhalten AsylwerberInnen, deren Antrag auf Asyl (AsylG § 3) negativ beschieden wird und die auch keinen subsidiären Schutz (AsylG § 8) zugesprochen bekommen, mit dieser Entscheidung auch eine Entscheidung bezüglich der Zulässigkeit der Ausweisung (AsylG § 10) zugestellt.

Eine Ausweisung ist vor allem dann unzulässig, wenn der/ dem Fremden ein Aufenthaltsrecht zukommt oder wenn diese Ausweisung eine Verletzung von Art. 8 EMRK darstellte. Bei der Beurteilung sind zu berücksichtigen:

a)   *die Art und Dauer des bisherigen Aufenthalts und die Frage, ob der bisherige Aufenthalt des Fremden rechtswidrig war;*

b)   *das tatsächliche Bestehen eines Familienlebens;*

c)   *die Schutzwürdigkeit des Privatlebens;*

d)   *der Grad der Integration;*

e)   *die Bindungen zum Herkunftsstaat des Fremden;*

f)   *die strafgerichtliche Unbescholtenheit;*

g)   *Verstöße gegen die öffentliche Ordnung, insbesondere im Bereich des Asyl-, Fremdenpolizei- und Einwanderungsrechts;*

h)   *die Frage, ob das Privat- und Familienleben des Fremden in einem Zeitpunkt entstand, in dem sich die Beteiligten ihres unsicheren Aufenthaltsstatus bewusst waren* (AsylG § 10 Abs. 2 Z 2).

Bei der Prüfung der Zulässigkeit der Ausweisung wird die Frage der Minderjährigkeit im Gesetzestext nicht explizit als Kriterium definiert. Sie spielt aber bei der inhaltlichen Beurteilung der Kriterien eine entscheidende Rolle. So kann bei Jugendlichen, die in Österreich die Pflichtschule abgeschlossen haben, von einem hohen Grad an Integration ausgegangen werden. Auch die Aufenthaltsdauer ist bei Jugendlichen anders zu bewerten als bei Erwachsenen. Ist eine Ausweisung unzulässig, so ist diese Entscheidung mit einer Niederlassungsbewilligung zu verbinden.

Wird die Ausweisung hingegen als zulässig angesehen, so sind bei der Rückführung die Bestimmungen der EU-Rückkehrrichtlinie zu beachten. Bis zum 1. Jänner 2010 sah die österreichische Rechtslage – im Unterschied zu einer Vielzahl anderer Staaten – keinen Aufenthaltsstatus für Fälle vor, in welchen der weitere Verbleib in Österreich als für das Kindeswohl notwendig eingestuft wurde, weil eine angemessene Aufnahme und Betreuung im Herkunfts- oder Drittstaat nicht gewährleistet ist und daher die Rückführung zu unterbleiben hat. Nun ist laut Niederlassungsgesetz in diesen Fällen eine Aufenthaltsbewilligung für besonderen Schutz zu erteilen (vgl. NAG 69a Abs. 1 Z 4 a).

Österreichische Praxis

Es gibt drei Möglichkeiten für dauerhafte Lösungen bezüglich des Aufenthalts von Flüchtlingen. So können sich Flüchtlinge im Aufnahmeland niederlassen, sie können in einem anderen Land eine neue Heimat finden oder in ihr Herkunftsland zurückkehren.

Wenn die Rückkehr angestrebt wird, stellt die freiwillige Rückkehr unbestritten die günstigste Lösung dar. Von dieser kann allerdings nur dann gesprochen werden, wenn die bestimmende Interessenlage jene der Flüchtlinge ist, wenn die/der Betroffene also die Wahlfreiheit hat, zu bleiben oder zurückzukehren. Diese Wahlfreiheit muss sowohl als objektive Möglichkeit als auch als subjektives Empfinden gegeben sein. Manche Jugendlichen sehen für sich weder im Heimatland noch in Österreich Entwicklungschancen:

Tsch.: Ich weiß nicht, was ich mir als Nigerianer in Österreich erwarten soll. Das ist auch der Grund, wieso Nigerianer Drogen dealen. Weil sie sich nichts mehr erwarten. Sie haben keine Hoffnungen mehr. Ich will aber nicht so werden. Wenn du keine Zukunft hast, dann macht dich das verrückt. … In Nigeria ist das Leben aber nicht besser. Dort gibt es Entführungen und Tötungen. Christen und Muslime bekämpfen sich gegenseitig. Und dann gibt es dort noch die Ölfirmen, die alles kaputt machen.

Unter solchen Voraussetzungen kann im Fall einer Rückkehr keineswegs von einer Freiwilligkeit ausgegangen werden.

Bei unbegleiteten minderjährigen Flüchtlingen ist bei der Vorbereitung der Rückführung zusätzlich zu prüfen, wieweit die Rückkehr mit dem Kindeswohl in Einklang zu bringen ist. Bei der Kindeswohlprüfung vor einer Rückkehr sind folgende Fragestellungen zu beantworten: Ist die Rückkehr sicher? Stimmen die Eltern bzw. der Obsorgeberechtigte der Rückkehr zu? Handelt es sich tatsächlich um die Eltern oder den Obsorgeberechtigten des Kindes? Hat das Kind Zugang zu Nahrung, Wohnen, Gesundheitsversorgung, Bildung, Ausbildung und Arbeit? Gibt es einen Plan für die Re-Integration des Kindes?

Erst nach der Klärung dieser Fragen darf eine Rückführung von Minderjährigen durchgeführt werden.

In den letzten zehn Jahren kam es – nach der Zulassung zum Asylverfahren – relativ selten zu Rückführungen von unbegleiteten minderjährigen Flüchtlingen ins Heimatland. Meist ist das Asylverfahren beim Erreichen der Volljährigkeit noch nicht rechtskräftig abgeschlossen, teilweise warteten die Behörden die Volljährigkeit ab, bevor fremdenpolizeiliche Maßnahmen eingeleitet wurden.

Da aber seit Juli 2008 auf Grund der Einrichtung eines Asylgerichtshofes der Weg zum Verwaltungsgerichtshof versperrt ist, scheint die Thematik der Rückführung unbegleiteter Minderjähriger mehr Bedeutung zu bekommen.

Im Sommer 2010 drohte einem unbegleiteten Jugendlichen aus Albanien die Abschiebung. Der Jugendliche kündigte an, dass er sich etwas antun würde, wenn er tatsächlich zurück ins Heimatland müsse. Die Fremdenpolizei hatte geplant, ihn einfach den albanischen Grenzbehörden zu übergeben, für eine weitere adäquate Versorgung wurden keine Vorkehrungen getroffen. Der Einspruch des obsorgeberechtigten Jugendwohlfahrtsträgers, verbunden mit dem Hinweis, dass eine Abschiebung unter diesen Bedingungen nicht den EU-Richtlinien konform wäre, führte zu einer Verzögerung der Rückführung (Stand 29. 7. 2010).

Öfter kommt es dazu, dass sich unbegleitete Jugendliche dazu entschließen, »freiwillig« in ihr Heimatland zurückzukehren. Besonders problematisch ist dies dann, wenn solche Entscheidungen in der Schubhaft getroffen werden. So beschloss ein junger Afghane, der auf Grund der Zuständigkeit nach der Dublin-II-Verordnung nach Ungarn gebracht werden sollte, in sein Heimatland zurückzukehren.

Manchmal führen auch persönliche und familiäre Tragödien dazu, dass Jugendliche plötzlich in die Heimat zurückkehren wollen. So entschloss sich ein Jugendlicher aus Moldawien, in seine Heimat zurückzukehren, nachdem er erfahren hatte, dass sein Bruder einen schweren Unfall hatte. Er wollte zurückkehren, um der Familie beizustehen, da sein Bruder eine Frau mit drei Kindern zu versorgen hat, nach dem Unfall aber nicht mehr erwerbsfähig war. Ein anderer Minderjähriger beschloss, in die Heimat zurückkehren, weil er in Österreich ein Gerichtsverfahren wegen eines gestohlenen Fahrrades erwartete. Er hoffte, so einer Verurteilung zu entgehen. Der Obsorgeberechtigte kann aber ohne eine Kindeswohlprüfung einer freiwilligen Rückkehr in ein »nicht gesichertes Land« nicht zustimmen. Aus Sicht von

UNHCR braucht es vor jeder freiwilligen Rückkehr, auch in sichere Länder, eine Kindeswohlprüfung.

Immer wieder gibt es auch Jugendliche, die unter Vorspiegelung falscher Versprechungen nach Österreich gebracht wurden und dann, wenn sie mit der Realität konfrontiert sind, wieder ins Heimatland zurückkehren wollen – was sich aber als gar nicht so einfach herausstellt. Im Fall eines Minderjährigen aus Moldawien weigerten sich die Eltern, den Personalausweis, mit dem er das Rückkehrzertifikat beantragen wollte, nach Österreich zu schicken.

Neben den komplizierten Abklärungen vor einer Rückkehr kann es auch bei der Überstellung selbst zu Komplikationen kommen. So begleitete ein Mitarbeiter der Jugendwohlfahrt einen Jugendlichen aus der Mongolei bei seiner Rückreise, mit dem Auftrag, ihn am Flughafen seinen Verwandten zu übergeben. Bei der Einreise in die Mongolei am Flughafen in Ulan Bator wurden beide für etwa 30 Minuten von den dortigen Behörden einvernommen, später wurde der Jugendliche allein einvernommen und im Anschluss daran seine Tante. Grund für die Schwierigkeiten bei der Einreise war, dass im mongolischen Melderegister keine Person dieses Namens zu finden war – dies, obwohl die mongolische Botschaft in Wien dem Minderjährigen ein Reisedokument mit diesem Namen ausgestellt hatte. Letztendlich konnte der Jugendliche trotz dieses Zwischenfalls einreisen.

LITERATUR

Alifeng, Zhang et al. (2009): Racial Differences in Growth Patterns of Children Assessed on the Basis of Bone Age. In: Radiology, Volume 250, Nr 1/January 2009, S. 228-235

Chiang, Kuo-Hsien et al. (2005): The Reliability of Using Greulich-Pyle Method to Determine Children's Bone Age in Taiwan. http://www.tzuchi.com.tw/file/tcmj/94-6/1-4.pdf (Zugriff: 30. 6. 2010)

European Migration Network (2010): Policies on reception, return, integration arrangements for, and numbers of, unaccompanied minors in Austria. http://emn.sarenet.es/Downloads/prepareShowFiles.do;?directoryID=115 (Zugriff: 30. 6. 2010)

Ferenci, Beatrix (2001): Materiellrechtliche Grundlagen der Zuständigkeit für die Unterbringung von Unbegleiteten Minderjährigen Flüchtlingen. Wien

Friedmann, A. (2004): Allgemeine Psychotraumatologie. In: Psychotrauma. Die Posttraumatische Belastungsstörung. A. Friedmann/P. Hofmann/B. Lueger-Schuster/M. Steinbauer/D. Vyssoki (Hrsg.). Springer-Verlag, Wien – New York, S. 5-35

Fronek, Heinz (1998): Die Situation von unbegleiteten minderjährigen Flüchtlingen in Österreich. Studie aus dem Projekt: Entwicklung und Initiierung von Maßnahmen zur Unterstützung von unbegleiteten minderjährigen Flüchtlingen. Wien

Fronek, Heinz (2005): EPIMA – Die Evaluation. In: Integration ohne Arbeit? Erfahrungen aus EPIMA, einem Projekt für junge AsylwerberInnen. EPIMA KEG, Wien, S. 90-179

Fronek, Heinz (2005a): Vorwort. In: Integration ohne Arbeit? Erfahrungen aus EPIMA, einem Projekt für junge AsylwerberInnen. EPIMA KEG, Wien, S. 12-14

Fronek, Heinz (2009): Bildung und Integration von jungen Asylsuchenden in Österreich. In: Krappmann, Lothar/Lob-Hüdepohl, Andreas/Bohmeyer, Axel/Kurzke-Maasmeier, Stefan (Hrsg.): Bildung für junge Flüchtlinge – ein Menschenrecht. Erfahrungen, Grundlagen und Perspektiven. Bertelsmann, Bielefeld, S. 203-209

Fronek, Heinz/Messinger, Irene (Hrsg.) (2002): Handbuch Unbegleitete Minderjährige Flüchtlinge. Recht, Politik, Praxis, Alltag, Projekte. Mandelbaum Verlag, Wien

Fronek, Heinz/Wenzel, Thomas/Reindl-Schwaighofer, Roman/Embacher, Wilfried (2009): Das Istanbul-Protokoll – Überlegungen zur Anwendung und Begutachtung in Österreich. In: Furtmayr, Holger/Krasa, Kerstin/Frewer, Andreas (Hrsg.): Medizin, Ethik und Menschenrechte. Nürnberg, S. 21-35

Hacker, Thomas (2002): Gerichtliche Obsorgeregelung für unbegleitete minderjährige Fremde. In: Der österreichische Amtsvormund, 34. Jahrgang, Folge 167

Herbek, Gerhard (2009): Die Rechtsprechung des AsylGH zur Altersfeststellung. In: FABL. Fremden- und asylrechtliche Blätter, 3/2009-I, S. 87-95. http://www.fabl.at/ (Zugriff: 20. 6. 2010)

Keilson, Hans (1979): Sequentielle Traumatisierung bei Kindern. Deskriptiv-klinische und quantifizierend-statistische follow-up Untersuchung zum Schicksal der jüdischen Kriegswaisen in den Niederlanden. In: Forum der Psychiatrie, Neue Folge 5

Koch, Beate (2006): Untersuchungen zur Anwendbarkeit der Skelettalterbestimmungsmethoden von Greulich und Pyle sowie Thiemann und Nitz in der forensischen Altersdiagnostik bei Lebenden. Dissertation Berlin. http://www.diss.fu-berlin.de/diss/servlets/MCRFileNodeServlet/FUDISS_derivate_000000002013/;jsessionid=DC60D91DE1E83471BC9B3C86B62187CA?hosts= (Zugriff: 20. 6. 2010)

Masmas, Tanja Nicole et al. (2008): Asylum seekers in Denmark: A study of health status and grade of traumatization of newly arrived asylum seekers. In: Torture journal, 18(2), S. 77-86

Matuschek, Helga (1991): Minderjährige auf der Flucht. Situation und Probleme unbegleiteter minderjähriger AsylwerberInnen in Österreich. Wien

Menschenrechtsbeirat (2000): Bericht des Menschenrechtsbeirates zum Problem »Minderjährige in Schubhaft«. http://www.menschenrechtsbeirat.at/cms15/mrb_pdf/thematische_berichte/2000_minderjaehrige_vt.PDF (Zugriff: 17. 9. 2010)

Mougne, Christine (2010): UNHCR: Trees only move in the wind: A study of unaccompanied Afghan children in Europe. http://www.unhcr.org/4c1229669.html (Zugriff: 30. 6. 2010)

Ottomeyer, K./Pelzer, K. (Hrsg.) (2002): Psychotherapie mit traumatisierten Flüchtlingen – Fallstricke und Handlungsmöglichkeiten. In: Überleben am Abgrund. Psychotrauma und Menschenrechte. Drava-Verlag, Klagenfurt, S. 139-179

Pezzei, Brigitte (2002): Entwicklungen im Bereich Unbegleiteter Minderjähriger Flüchtlinge. In: Fronek, Heinz/Messinger, Irene (Hrsg.):

Handbuch Unbegleitete Minderjährige Flüchtlinge. Recht, Politik, Praxis, Alltag, Projekte. Mandelbaum Verlag, Wien, S. 9-23

Preitler, Barbara (2006): Ohne jede Spur. Psychotherapeutische Arbeit mit Angehörigen »verschwundener« Personen. Psychosozial-Verlag, Gießen

Renner, Walter/Salem, I./Ottomeyer, K. (2008): Cross-cultural validation of psychometric measures of trauma in groups of asylum seekers from Chechnya, Afghanistan and West Africa. In: Social Behavior and Personality, 35(5), S. 1101-1114

Sax, Helmut/Hainzl, Christian (1999): Die verfassungsrechtliche Umsetzung der UN-Kinderrechtskonvention in Österreich. Wien

Schäfer, Regine (2010): Wenn möglich wird zurückgeschoben. In: asyl aktuell, 2010/1, S. 34-35

Schmeling, Andreas (2004): Forensische Altersdiagnostik bei Lebenden im Strafverfahren. Habilitationsschrift zur Erlangung der Lehrbefähigung für das Fach Rechtsmedizin, Medizinische Fakultät der Charité – Universitätsmedizin Berlin. Berlin

Schuster, Johanna (2002): Der »Asylzwang«. In: Fronek, Heinz/Messinger, Irene (Hrsg.): Handbuch Unbegleitete Minderjährige Flüchtlinge. Recht, Politik, Praxis, Alltag, Projekte. Mandelbaum Verlag, Wien, S. 57-63

Universität Wien (2010): Evaluierung des Projekts »Connecting people« http://www.asyl.at/connectingpeople/images/cp_eval_ergebnisbericht_2010.pdf (Zugriff: 29. 7. 2010)

Internationale und europäische Instrumente

Allgemeine Erklärung der Menschenrechte. Resolution 217 A (III) der Generalversammlung vom 10. Dezember 1948

Ausschuss für die Rechte des Kindes CRC/GC/2005/6: Allgemeine Bemerkung Nr. 6 (2005) Behandlung unbegleiteter und von ihren Eltern getrennter Kinder außerhalb ihres Herkunftslandes. http://www.b-umf.de/images/stories/dokumente/generalcommentsdeutsch-nr6.pdf (Zugriff: 17. 8. 2010)

Committee Against Torture (CAT), periodischer Bericht über die Umsetzung der Konvention gegen Folter und andere grausame, unmenschliche oder erniedrigende Behandlung in Österreich. 44. Sitzung (26 April – 14 May 2010). http://www2.ohchr.org/english/bodies/cat/docs/CAT.C.AUT.CO.4-5.pdf (Zugriff: 23. 8. 2010)

Europäisches Parlament (2000): Charta der Grundrechte der Europäischen Union (2000/C 364/01) http://www.europarl.europa.eu/charter/pdf/text_de.pdf (Zugriff: 23. 8. 2010)

European Union Agency for Fundamental Rights (FRA) (2010): Separated, asylum-seeking children in European Union Member States, Summary Report: http://fra.europa.eu/fraWebsite/attachments/SEPAC-SUMMARY-REPORT-FINAL-CONFERENCE-EDITION_en.pdf (Zugriff: 19. 8. 2010).

Grünbuch über das künftige gemeinsame europäische Asylsystem, KOM(2007) 301 endg. vom 06.06.2007

Internationaler Pakt über wirtschaftliche, soziale und kulturelle Rechte (IPwskR). Am 16. Dezember 1966 von der Generalversammlung der Vereinten Nationen einstimmig verabschiedet

Konvention zum Schutze der Menschenrechte und Grundfreiheiten in der Fassung des Protokolls Nr. 11. Rom/Rome, 4.XI.1950 http://conventions.coe.int/Treaty/ger/Treaties/Html/005.htm (Zugriff: 17. 8. 2010)

Rat der Europäischen Union: Entschließung des Rates vom 26. Juni 1997 betreffend unbegleitete minderjährige Staatsangehörige dritter Länder (97/C 221/03)

Rat der Europäischen Union: Das Stockholmer Programm – Ein offenes und sicheres Europa im Dienste und zum Schutz der Bürger. Brüssel, den 2. Dezember 2009 (04.12) (OR. en) 17024/09

Richtlinie 2001/55/EG des Rates vom 20. Juli 2001 über Mindestnormen für die Gewährung vorübergehenden Schutzes im Falle eines Massenzustroms von Vertriebenen und Maßnahmen zur Förderung einer ausgewogenen Verteilung der Belastungen, die mit der Aufnahme dieser Personen und den Folgen dieser Aufnahme verbunden sind, auf die Mitgliedstaaten

Richtlinie 2003/9/EG des Rates vom 27. Januar 2003 zur Festlegung von Mindestnormen für die Aufnahme von Asylbewerbern in den Mitgliedstaaten

Richtlinie 2004/83/EG des Rates vom 29. April 2004 über Mindestnormen für die Anerkennung und den Status von Drittstaatsangehörigen oder Staatenlosen als Flüchtlinge oder als Personen, die anderweitig internationalen Schutz benötigen, und über den Inhalt des zu gewährenden Schutzes

Richtlinie 2005/85/EG des Rates vom 1. Dezember 2005 über Mindestnormen für Verfahren in den Mitgliedstaaten zur Zuerkennung und Aberkennung der Flüchtlingseigenschaft

Richtlinie 2008/115/EG des Europäischen Parlaments und des Rates vom 16. Dezember 2008 über gemeinsame Normen und Verfahren in den Mitgliedstaaten zur Rückführung illegal aufhältiger Drittstaatsangehöriger

Separated Children in Europe Programme (SCEP) (2009): Statement of Good Practice, 4th revised edition. http://www.separated-children-europe-programme.org/separated_children/good_practice/index.html (Zugriff: 28. 7. 2010)

Übereinkommen über die Rechte des Kindes vom 20. November 1989 (Kinderrechtskonvention – KRK). http://www.kinderhabenrechte.at/fileadmin/download/Kinderrechtskonvention_deutsch_langfassung.pdf (Zugriff: 17. 8. 2010)

Übereinkommen über die Bestimmung des zuständigen Staates für die Prüfung eines in einem Mitgliedstaat der Europäischen Gemeinschaften gestellten Asylantrags – Dubliner Übereinkommen. Amtsblatt Nr. C 254 vom 19/08/1997, S. 0001-0012

UNHCR, Richtlinien über allgemeine Grundsätze und Verfahren zur Behandlung asylsuchender unbegleiteter Minderjähriger, Genf, 1997. Neuauflage, UNHCR Österreich, Dezember 2003

UNHCR: Regional Office for the Baltic and Nordic Countries, Voices of Afghan children – A study on asylum-seeking children in Sweden 2010a. http://www.unhcr.org/refworld/docid/4c19ec7f2.html (Zugriff: 30. 6. 2010)

UNHCR: Richtlinien zum Internationalen Schutz: Asylanträge von Kindern im Zusammenhang mit Artikel 1 (A) 2 und 1 (F) des Abkommens von 1951 bzw. des Protokolls von 1967 über die Rechtsstellung der Flüchtlinge, 22 December 2009, HCR/GIP/09/08. http://www.unhcr.org/refworld/docid/4bf1459f2.html (Zugriff: 22. 6. 2010)

Verordnung (EG) Nr. 343/2003 des Rates vom 18. Februar 2003 zur Festlegung der Kriterien und Verfahren zur Bestimmung des Mitgliedstaats, der für die Prüfung eines von einem Drittstaatsangehörigen in einem Mitgliedstaat gestellten Asylantrags zuständig ist

GLOSSAR

Abschiebung

Ein/e AusländerIn, die/der den erforderlichen Aufenthalts-titel nicht oder nicht mehr besitzt, ist zur Ausreise verpflichtet. Ist die Ausreisepflicht vollziehbar und kommt sie/er ihr nicht freiwillig nach oder erscheint eine Überwachung der Ausreise aus Gründen der öffentlichen Sicherheit und Ordnung erforder-lich, wird die Ausreisepflicht durch Abschiebung durchgesetzt.

Asyl

Asyl ist ein sicherer Ort, an dem einem Menschen Schutz vor Bedrohung durch andere Menschen gewährleistet und eine existenzielle Grundsicherung bereitgestellt wird.

Asylantrag

Antrag bei einer österreichischen Behörde (Polizei, Be-zirkshauptmannschaft, Bundesasylamt), um die Flüchtlings-eigenschaften nach dem Asylgesetz festzustellen. Damit der An-trag nicht als gegenstandslos abgelegt wird, muss sich die/der AntragstellerIn in der Erstaufnahmestelle einfinden.

Asylgerichtshof (AsylGH)

Der Asylgerichtshof hat mit 1. Juli 2008 seine Arbeit auf-genommen und damit den Unabhängigen Bundesasylsenat (UBAS) als Rechtsmittelinstanz im österreichischen Asylverfah-ren abgelöst. Der Asylgerichtshof ist letztinstanzliches Gericht für alle individuellen Beschwerden gegen Bescheide des Bundes-asylamtes.

Asylgesetz (AsylG)

Das österreichische Asylgesetz regelt die Voraussetzungen für die Anerkennung als Flüchtling und die verschiedenen Aufenthaltsmöglichkeiten von AsylwerberInnen.

Asylverfahren

Im Rahmen eines Asylverfahrens wird geprüft, ob die Voraussetzungen dafür gegeben sind, dass eine Person Asyl erhalten kann. In einem ersten Schritt wird ermittelt, ob ein anderer Staat für die Prüfung des Asylantrags zuständig ist. Erst nachdem diese Frage entschieden ist, erfolgt eine inhaltliche Befassung mit den Fluchtgründen. Das Asylverfahren ist ein zweistufiges Verfahren – die erste Instanz bildet das Bundesasylamt, die zweite stellt der Asylgerichtshof dar.

Bundesasylamt (BAA)

Das Bundesasylamt ist eine dem Bundesminister für Inneres untergeordnete und somit weisungsgebundene Behörde. Es entscheidet in erster Instanz über die Asylgewährung. Das Bundesasylamt hat seinen Sitz in Wien und Außenstellen in Wien, Traiskirchen, Eisenstadt, Graz, Linz, Salzburg und Innsbruck.

Flüchtling

Ist eine Person, die im Sinn der Genfer Flüchtlingskonvention vom österreichischen Staat das Asyl erhalten hat, weil sie/er sich aus der begründeten Furcht vor Verfolgung wegen ihrer/seiner Rasse, Religion, Nationalität, Zugehörigkeit zu einer bestimmten sozialen Gruppe oder wegen ihrer/seiner politischen Überzeugung außerhalb ihres/seines Landes befindet.

Fremdenpolizei

Befasst sich mit der Vollziehung des Fremdenpolizeigesetzes und arbeitet mit dem Bundesasylamt, dem Arbeitsmarktservice, der zuständigen Abteilung der Landesregierung für Aufenthalts- und Niederlassungsbewilligung sowie Verleihung der Staatsbürgerschaft eng zusammen.

Fremdenpolizeigesetz (FPG)

Ersetzt seit 2006 gemeinsam mit Niederlassungs- und Aufenthaltsgesetz (NAG) das bis dahin geltende Fremdengesetz (1998-2005). Es regelt Ausübung, Tätigkeit und Aufgaben der Fremdenpolizei sowie die Ausstellung von Dokumenten für Fremde und die Erteilung von Reise- und Aufenthaltstiteln.

Gelinderes Mittel

Die Behörde kann von der Anordnung der Schubhaft Abstand nehmen, wenn sie Grund zur Annahme hat, dass deren Zweck durch Anwendung gelinderer Mittel erreicht werden kann. Gegen Minderjährige hat die Behörde gelindere Mittel anzuwenden, es sei denn, sie hätte Grund zur Annahme, dass der Zweck der Schubhaft damit nicht erreicht werden kann.

Im Rahmen des gelinderen Mittels haben Fremde in von der Behörde bestimmten Räumen Unterkunft zu nehmen oder sich in periodischen Abständen bei einer bestimmten Polizeiwachstube zu melden. Kommt die/der Fremde diesen Verpflichtungen nicht nach, ist Schubhaft anzuordnen.

Genfer Flüchtlingskonvention (GFK)

Am 28. Juli 1951 wurde das »Abkommen über die Rechtsstellung der Flüchtlinge« verabschiedet. Das Zusatzprotokoll von 1967 hob die zunächst in der GFK festgeschriebene geographische und zeitliche Beschränkung auf, welche bewirkt hatten, dass hauptsächlich EuropäerInnen infolge von Ereignissen, die vor dem 1. Januar 1951 eingetreten waren, Asyl beantragen konnten. Demnach hat jeder Mensch das Recht, in einem anderen Land um Asyl anzusuchen. Die Genfer Flüchtlingskonvention befasst sich mit der Definition von »Flüchtlingen«, mit der Rechtsstellung von und dem Umgang mit Flüchtlingen.

Integration

Gelungene Integration ist ein Zustand, in dem alle gesell-schaftlichen Gruppen – so auch Zugewanderte – gleiche Chancen auf Arbeit, Bildung und Teilhabe vorfinden. Es handelt sich dabei um einen kontinuierlichen Prozess, der wechselseitige Anpassungsleistungen der »aufnehmenden« und der neu »hinzugekommenen« Gruppen erforderlich macht.

Kinderrechtskonvention (KRK)

Die UN-Konvention über die Rechte des Kindes (Kinderrechtskonvention) hat in fast allen Staaten der Welt Gültigkeit (Ausnahmen: USA und Somalia). Der Inhalt der gesamten Konvention ist auf unbegleitete minderjährige Flüchtlinge anzuwenden. Art. 22 bezieht sich speziell auf die Situation von Flüchtlingskindern.

Konventionsflüchtlinge

Als Konventionsflüchtlinge werden jene Personen bezeichnet, denen in Österreich die Flüchtlingseigenschaft zuerkannt wurde und die das Recht haben, sich in Österreich aufzuhalten, aus- und einzureisen. Sie sind österreichischen StaatsbürgerInnen in vielen Bereichen gleichgestellt, z.B. beim Zugang zum Arbeitsmarkt und bei sozialer Unterstützung; Einschränkungen bestehen aber in Bezug auf das Wahlrecht.

Menschenrechtsbeirat

Wurde 1999 gegründet. Aufgabe des Menschenrechtsbeirates ist es, das Innenministerium in Menschenrechtsfragen zu beraten sowie die Orientierung der Sicherheitsexekutive an den Menschenrechten durch Beobachtung und Überprüfung zu fördern. Mehr dazu: http://www.menschenrechtsbeirat.at (Zugriff: 12. 6. 2010).

Obsorge

Unter dem Begriff Obsorge fasst das Zivilrecht die persönlichen Befugnisse der Eltern zusammen, ihre Kinder zu pflegen und zu erziehen, ihr Vermögen zu verwalten und sie gesetzlich zu vertreten. Die Obsorge endet mit der Volljährigkeit eines Kindes. In Bezug auf die Obsorgeinhaber werden zwei Gruppen unterschieden: Eltern, Großeltern oder Pflegeeltern und andere mit der Obsorge betraute Personen, etwa die Jugendwohlfahrt. Das Referat für Jugendwohlfahrt, das auch für unbegleitete minderjährige Flüchtlinge zuständig ist, ist für die Ausübung der Obsorge von Gesetzes wegen zuständig.

Rechtsberater (AsylG § 64)

Rechtsberater haben den Abschluss eines rechtswissenschaftlichen Studiums nachzuweisen, es sei denn, diese Personen sind oder waren seit mindestens fünf Jahren in einer kirchlichen oder privaten Organisation hauptamtlich und durchgehend rechtsberatend im Asylwesen tätig. Die Auswahl und Bestellung der Rechtsberater obliegt dem Bundesminister für Inneres. Er kann hierbei auf Vorschläge des Hochkommissärs der Vereinten Nationen für Flüchtlinge (UNHCR), der Länder und Gemeinden sowie des Beirates für Asyl- und Migrationsfragen (NAG § 18) Bedacht nehmen.

Rechtsberater haben AsylwerberInnen bei Verfahrenshandlungen, bei denen das Gesetz die Anwesenheit eines Rechtsberaters (§ 64) vorschreibt, und bei deren Vorbereitung zu unterstützen.

Schubhaft

Die österreichische Rechtslage erlaubt es der Fremdenpolizei, über AsylwerberInnen Schubhaft zum Zweck der Sicherung des Verfahrens zur Erlassung einer Ausweisung oder zur Sicherung der Abschiebung anzuordnen. Die Auflistung der Gründe für eine Schubhaftverhängung findet sich im FPG in § 76 in den Absätzen 2 und 2a.

Wenn die Behörde Grund zu der Annahme hat, dass der Zweck der Schubhaft auch durch gelindere Mittel erreicht werden kann, kann sie von der Anordnung der Schubhaft Abstand nehmen. Bei Minderjährigen hat die Fremdenpolizei das gelindere Mittel anzuwenden.

Subsidiär Schutzberechtigte

Personen, deren Asylantrag zwar abgewiesen wurde, deren Leben oder Gesundheit im Herkunftsland aber bedroht wird und die daher Schutz vor Abschiebung benötigen.

Unbegleitete minderjährige Flüchtlinge (UMF)

Unbegleitete minderjährige Flüchtlinge sind unter 18, befinden sich außerhalb ihres Heimatlandes und sind weder durch einen Elternteil noch durch eine/n andere/n Erwachsene/n, der/dem die Betreuung des Kindes durch Gesetz oder Gewohnheit obliegt, begleitet. Der überwiegende Teil der UMF ist männlich und älter als 16 Jahre.

UNHCR

Der Hohe Flüchtlingskommissar der Vereinten Nationen (United Nations High Commissioner for Refugees – UNHCR) schützt und unterstützt Flüchtlinge auf der ganzen Welt. 1951 wurde UNHCR von der UN-Generalversammlung gegründet, um Millionen von europäischen Flüchtlingen in der Folge des Zweiten Weltkrieges zu helfen.

Alice: Ich würde viele Dinge ändern, wenn ich könnte. Ich würde den Frauen mit Kindern ein Aufenthaltsrecht geben. Vor allem Kindern, die in Österreich geboren sind. Gestern zum Beispiel habe ich geweint, weil ich bald mein Baby bekommen werde und ich kein Bett für das Baby habe und auch kein Geld, um eines zu kaufen.

Ich würde den Asylwerbern auch das Recht zur Arbeit geben. Dann hätten sie keinen Grund mehr, kriminell zu werden. Nur so geht die Kriminalität in Österreich zurück. Und noch etwas würde ich ändern: Ich würde die Asylverfahren kürzer machen und nicht die Leute acht Jahre warten lassen. Was soll ich in Afrika machen? Meinen Bruder beispielsweise habe ich seit acht Jahren nicht mehr gesehen. Er ist jetzt 16 Jahre alt.